बाँसुरीवादक पंडित पन्नालाल घोष

व्यक्तित्व एवं कृतितव

बाँसुरीवादक पंडित पन्नालाल घोष

व्यक्तित्व एवं कृतित्व

डॉ. विकास भारद्वाज

कनिष्क पब्लिशिंग हाउस
नई दिल्ली-110 002

कनिष्क पब्लिशिंग हाउस
4695/5-21 ए, अंसारी रोड, दरियागंज
नई दिल्ली-110 002
फोन: 2327 0497, 2328 8285
फैक्स : 011-2328 8285
E-mail: kanishka_publishing@yahoo.co.in

बाँसुरीवादक पंडित पन्नालाल घोषः व्यक्तित्व एवं कृतित्व
प्रथम संस्करण-2018

ISBN: 978-93-86556-04-2

भारत में मुद्रित

कनिष्क पब्लिशिंग हाउस, 4695/5-21 ए, अंसारी रोड, दरियागंज, नई दिल्ली-110 002 से चैतन्य सचदेवा द्वारा प्रकाशित; क्वालिटी प्रिंटर्स, दिल्ली द्वारा शब्द-संयोजन तथा नाइस प्रिंटिंग प्रेस, दिल्ली द्वारा मुद्रित।

प्राक्कथन

भारतीय संगीत वैदिककाल से ही समृद्ध रहा है। 'सामवेद' में भी संगीत का श्रेष्ठ वर्णन किया गया है। 'सामवेद' इस शब्द में ही 'सा' एवं 'म' इन दोनों ही स्वरों का प्रयोग किया गया है। इसके अतिरिक्त सामवेद में उदात्त, अनुदात्त एवं स्वरित इन तीन स्वरों का उल्लेख किया गया है, जिनसे संगीत के सात स्वरों की उत्पत्ति हुई है। प्रारम्भ में संगीत का अभ्युदय एवं विकास ईश्वर के कर कमलों द्वारा हुआ तत्पश्चात् मनुष्य अपनी सुन्दर कल्पनाओं के साथ इस दिशा में प्रवृत्त हुआ, जिसके परिणाम स्वरूप संगीत का विकास एवं संरक्षण श्रेष्ठ रूप में हो सका।

भारतीय संगीत आज अपने उत्कृष्ट एवं उच्चतम रूप में विद्यमान है, जिसमें हमारे पूर्वज एवं गुरूजनों का विशेष योगदान है। आप सभी ने संगीत के मूल स्वरूप को सदैव संभाला, साथ ही अपने निरन्तर चिन्तन, प्रयास एवं कठिन परिश्रम द्वारा इसके उत्तरोत्तर विकास में अपना महत्वपूर्ण योगदान दिया। कई वर्षों पूर्व से ही संत कबीरदास जी, सूरदास जी, पंडित रविन्द्रनाथ टैगोर जी, काज़ी नज़रूल ईस्लाम जी जैसे महान् व्यक्तियों ने संगीत एवं काव्य को उचित रूप प्रदान किया।

आपने कई रचनाएं निर्मित की, साथ ही उन्हें स्वर भी प्रदान किए। इसके साथ–साथ आपने अपनी समस्त कल्पनाओं एवं रचनाओं को एक साहित्य का रूप भी प्रदान किया, जिसे आगे हस्तान्तरित कर इस अमूल्य धरोहर के संरक्षण में अपना अतुलनीय योगदान दिया।

भारतीय संगीत के इतिहास में ऐसे कई कलाकार एवं विद्वानों ने जन्म लिया जिन्होंने अपनी महानताओं के साथ इसे एक नई दिशा प्रदान की तथा उनकी कलात्मक महानताओं से संगीत में निहित असीम शक्ति एवं दिव्यता आमजन के समक्ष प्रकट हो सकी, उनमें एक प्रमुख नाम है 'मियाँ तानसेन'। ऐसा कहा जाता है कि आपके राग 'मियाँ मल्हार' के गायन से वर्षा एवं राग 'दीपक' से दीये प्रज्वलित हुए। मियाँ तानसेन जी की वंश परम्परा में कई ऐसे–ऐसे विद्वानों ने जन्म लिया जिन्होंने भारतीय संगीत में अपना विशेष योगदान दिया।

आप सभी के गहन चिन्तन, अभ्यास एवं अथक् प्रयास द्वारा ही संगीत अपने विस्तृत रूप में प्रतिष्ठित हो सका। आप सभी के निरन्तर प्रयास द्वारा संगीत में कई शैलियाँ, राग, ताल, साहित्य, शास्त्र, सिद्धान्त एवं घरानों का अभ्युदय हुआ। वर्तमान में विद्यमान संगीत का विस्तृत शास्त्र आप सभी के योगदानों का ही परिणाम है।

इस परम्परा में प्रमुख रहे–राजाराम बाघेला, मियाँ तानसेन, तान तरंगा, सुरतसेन, सरस्वती देवी, मिसार सिंह, उस्ताद वज़ीर खान (सदारंग), अमृत सेन, उस्ताद गुलाम मोहम्मद खान, उस्ताद बहादुर हुसैन खान, उस्ताद अलाउद्दीन खान, उस्ताद हाफिज़ खान, उस्ताद अहमद जान थिरकवा, पंडित पन्नालाल घोष, उस्ताद बड़े गुलाम अली खान, पंडित ओंकारनाथ ठाकुर, उस्ताद फैयाज़ खान, उस्ताद अमीर खान, उस्ताद इमदाद खान, उस्ताद इनायत खान, उस्ताद अमीर हुसैन खान, पंडित ज्ञान प्रकाश घोष, उस्ताद अली अकबर खान, पंडित रविशंकर, उस्ताद विलायत खान, पंडित निखिल बैनर्जी, पंडित निखिल घोष, डागर बन्धु और अन्य कई। आप सभी जीवन पर्यन्त संगीत की साधना में लीन रहे तथा पूर्ण रूप से समर्पित होकर संगीत की सेवा करते रहे।

इन सभी में एक प्रमुख नाम है 'पंडित पन्नालाल घोष'। आपके लिए कहा जाता है कि भगवान् श्रीकृष्ण के बाद आप ही वह कलाकार हैं, जिन्होंने 'बाँसुरी' जैसे अत्यन्त सरल एवं ग्राम वाद्य को श्रेष्ठ एवं विकसित रूप प्रदान कर एक पूर्ण वाद्य के रूप में स्थापित किया। वर्तमान में उपस्थित बाँसुरी का यह उत्कृष्ट रूप सिर्फ आपके ही प्रयास एवं योगदानों का परिणाम है। आप इतने दूरदर्शी थे कि आपने बाँसुरी में निहित असीमित सक्षमताओं का पहले ही अनुमान लगा लिया तथा अपने गहन चिन्तन एवं अथक् प्रयास द्वारा इन सभी कल्पनाओं को साकार रूप प्रदान किया।

आपने बाँसुरी के साथ–साथ सम्पूर्ण संगीत जगत की सेवा की। बाँस की बड़ी बाँसुरी (32 इंच व 42 इंच / मंद्र बाँसुरी) के निर्माण के साथ–साथ 6 तार का तानपुरा, ऊँचे स्वर स्केल की तानपुरी, सुरपेटी या श्रुति बॉक्स (उत्तर भारतीय संगीत में), 'D' शार्प एवं 'E' स्वर स्केल का तबला आदि को भी आपने ही संगीत में प्रस्तावित किया। बाँसुरी पर सातवें छिद्र की स्थापना भी आपका ही विशेष प्रयास था।

आपने कई नवीन रागों की रचना के साथ–साथ, कई अप्रचलित एवं दक्षिण भारतीय रागों को हिन्दुस्तानी संगीत में भी प्रचलित किया, साथ ही उनमें कई श्रेष्ठ रचनाओं का निर्माण भी किया। भारतीय फिल्म जगत में भी सर्वप्रथम आपने ही पहल की तथा कई प्रख्यात फिल्मों में संगीत निर्देशन एवं बाँसुरीवादन किया।

आप भारत के उन पहले कलाकारों में शामिल हुए जिन्होंने विदेश जाकर अपनी कला का प्रदर्शन किया तथा भारतीय संस्कृति का प्रचार–प्रसार भी किया। आपके कई योग्य शिष्य बने तथा आने वाली पीढ़ियों के सभी बाँसुरीवादक भी आपके पथ पर अग्रसित हुए एवं श्रेष्ठ बाँसुरीवादक के रूप में स्थापित हुए। आपने मात्र 48 वर्ष की अल्प आयु में अपने गहन चिन्तन एवं अथाह प्रयास द्वारा संगीत एवं बाँसुरी के क्षेत्र में नये–नये आयाम स्थापित किए तथा इसके प्रचार–प्रसार के साथ–साथ इसके संरक्षण में भी महत्वपूर्ण भूमिका निभायी।

आप जितने महान् कलाकार थे, उतने ही महान् व्यक्ति एवं गुरू भी थे। इन सभी महानताओं के बाद भी भारत में पंडित पन्नालाल घोष जी पर शोध कार्य नहीं किया गया है, अतः इस महान् कलाकार के कृत्यों से अत्यधिक प्रभावित होकर मैंने आपके व्यक्तित्व एवं कृतित्व पर शोध कार्य करने का दृढ़ संकल्प किया। मेरी यह प्रबल इच्छा थी कि मैं पंडित पन्नालाल घोष जी को अपने शोध कार्य के माध्यम से पूर्ण रूप से जान सकूं तथा आपके महान् योगदानों को सभी के समक्ष रख सकूं, जिससे आने वाली पीढ़ियाँ भी इस महान् कलाकार से प्रेरित हों तथा 'पंडित पन्नालाल घोष' यह नाम सभी के मानस–पटल पर अंकित हो सके।

मेरे इष्ट देव 'प्रभु श्री लक्ष्मीनारायण जी', माता–पिता एवं गुरूजनों के आशीर्वाद से ही मुझे यह सौभाग्य एवं सुअवसर प्राप्त हुआ कि मैं इस महान् कलाकार 'पंडित पन्नालाल घोष जी' पर शोध कार्य प्रारम्भ कर सका और इस प्रकार मेरी एक विशेष यात्रा प्रारम्भ हुई। मैंने अपने शोध कार्य को सात अध्यायों में वर्गीकृत किया है, जिनमें मैंने पंडित पन्नालाल घोष जी से सम्बन्धित सभी जानकारियाँ समाहित करने का पूर्ण प्रयास किया है।

प्रथम अध्याय, 'पंडित पन्नालाल घोष' के अन्तर्गत मैंने उनके 'जीवन परिचय', 'वंश परिचय', 'पारिवारिक स्थिति' और 'संगीतात्मक पर्यावरण' पर प्रकाश डाला है। इस प्रकार मैंने उनके सम्पूर्ण जीवन, वंश परिचय, परिवार की आर्थिक स्थिति एवं संगीतमय वातावरण पर प्रकाश डालने का प्रयास किया।

द्वितीय अध्याय,'बाँसुरी वाद्य' के अन्तर्गत मैंने बाँसुरी वाद्य के 'इतिहास', 'आकार–प्रकार', 'प्रयोग एवं उपयोग', 'बाँसुरी की शैली–तंत्रकारी एवं गायकी अंग', 'घराने एवं कलाकार' का उल्लेख किया है तथा बाँसुरी पर अत्यधिक गहराई के साथ प्रकाश डालने का प्रयास किया है क्योंकि यही वह वाद्य है जिससे पंडित पन्नालाल घोष जी को एक विशेष पहचान मिली।

तृतीय अध्याय, 'बाँसुरी सम्बन्धी शिक्षा' के अन्तर्गत 'प्रारम्भिक शिक्षा', 'पंडित जी पर अन्य कलाकारों का प्रभाव', 'सांगीतिक घराना' का उल्लेख किया है। इस

प्रकार पंडित पन्नालाल घोष जी की तालीम, उन पर अन्य कलाकारों के प्रभाव एवं उनके सांगीतिक घराने पर प्रकाश डालने का प्रयास किया गया है।

चतुर्थ अध्याय, 'बाँसुरीवादन के कार्यक्रम एवं सम्मान' के अन्तर्गत 'आकाशवाणी केन्द्रों पर कार्यक्रम', 'संगीत सम्मेलनों में कार्यक्रम' तथा 'भारत एवं विदेशों में यात्राएं व कार्यक्रम' को समाहित किया है। इस प्रकार पंडित पन्नालाल घोष जी के भारत एवं विदेशों में हुई समस्त प्रस्तुतियों एवं सम्मान पर प्रकाश डाला गया है।

पंचम् अध्याय, 'पंडित जी की वादनशैली एवं कृतित्व' के अन्तर्गत 'वादनशैली', 'गायकी व तंत्रकारी अंग' तथा 'कृतित्व' का उल्लेख किया है। इस प्रकार पंडित पन्नालाल घोष जी की वादनशैली के सभी महत्वपूर्ण तत्व एवं उनके द्वारा किए विशेष कृतित्व आदि पर प्रकाश डालने का प्रयास किया गया है।

षष्टम् अध्याय, 'सांस्कृतिक धरोहर का प्रचार–प्रसार एवं संरक्षण' के अन्तर्गत 'भारतीय विद्यार्थी', 'विदेशी विद्यार्थी', 'कार्यक्रमों की प्रस्तुतियाँ' तथा 'अन्य (स्वयं की वेबसाइट, सी.डी., विडियो क्लिप्स एवं साहित्य)' का उल्लेख किया है। इस प्रकार पंडित पन्नालाल घोष जी ने अपने भारतीय एवं विदेशी शिष्यों, कार्यक्रमों की प्रस्तुतियों एवं अन्य कई माध्यमों से सांस्कृतिक धरोहर के प्रचार–प्रसार एवं संरक्षण में अपना विशेष योगदान दिया, अतः इन सभी माध्यमों पर पूर्ण रूप से प्रकाश डालने का प्रकाश किया गया है।

सप्तम् अध्याय, 'व्यक्तित्व, रोचक स्मरण एवं अन्य रूचियाँ' के अन्तर्गत 'स्वभाव, रहन–सहन एवं जीवन दर्शन', 'मौलिक चिन्तन एवं मान्यताएं', 'रोचक स्मरण' एवं 'अन्य रूचियाँ' का उल्लेख किया है, जिनके माध्यम से पंडित पन्नालाल घोष जी के सम्पूर्ण व्यक्तित्व, रोचक स्मरण एवं योगदानों पर प्रकाश डाला गया है।

इस प्रकार इन सात अध्यायों के माध्यम से मैंने यह प्रयास किया कि इस महान् एवं सर्वश्रेष्ठ बाँसुरीवादक पंडित पन्नालाल घोष जी से सम्बन्धित सभी पक्षों को बड़ी कुशलता से समाहित कर सकूँ।

मेरी इस विशेष यात्रा में कई गुणीजनों ने मुझे आशीर्वाद दिया तथा मेरी सहायता कर मुझे कृतार्थ किया, जिसके परिणाम स्वरूप ही मैं अपने शोध कार्य को श्रेष्ठ रूप प्रदान कर सका। मैं आप सभी का ह्रदय से आभारी हूँ तथा आप सभी के मार्गदर्शन के परिणाम स्वरूप ही मैं अपने शोध प्रबन्ध को पूर्ण रूप प्रदान कर सका।

मैं सर्वप्रथम आभारी हूँ, अपने इष्ट देव 'प्रभु श्री लक्ष्मीनारायण जी' का एवं अपने परम पूज्य पिताजी श्री सुरेन्द्र मोहन शर्मा जी एवं माताजी श्रीमती पुष्पा शर्मा जी का, जिनके आशीर्वाद के फलस्वरूप ही मैं धरती पर जन्म ले सका। आपके आशीर्वाद, प्रोत्साहन एवं समर्थन द्वारा ही मैं 'संगीत के क्षेत्र में भविष्य निर्माण करने की सोच' को साकार कर सका तथा आज इस विशेष यात्रा को पूर्ण कर सका। इसके साथ–साथ मैं अपनी पत्नी श्रीमती गरिमा भार्गव, भ्राता श्री शैलेन्द्र भारद्वाज एवं बहिन श्रीमती पूजा भारद्वाज का भी हृदय से आभारी हूँ, जिन्होंने निराविल स्नेह का संबल प्रदान कर मेरी कार्यशक्ति का सदैव विवर्धन किया।

मैं अत्यन्त आभारी हूँ, अपनी शोध निर्देशिका संगीत विदुषी डॉ. (श्रीमती) निशि माथुर जी (विभागाध्यक्ष–संगीत विभाग, राजकीय जानकी देवी बजाज महिला स्नातकोत्तर महाविद्यालय, कोटा–राजस्थान) का, जिन्होंने मुझे 'बाँसुरीवादक पंडित पन्नालाल घोष–व्यक्तित्व एवं कृतित्व' जैसे अत्यन्त महत्वपूर्ण विषय पर अध्ययन कराया, साथ ही मेरा पग–पग पर साथ दिया। आपके आशीर्वाद एवं मार्गदर्शन के कारण ही मैं इतने महत्वपूर्ण एवं महान् कलाकार की महानताओं को प्रस्तुत कर सका तथा अपने शोध कार्य को श्रेष्ठ रूप प्रदान कर सका। ईश्वर की कृपा से आप मेरे जीवन में अनमोल रत्न के रूप में आयी तथा आपकी कृपा, आशीर्वाद, प्रोत्साहन एवं सहयोग के परिणाम स्वरूप ही मैं अपने शोध कार्य को पूर्ण कर सका। मैं ईश्वर से प्रार्थना करता हूँ कि आपका आशीर्वाद सदैव इसी तरह मेरे ऊपर बना रहे।

मैं उन सभी कलाकारों के प्रति आभार प्रकट करना अपना परम् कर्त्तव्य समझता हूँ जिनके सहयोग से मैं इस शोध कार्य में लाभान्वित हुआ और इसे उत्कृष्ट रूप में पूर्ण करने में समर्थ हुआ। मैं सर्वप्रथम आभारी हूँ, विश्व विख्यात सितारवादक एवं तबलावादक तथा पंडित पन्नालाल घोष जी के भतीजे पंडित नयन घोष जी का, जिन्होंने अपने अत्यधिक व्यस्त जीवन में भी मुझे समय दिया तथा मेरे सभी प्रश्नों के उत्तर देकर मेरी जिज्ञासा को पूर्ण किया। आपने पंडित पन्नालाल घोष जी के जीवन से सम्बन्धित सभी तत्वों से मुझे अवगत कराया एवं अपने पूर्ण सहयोग एवं समर्थन द्वारा मुझे अनुगृहीत किया। मैं आपके प्रति सदैव कृतज्ञ रहूँगा कि आपने मेरे शोध कार्य को विशुद्ध एवं उत्कृष्ट रूप प्रदान करने में मेरी हर संभव सहायता की। आप जितने श्रेष्ठ कलाकार हैं, उतने ही महान् एवं सहज व्यक्तित्व के धनी हैं।

मैं अत्यधिक आभारी हूँ, डॉ. विश्वास मनोहर कुलकर्णी जी का, जो पंडित पन्नालाल घोष जी के शिष्य पंडित वी.जी. कारनाड जी के शिष्य हैं तथा पंडित

पन्नालाल घोष जी के प्रति पूर्ण रूप से समर्पित हैं। आपने मेरी इस विषय के चयन के लिए सदैव सराहना की एवं सहायता की। आपने मेरे प्रश्नों के उत्तर के लिए सदैव समय निकाला तथा मेरी प्रत्येक जिज्ञासा को पूर्ण किया। मैं आपके विद्वत्ता पूर्ण मार्गदर्शन के लिए हृदय से आभारी हूँ तथा ईश्वर से प्रार्थना करता हूँ कि आप सदैव प्रसन्न एवं स्वस्थ रहें।

मैं प्रख्यात बाँसुरीवादक पंडित नित्यानन्द हल्दीपुर जी का भी अत्यन्त आभारी हूँ कि आपने कार्यक्रमों में अति व्यस्त होने के बाद भी मेरे सभी प्रश्नों के जवाब दिये। आप पंडित पन्नालाल घोष जी के शिष्य, श्री निरंजन हल्दीपुर जी के सुपुत्र हैं तथा आपने स्वयं ने भी पंडित पन्नालाल घोष जी से तालीम प्राप्त की।

मैं अत्यधिक आभारी हूँ, बाँसुरीवादक श्री चेतन जोशी जी (पंडित रघुनाथ सेठ जी के शिष्य) एवं श्री संजय बोहरा जी (बाँसुरीवादक) का, जिन्होंने विस्तृत चर्चा द्वारा बाँसुरी से सम्बन्धित मेरे सभी प्रश्नों के उत्तर दिए एवं मेरा मार्ग प्रशस्त किया। आपने मुझे बाँसुरी की तकनीकियों एवं वादनशैली के साथ–साथ सभी जानकारियाँ प्रदान कर अत्यन्त कृतज्ञ किया, जिससे मैं अपने शोध कार्य को अधिक प्रभावी रूप प्रदान कर सका।

मैंने अपना शोध कार्य हिन्दी भाषा (देवनागरी लिपि) में किया है अतः कई शब्दों के तकनीकी ज्ञान एवं उचित स्वरूप के सहयोग के लिए मैं श्रीमती संगीता भारद्वाज जी (हिन्दी की वरिष्ठ अध्यापिका, उदयपुर) एवं डॉ. अतुल चतुर्वेदी जी (हिन्दी के प्राध्यापक, कोटा) का अत्यन्त आभारी हूँ।

आज मेरी साधना पूर्ण हुई तथा मैं उस क्षण को जीने के लिए आतुर हूँ जो मेरी इच्छा, वांछित मनोकामना, इष्ट देव, माता–पिता व गुरूजनों के आशीर्वाद तथा कठिन परिश्रम का परिणाम है।

सावधानियों के बाद भी किसी त्रुटि की संभावना से इन्कार नहीं किया जा सकता अतः क्षमा ही एक ऐसा माध्यम है जो भविष्य में भूल सुधारकर उन्नति की राह पर प्रोत्साहित करता है।

अन्त में, मैं आप सभी का समस्त शुभकामनाओं के साथ हृदय से आभार व्यक्त करता हूँ।

विकास भारद्वाज

अनुक्रमणिका

1

पंडित पन्नालाल घोष

संसार में सदैव एक युग–पुरूष कुछ शताब्दियों के अन्तराल में जन्म लेता है, जो एक मार्गदर्शक के रूप में नई दिशा एवं ज्ञान का संचार करता है तथा जिसके प्रशस्त मार्ग एवं पदचिन्हों पर आने वाली कई सदियों की पीढ़ियाँ अग्रसर होती हैं एवं प्रेरित होती हैं। बीसवीं शताब्दी में ऐसे ही एक युग–पुरूष 'पंडित पन्नालाल घोष' जी का संगीत क्षेत्र के अधिष्ठाता के रूप में 31 जुलाई, 1911 को बरीसाल ग्राम (बांग्लादेश) में अभ्युदय हुआ।

जीवन परिचय

पंडित पन्नालाल घोष ऐसे ही एक युग–पुरूष थे, जिन्होंने भगवान् श्री कृष्ण से सम्बद्ध बाँसुरी, जो सिर्फ लोक संगीत एवं ग्राम तक ही सीमित थी, को एक नया आयाम प्रदान कर शास्त्रीय संगीत के मंच पर प्रतिष्ठित किया। पंडित घोष ने बाँसुरी को एक पूर्ण वाद्य के रूप में स्थापित किया, जिससे सभी संगीतमयी कल्पनाएँ सिद्ध हुईं और इस प्रकार अपने अथक प्रयासों से बाँस से निर्मित इस अत्यन्त सरल वाद्य को सम्पूर्ण विश्व में एक अलग पहचान एवं मान्यता दिलाई।[1]

बाँसुरी एक चमत्कार है जिसे भगवान् श्री कृष्ण ने मानवमात्र को प्रदान किया, एक वाद्य जो अतिप्राचीन काल से हर सभ्यता का प्रिय रहा है। भारतीय शास्त्रीय संगीत के क्षेत्र में बाँस की इस विनम्र बाँसुरी की किस्मत अपने सही स्थान विख्यात पंडित पन्नालाल घोष जी के हाथों में ही लिखी थी। उन्होंने ना सिर्फ छोटे आकार की बाँसुरी का वृहद् रूप विकसित किया अपितु संगीत कार्यक्रम मंच पर इसे कड़ी मेहनत से मान्यता भी दिलवाई।

पंडित पन्नालाल घोष जी बाल्यकाल से ही विलक्षण प्रतिभा के धनी थे। पंडित पन्नालाल घोष की माता जी उन्हें प्यार से 'पन्ना' कहकर पुकारती थी तथा उनके प्रशंसक उन्हें प्रायः 'पन्नाबाबू जी' के नाम से पुकारते थे।[2] पन्नाबाबू जी के बाल्यकाल से यह अवगत होता हैं कि मात्र 7 वर्ष की आयु में ही उनका संगीत से जुड़ाव हो गया था।[3]

पन्नाबाबू जी को संगीत के प्रति स्नेह अपने दादा श्री हर कुमार घोष जी से प्राप्त हुआ था जो कि उत्कृष्ट ध्रुपद गायक एवं पखावज वादक थे तथा सितार उन्होंने अपने पिता श्री अक्षय कुमार घोष जी से सीखा था। उन्होंने संगीत की विद्या अपने मामा श्री भावरंजन मजूमदार से भी ग्रहण की थी, जो एक कुशल गायक थे। आपका परिवार पहले अमरनाथगंज गाँव में रहता था और बाद में आप सभी फतेहपुर शहर में रहने लगे।[4]

आपकी माता, श्रीमती सुकुमारी घोष जी (ढाका के श्री मजूमदार जी की पुत्री) एक श्रेष्ठ गायिका थीं तथा आपकी पत्नी श्रीमती पारूल घोष जी, एक उत्कृष्ट पार्श्वगायिका थीं और अपनी मधुर एवं गुंजायमान रंगत वाली आवाज़ के लिये जानी जाती थी। आपके छोटे भाई, पंडित निखिल घोष जी, एक प्रतिष्ठित तबला नवाज़ थे, जो उनकी (पन्नाबाबू जी) संगीत यात्रा का एक अविभाज्य अंग थे। युवा पन्नालाल अत्यन्त ग्रहण शील रहे तथा उन्होंने विभिन्न स्त्रोतों से संगीत की उत्कृष्ट विद्या ग्रहण की।[5]

पंडित नयन घोष, पन्नाबाबू जी के भतीजे, देश के अग्रणी तबला वादकों में से एक हैं, साथ ही जाने–माने सितार वादक भी हैं। पंडित नयन घोष के अनुसार "पन्नाबाबू के पिता एक सितार वादक थे। यह सितार के प्रति उनका झुकाव ही था, जिसने उनके अन्दर के संगीतज्ञ को जगाया।[6] वर्षों के नवाचार व निरन्तर प्रयोगों के बाद पन्नाबाबू जी ने इस लोकवाद्य 'बाँसुरी' को संगीत गोष्ठी के वाद्य के रूप में पहचान दिलाने में सफलता प्राप्त की।

बाल्यकाल में घटित दो घटनाओं का पन्नालाल जी के जीवन पर प्रभावशाली असर हुआ। सबसे पहले, 9 वर्ष की आयु में जब वे एक छड़ी ढूंढ रहे थे, तभी पन्नालाल जी ने एक बाँसुरी कीर्तनखोला नदी (बरीसाल बांग्लादेश) में तैरती हुई पाई। उन्होंने वहीं से यह वाद्य लिया और तभी बाँसुरी के साथ उनका आजीवन सम्बन्ध प्रारम्भ हुआ। दो वर्ष बाद, 11 वर्ष की आयु में पन्नालाल जी एक साधु से मिले, जिनके पास एक शंख और एक बाँसुरी थी। साधु ने पन्नालाल जी से पूछा कि क्या वे बाँसुरी बजा सकते हैं, और

पन्नालाल जी ने उनका आभार व्यक्त करते हुए बाँसुरी बजायी। इस प्रकार साधु ने उन्हें बाँसुरी दी और कहा कि संगीत से ही उन्हें मोक्ष की प्राप्ति होगी।[7]

इस उम्र में जब बच्चे अलग–अलग प्रकार के खेलों में व्यस्त रहते हैं, तब पन्नाबाबू बाँसुरी पर बरीसाल ग्राम का लोक संगीत बजाया करते थे। इसी दौरान पन्नाबाबू जी के मस्तिष्क में उत्पन्न एक विचार ने उनके जीवन को एक नई राह प्रदान की तथा बाँसुरी का भाग्य लिखना प्रारम्भ हुआ। इस प्रकार पन्नाबाबू जी अपने पथ पर प्रशस्त हुए और ग्राम लोक संगीत के इस वाद्य को शास्त्रीय संगीत के अनुरूप सक्षमता प्रदान करने में प्रयासरत हुए। आपने अपने विचारों को साकार रूप प्रदान करने के लिए बाँसुरी की बनावट एवं तकनीक का गहन अध्ययन किया तथा बाँसुरीवादन की श्रेष्ठ शैली को विकसित किया।[8]

सन् 1928 में, जब चारों ओर राजनीतिक अशांति का माहौल था और देश का प्रत्येक युवा स्वतंत्रता आंदोलन में कूद पड़ा था, पन्नालाल जी भी इस स्वतंत्रता आन्दोलन में सम्मिलित हुए। उन्होंने एक व्यायामशाला में नामांकन करा लिया और वहाँ मार्शल आर्ट, मुक्केबाजी, लाठी चलाना तथा शरीर सौष्ठव का अभ्यास किया। पन्नालाल जी को शरीर सौष्ठव का प्रारम्भ से ही बहुत शौक था। वे व्यायामशाला के उत्कृष्ट छात्र तथा विजेता भी रहे।[9]

पन्नाबाबू जी ने जापानियों से उनकी आत्मरक्षा की कला 'जु–जित्सु' सिखी। एक अस्थाई पड़ाव के दौरान पन्नाबाबू संथाल जाति के संपर्क में आये, जिन्हें उन्होंने शारीरिक कलायें सिखाईं और परस्पर उनसे धनुर्विद्या सीखी, इस प्रकार उन्होंने धनुर्विद्या में भी महारथ प्राप्त की। इसके अतिरिक्त पन्नाबाबू जी तलवारबाजी एवं भार उठाने की कला में भी निपुण रहे।[10] वास्तव में, पन्नाबाबू जी की शारीरिक दृढ़ता एवं सक्षमता, बड़े आकार की बाँसुरी जिसमें फूँक मारने में असीम शक्ति की आवश्यकता होती है, पर अधिकार प्राप्त करने में काफी सहायक रही।

पंडित पन्नालाल घोष स्वतंत्रता आन्दोलन में और भी घनिष्ठ रूप से जुड़ गए थे, अतः ब्रिटिश सरकार ने उनके कार्यकलापों व गतिविधियों पर नज़र रखना शुरू कर दिया। इसलिए 17 वर्ष की आयु में, पन्नालाल जी ने बरीसाल छोड़ दिया और जीविकार्जन हेतु कलकत्ता चले गये। महानगर की भीड़ में उन्होंने पाया कि उनके पास उनकी कोई पहचान नहीं है सिवाय

इसके कि वे मुक्केबाजी में विजेता रह चुके थे तथा अखिल बंगाल प्रतियोगिता के भी विजेता थे। इस प्रकार एक मुक्केबाज और मार्शल आर्ट विशेषज्ञ के रूप में उन्होंने एक एथलेटिक क्लब में कोच के रूप में नौकरी करना आरम्भ किया। एक साल बाद ही, 18 वर्ष की आयु में पन्नालाल जी के पिताजी का देहान्त हो गया था।[11]

इस समय पन्नालाल जी, जो पहले से ही सितार बजाते थे, बाँसुरी पर अपना ध्यान केन्द्रित करने लगे। आर्थिक आवश्यकताओं ने उन्हें कलकत्ता में मूक फ़िल्मों के लिये संगीत परिणीत करने हेतु अग्रसर किया। एक अखिल भारतीय संगीत प्रतियोगिता के दौरान वे संगीत निर्देशक व रचयिता श्री अनिल बिस्वास जी से मिले, जिनकी संगीत प्रस्तुतियों में उन्होंने बाँसुरीवादन करना आरम्भ किया।[12]

एक ऐसी ही प्रस्तुति के दौरान, जब अनिल बिस्वास प्रसिद्ध कवि काज़ी नज़रूल इस्लाम के एक नाटक के रूपांतरण के लिये संगीत निर्देशन कर रहे थे तो पन्नालाल जी ने यह फैसला लिया कि उन्हें एक बड़ी बाँसुरी की आवश्यकता होगी जिसका स्वर स्केल (पिच) एवं सुरीलापन शास्त्रीय एवं सुगम संगीत दोनों में ही उपयुक्त होगा। इस प्रकार वे अपने एक पुराने खिलौने विक्रेता से मिले, जो बाँसुरी बनाने में निपुण था। उसकी सहायता से पन्नालाल जी ने धातु और कई अन्य प्रकार की लकड़ियों के साथ प्रयोग किये, परन्तु अंत में यह निश्चय किया की बाँस अभी भी सर्वश्रेष्ठ साधन है।[13]

इस प्रकार उन्होंने एक 32 इंच की बाँसुरी लेना तय किया जो कि 'काली 2' के 'सा' के अनुरूप थी। चूंकि इस आकार की बाँसुरी से अभी तक सभी अन्जान थे अतः यह अफवाह उड़ी की पन्नालाल जी ने अपनी अंगुलियों के बीच की झिल्ली को कटवाने हेतु शल्यक्रिया करवाई है, जिससे वाद्य (बाँसुरी) पर दूर–दूर स्थित छिद्रों तक उनकी अंगुलियां आसानी से पहुंच सके। निस्सन्देह, उन्होंने कोई शल्यक्रिया नहीं करवाई थी, अपितु अपने समर्पित रियाज़ से इस वृहद् वाद्य को बजाने की तकनीक ईज़ाद की और उसमें निपुणता प्राप्त की।[14]

इस समय तक वे बाँसुरी बनाने के लिये प्रयुक्त बाँस, 'डायमंड बन्दरगाह', जो कि कलकत्ता का एक विशाल बन्दरगाह है, पर फैंकी गई पैक करने की सामग्री से प्राप्त करते थे। वनों की कटाई अभी तक कलकत्ता के आसपास

के क्षेत्रों में नहीं हो पाई थी, अतः बाँस शहर के आसपास के क्षेत्रों में भी पाया जा सकता था।[15]

Pandit Hariprasad Chaurasia, the reigning maestro of the bansuri has said, "Panna Babu was the first person to bring the bamboo flute to the classical stage. It was a folk instrument before that."[16]

Today's living legend Pandit Hariprasad Chaurasia has said, "We owe a lot to respected Pannababu for giving us this instrument and a direction to work and think upon."[17]

इस प्रकार पन्नाबाबू जी ने अथक प्रयास व रियाज़ द्वारा बाँसुरी पर मुखरित संगीत में महारथ हासिल की। इस समय उन्हें मध्यम स्वर से निशाद तक की मींड़ और धैवत स्वर श्रुतियों की बिहाग, यमन, बागेश्री आदि रागों में आवश्यकता महसूस हुई, साथ ही खरज में स्वर विस्तार भी आवश्यक था। अतः उन्होंने तीव्र मध्यम (मन्द्र सप्तक) स्वर के लिए सातवें छिद्र का आविष्कार और प्रयोग किया। आपने सातवें छिद्र को स्थापित कर बाँसुरी की सक्षमता को विस्तृत रूप प्रदान किया। पन्नाबाबू जी के शिष्य श्री प्रभाकर नाचणे जी ने इस छिद्र को 'ध्रुव मध्यम' नाम दिया तथा इस सातवें छिद्र से दरबारी, यमन, केदार, तोड़ी, पूरिया, पूरिया धनाश्री, श्री आदि कई रागों को सही रूप में प्रस्तुत करना संभव हो सका, साथ ही खरज के तीव्र मध्यम से मध्य सप्तक के मध्यम तक एवं मध्य सप्तक के मध्यम से तार सप्तक के मध्यम तक के सभी स्वरों तक मींड़ लेना संभव हुआ।[18]

पन्नाबाबू जी ने कई परिवर्तनों के बाद बाँसुरी को एक नया रूप प्रदान किया। इस पूर्ण वाद्य पर ध्रुपद–धमार तथा राग संगीत के साथ–साथ भारतीय संगीत की सभी शैलियों का रूपान्तरण सम्भव हो सका। अपने नियमित कठोर रियाज़ द्वारा आपने बाँसुरी पर पूर्ण अधिकार प्राप्त किया तथा बाँसुरी एवं संगीत के क्षेत्र में नये–नये आयाम स्थापित किए।[19]

पंडित पन्नालाल जी घोष जी ने अपना सम्पूर्ण जीवन संगीत एवं बाँसुरी को समर्पित किया। पन्नाबाबू जी प्रतिदिन 10 से 14 घंटे रियाज़ करते थे एवं यह उनकी असीम साधना का ही परिणाम था कि उनका संगीत भगवान् श्री कृष्ण के समतुल्य था जिसमें भाव, रस, गहराई और दैविकता जैसे तत्वों का समावेश था।

'जहाँ तक संगीत का सम्बन्ध है, मैं उन्हें (पन्नाबाबू) कलियुग के कृष्ण के रूप में देखता हूँ', श्री आनंद मुर्देश्वर के अनुसार।[20]

पन्नालाल जी अपने बाँसुरीवादन के लिये प्रसिद्ध होने लगे तथा प्रमुख संगीत सम्मेलनों में प्रस्तुतियाँ देने लगे। इस दौरान वे संगीत क्षेत्र के आचार्यों (उस्तादों) जैसे उस्ताद इनायत खान (सितार), उस्ताद दाबिर खान (बीन), उस्ताद अमीर खान (सरोद), उस्ताद बादल खान (सारंगी) तथा कई कुशल गायकों जैसे उस्ताद फैयाज़ खान, उस्ताद अब्दुल करीम खान, उस्ताद माज़िद खान, पंडित तारापोड़ा चक्रवर्ती, पंडित भीष्मदेव चट्टोपाध्याय आदि के सम्पर्क में आए। ज्ञान एवं परम्परा की उनकी खोज ने उन्हें इन उत्कृष्ट एवं बहुश्रुत संगीतकारों से संगीत की पेचीदगियों को प्राप्त करने में सफलता दिलाई।[21]

सन् 1928 में, पन्नालाल जी ने कलकत्ता के लिए प्रस्थान किया, जहाँ 'न्यू थियेटर' में प्रख्यात संगीत रचनाकार श्री रायचंद बोरल के सानिध्य में आपको बाँसुरीवादक के पद पर नियुक्त किया गया। आप 'ऑल बंगाल म्युज़िक कॉन्फ्रेंस' में प्रथम पुरस्कार विजेता भी रहे। इसी दौरान आपने पंजाब के खुशी मोहम्मद जी, जो पहले से ही 'न्यू थियेटर' से जुड़े हुए थे, के मार्गदर्शन में हारमोनियम वादन में भी महारथ हासिल की।[22] बाद में, पन्नाबाबू ने 8 रूपये प्रतिमाह के वेतन पर कलकत्ता प्रेस में भी काम किया था। इसके अतिरिक्त कलकत्ता की एक ट्यूबवैल कम्पनी में भी आप सुपरवाईज़र के पद पर कार्यरत रहे।[23]

सन् 1935–36 में जब किसी ने भी इस अत्यन्त सरल वाद्य 'बाँसुरी' में निहित असीमित सम्भावनाओं की कल्पना नहीं की थी, सिर्फ पन्नाबाबू जी ही थे जिन्होंने अपनी दूरदर्शिता से इस तथ्य को महसूस किया कि इस वाद्य पर शास्त्रीय संगीत की मधुरतम कल्पनाएं सम्भव हैं और इन कल्पनाओं को साकार रूप देने के लिये वे निरन्तर प्रयासरत रहे, जिसका ही परिणाम है कि वर्तमान में बाँसुरी एक पूर्ण वाद्य के रूप में विद्यमान है।

बाँसुरी के नाद की उत्कृष्ट गुणवत्ता, तीनों सप्तक में इसके प्रयोग तथा कल्पनाओं के विकट प्रकारों से सभी श्रोतागण चकाचौंध थे। शास्त्रीय संगीत के सभी तत्वों एवं गले की सभी सम्भावनाओं का श्रेष्ठतम रूपान्तरण बाँसुरी पर सम्भव हुआ।[24]

पारम्परिक वाद्ययंत्रों जैसे सितार, वीणा, सरोद आदि के समतुल्य बाँसुरी के नाद में भी गहराई, ध्वनि एवं सभी सक्षमताएं निहित हैं। अपनी मूलभूत विशेषताओं के साथ–साथ शास्त्रीय संगीत के दोनों अंग 'गायकी एवं तंत्रकारी'

तथा संगीत की सभी शैलियों का बाँसुरी पर श्रेष्ठतम एवं सहज रूपान्तरण तथा प्रस्तुतिकरण संभव हो सका, जिसका सम्पूर्ण श्रेय इस सदी के महान् संगीतकार पंडित पन्नालाल घोष जी को ही जाता है।

Says renowned vocalist Pandit Jasraj Ji, "Till then, the folk flute could produce only light and shrill upper notes. Pannababu's contribution made it possible to produce a deep and resonant sound with a rich tonal quality."[25]

सन् 1936–37 में, श्री पन्नालाल घोष जी 'सराय कैला' की राजधानी के सुविख्यात 'छाऊ नृत्य' समूह के संगीत निर्देशक के रूप में यूरोप गये एवं प्रस्तुतिकरण किया, इस प्रकार आप शास्त्रीय संगीत के उन पहले कलाकारों में शामिल हुए जिन्होंने भारत के बाहर जाकर प्रस्तुतिकरण किया।[26]

उनके भारत आगमन के तुरन्त बाद ही उनके गुरू का देहावसान हो गया तथा अपने संगीत की शिक्षा के क्षितिज की खोज उन्हें बंगाल के प्रतिष्ठित गुरू आचार्य श्री गिरिजाशंकर चक्रवर्ती जी के पास ले गई, जिनके सानिध्य में उन्होंने गायन में ख्याल, ठुमरी एवं अन्य शैलियों की तालीम प्राप्त की।[27]

सन् 1940 में, पन्नालाल जी अपने वरिष्ठ शिष्य श्री हरिपद चौधरी जी (जो हाल ही में बम्बई चले गये थे) की सलाह पर बम्बई चले गये थे। वहाँ उन्होंने बॉम्बे टॉकीज़ स्टूडियो में कार्य करना आरम्भ कर दिया और कुछ फ़िल्मों में संगीत दिया, जिनमें से एक है 'बसन्त'। पन्नाबाबू जी की पत्नी, श्रीमती पारूल घोष (प्रसिद्ध संगीत निर्देशक एवं रचनाकार श्री अनिल बिस्वास की बहन) कीर्तन की एक शालीन गायिका थीं, जो नवीन श्रव्य चलचित्रों की प्रथम सुप्रसिद्ध पार्श्वगायिका बनी।[28]

'राग–संगीत' के सागर से ज्ञान प्राप्त करने की उनकी इच्छा उन्हें मैहर के प्रसिद्ध बाबा अलाउद्दीन खान साहब के चरणों में खींच लाई, जिनसे उन्होंने गहन तालीम हासिल की और इस प्रकार उनके संगीतमयी व्यक्तित्व को एक महत्वपूर्ण आयाम प्राप्त हुआ। पन्नाबाबू जी ने एक संगीतज्ञ के रूप में बाबा का अथाह स्नेह व प्रेम प्राप्त किया।[29]

सन् 1946 में, जब सुप्रसिद्ध उस्ताद अलाउद्दीन खान साहब (जो 'बाबा' के नाम से भी जाने जाते थे) अपने शिष्य पंडित रविशंकर जी के साथ मुम्बई आये, तब पन्नालाल जी की उनसे पहली बार मुलाकात हुई। प्रारम्भ में, जब

पन्नालाल जी ने बाबा से उन्हें (पन्नाबाबू जी) सिखाने हेतु निवेदन किया, तो बाबा ने कहा, 'आप पहले से ही महान् हैं, आपको और अधिक तालीम की आवश्यकता नहीं।' पन्नालाल जी ने बाबा से प्रार्थना की कि वे उन्हें अपने शिष्य के रूप में स्वीकार करें, जिससे वे प्रमाणिक संगीत एवं विशेष रूप से आलाप करने का श्रेष्ठ तरीका सीख सकें।[30]

सन् 1947 में, पन्नालाल जी की जीवनपर्यन्त एक सच्चे गुरू से संगीत सीखने की लालसा पूर्ण हुई, जब अलाउद्दीन ख़ान साहब पन्नाबाबू जी के सीखने की ललक से अत्यधिक प्रभावित हुये और उन्हें अपना शिष्य स्वीकार किया। इस प्रकार पन्नालाल जी महैर स्थित उनके निवास पर गए, जहाँ उन्होंने अगले 6 माह तक खान साहब से गहन तालीम प्राप्त की। बाबा के दृढ़ संरक्षण व देखरेख में पन्नाबाबू जी बाँसुरी के कुशलतम वादक के रूप में प्रतिष्ठित हुए।[31]

पंडित पन्नालाल घोष जी की वादनशैली पर आचार्य अलाउद्दीन खान साहब का सर्वाधिक प्रभाव था, जिससे उनकी वादनशैली में तकनीक एवं भाव–रस का कुशल संयोजन, राग शुद्धता, शास्त्र का पूर्ण निर्वाह आदि विशेषताएं परिलक्षित होती हैं, जो कि आगे चलकर आचार्य अलाउद्दीन खान साहब की मैहर–सेनिया परम्परा की विशेषताएं बनी।

बाँसुरीवादक श्री नित्यानन्द हल्दीपुर, पं. घोष के शिष्य कहते हैं, ''बाबा अलाउद्दीन खान साहब से सीखने के बाद पन्नाबाबू जी को एक निश्चित राह मिली। बाबा से मिलने से पहले पन्नाबाबू अपनी कल्पनाओं को जिस भी रूप में चाहते थे, साकार रूप देते थे परन्तु बाबा के संरक्षण में उन्होंने महसूस किया कि सुंदरता की सही अभिव्यक्ति तब ही संभव है जब उसे उचित कैनवास में रूपान्तरित किया जाए।''[32]

पंडित पन्नालाल जी ने आकाशवाणी पर अपने नियमित प्रसारण एवं सम्पूर्ण भारत के संगीत समारोहों में अपने जीवन्त प्रदर्शन से ख्याति अर्जित की। प्रख्यात गायक उस्ताद फैयाज़ खान तथा पंडित ओंकारनाथ ठाकुर ने उनके संगीत की बहुत प्रशंसा की और बाँसुरी पर उनके गायन में साथ देने का अनुरोध भी किया।

ख्याल अंग गायकी, जो कि किराना घराने के महान् जानकार उस्ताद अब्दुल करीम खान साहब से प्रभावित थी, का बाँसुरी पर संयोजन एवं प्रतिपादन हेतु उनकी अत्यधिक प्रशंसा की गई।[33] पन्नालाल जी ने अपनी

बाँसुरी के प्रदर्शन में आलाप, ध्रुपद अंग गायकी, तंत्रकारी, झाला, ठुमरी, दादरा एवं लोक संगीत जैसे भटियाली, बाउल आदि का समावेश किया। तबला एवं ताल पर कुशल नियंत्रण रखने वाले पन्नाबाबू जी ने झूमरा, तिलवाड़ा एवं एकताल जैसी कठिन तालों में कई रचनाएं प्रस्तुत की।[34]

अपने प्रस्तुतिकरण में पन्नाबाबू जी ने ख्याल गायकी को उत्कृष्ट रूप में प्रस्तुत किया। आप मध्य लय की रचनाओं के बाद तराने को प्रस्तुत करते थे, जिसमें तंत्रकारी के सभी तत्वों का कुशल समावेश था। पन्नाबाबू जी प्रायः किसी भी राग को वाद्य संगीत की 'आलाप–जोड़–झाला' शैली में ही प्रस्तुत करते थे।[35]

आपकी अविस्मरणीय रागों जैसे दरबारी, श्री, यमन, बिहाग, शंकरा, तोड़ी, पूरिया, मियाँ की मल्हार तथा मारवा आदि में बद्ध रचनायें अद्वितीय एवं अतुलनीय थी, जिनसे आपकी गहन तालीम, रियाज़, चिन्तन तथा अनुभव का स्पष्ट परिलक्षण होता है। उनका संगीत तपस्या से ओतप्रोत था, जिसमें ईश्वरीय तत्व एवं विशाल भावनात्मक गहराई थी तथा जो आध्यात्मिक गहराई के साथ संचारित किया जाता था।[36]

पन्नाबाबू जी ने कई नई तकनीकियों को बाँसुरी पर विकसित कर बाँसुरी के भविष्य को संवारा। चूंकि सामान्य बाँसुरी पर मंद्र सप्तक के अति मंद्र स्वरों को बजाना सम्भव नहीं था अतः आपने चार छिद्रों वाली ''मंद्र बाँसुरी'' का निर्माण किया जिससे मंद्र पंचम से अति मंद्र षड्ज तक स्वर विस्तार संभव हो सका। इस प्रकार बाँसुरी पर दरबारी कान्हड़ा, मियाँ की मल्हार, मलुहा केदार, पूरिया धनाश्री, पूरिया जैसी गंभीर रागों में मंद्र सप्तक में भी विस्तार सम्भव हो सका, जो कि इन रागों में अत्यन्त आवश्यक था।[37]

पंडित पन्नालाल घोष जी ने बाँस की बड़ी बाँसुरी (32 इंच व 42 इंच) का निर्माण किया। पन्नाबाबू जी ने 1938–40 में बाँसुरी में सातवें छिद्र को विस्थापित कर एक नया स्वर (मंद्र सप्तक का तीव्र मध्यम) स्थापित किया। इसके साथ–साथ आपने भारतीय शास्त्रीय संगीत में 6 तारों का तानपुरा भी प्रस्तावित किया, जिसे बाद में उस्ताद अमीर खान और हाल ही के पंडित भीमसेन जोशी जैसे दिग्गज़ कलाकारों ने स्वीकारा तथा प्रयुक्त किया। ऊँचे स्केल की तानपुरी एवं सुरपेटी या श्रुति बॉक्स (उत्तर भारतीय संगीत में) भी उत्तर भारतीय शास्त्रीय संगीत में आप ही की देन है। इसके साथ–साथ

'D शार्प' और 'E' स्वर स्केल के लिए ऊँचे स्वर स्केल का तबला बनाने का विचार भी आपका ही था।[38]

पन्नाबाबू जी ने ऐसी तकनीक को खोजा जिससे आभोगी, अड़ाना, बागेश्री, बहार, बसंत, भैरवी, भीमपलासी, भैरव, भूप, भूपाल तोड़ी, बिहाग, चन्द्रमौली, दरबारी, देस, देसी, देशकार, गौड़सारंग, जौनपुरी, काफी, केदार, खमाज, ललित, मालकौंस, मारवा, पीलू, मियाँ मल्हार, पहाड़ी, पूरिया, पूरिया धनाश्री, पूरिया कल्याण, सारंग, शंकरा, श्री, शुद्ध बसंत, शुद्ध भैरवी, सिंदुरा, तिलंग, तोड़ी, यमन आदि गंभीर, कठिन एवं व्यापक रागों को शास्त्र ध्यान में रखते हुए सरलता एवं सुन्दरता से प्रस्तुत करना संभव हो सका।[39]

आपने कई नई रागें निर्मित करने के साथ–साथ कई नई, अप्रचलित, मिश्र एवं कर्नाटक रागों को हिन्दुस्तानी संगीत में भी प्रचलित किया जैसे– दीपावली, पुष्पचन्द्रिका (श्री हिमाँशु दत्त, कलकत्ता द्वारा निर्मित), हंसनारायणी, नुपुरध्वनि, चन्द्रमौली, जयंत, कुमारी, पंचवटी (राग मांला), रत्नपुष्पिका, शुक्लपलासी, बसंतमुखारी, मियाँ की सारंग, शिवेन्द्रमध्यम आदि। इसके साथ–साथ अपने कई प्रचलित रागों में उच्च श्रेणी की विलम्बित एवं द्रुत रचनाएं भी बनायी।[40]

उनके छोटे भाई एवं 20वीं शताब्दी के महान् तबलावादक पंडित निखिल घोष के अनुसार, 'उन्होंने (पन्नाबाबू) ध्रुपद–धमार के विस्तृत आलापों से लेकर, ख्याल गायकी एवं इसकी विशाल रचनाओं के साथ ठुमरी, दादरा एवं लोक शैलियों जैसे भटियाली, बाउल आदि का अपने वादन में कुशल समावेश किया।[41]

वास्तव में जोड़, झाला, गतकारी (वाद्य रचना) और तंत्रकारी अंग के बाँसुरी पर प्रस्तुतिकरण के लिए उन्होंने वाद्य यंत्र की तकनीकियों पर अधिकार कर उन्हें बाँसुरी में प्रयुक्त किया। यह अपने आप में एक सरल वाद्य (बाँसुरी) के लिए बहुत बड़ी उपलब्धि एवं भारतीय वाद्य संगीत के क्षेत्र में एक बड़ा आयाम सिद्ध हुआ।[42]

पंडित पन्नालाल घोष पहले ऐसे शास्त्रीय संगीतज्ञ रहे, जिन्होंने कई रिकॉर्डिंग्स एवं रचनायें निर्मित कर भारतीय फिल्म जगत में अपना महत्वपूर्ण योगदान दिया। शास्त्रीय संगीत के साथ–साथ उपशास्त्रीय एवं फिल्मी संगीत में भी आपका उतना ही प्रभावशाली योगदान रहा कि आन्दोलन, अंजान,

बंसत–बहार, दुहाई, मुन्ना, मुग्ल–ए–आज़म, पुलिस, नन्दकिशोर जैसी प्रख्यात फिल्मों के साथ आपका नाम जुड़ा।[43]

फिल्मी जगत के कई प्रतिष्ठित कलाकार जैसे आशा भौंसले, अशोक कुमार, किशोर कुमार, विमल रॉय आदि उनके घनिष्ट मित्र रहे। श्री ऋषिकेश मुखर्जी, जो की बिमल रॉय जी के सहायक रहे, ने पन्नाबाबू जी से बाँसुरी सीखी। इसके साथ–साथ सन् 1945 में गीता प्रोडक्शन द्वारा निर्मित फिल्म 'आधार' में पन्नाबाबू ने बतौर फिल्म निर्देशक कार्य कर अपनी असीमित सक्षमताओं का परिचय दिया। इस फ़िल्म में संगीत निर्देशन श्री एस.एन. त्रिपाठी जी द्वारा किया गया था।[44]

His bansuri literally sings along with my vocal chords, said Lata Mangeshkar about the late Pannalal Ghosh in an interview.[45]

'बसंत बहार' फिल्म का राग भैरवी पर आधारित गाना 'मैं पिया तेरी, तू माने या ना माने' जिसे लता मंगेशकर जी ने अपनी आवाज़ दी थी, में पन्नाबाबू जी ने उनका बाँसुरी पर साथ (संगत) दिया था।[46] कई विख्यात संगीत निर्देशक जैसे एस.डी. बर्मन, रविशंकर, मदन मोहन, एस.एन. त्रिपाठी, रोशन और शंकर–जयकिशन आदि अपने संगीत में पन्नाबाबू जी के बाँसुरी प्रयोग के लिए हमेशा लालायित रहते थे। बिमल रॉय और फणी मजूमदार जैसे निर्देशक पन्नाबाबू जी के निकटतम रहे।[47]

यहाँ तक कि सुर साम्राज्ञी लता मंगेश्कर जी हमेशा विख्यात संगीत निर्देशकों से प्रार्थना करती थीं कि पन्नाबाबू जी को बुलायें, जिससे उनकी बाँसुरी द्वारा बजाया गया श्रेष्ठ संगीत गाने में प्रयुक्त हो।[48]

वाद्य पर उनकी महारथ, संगीत की गुणवत्ता तथा अपने विनम्र एवं मददगार स्वभाव के कारण पन्नाबाबू जी को न सिर्फ आम संगीत प्रेमियों वरन् संगीत क्षेत्र के वरिष्ठ दिग्गजों द्वारा भी बहुत माना जाता है।[49]

Classical santoor pioneer, Pt. Shiv Kumar Sharma says. "Pannababu showed us, the following generation, how to successfully be associated with the classical world and the film world simultaneously."[50]

पंडित पन्नालाल घोष जी ने फिल्मों के लिये संगीत रचना एवं रिकॉर्डिंग का कार्य जारी रखा, लेकिन धीरे–धीरे उन्हें यह काम अरुचिकर भी लगने लगा। सन् 1956 में आकाशवाणी दिल्ली से प्रसारित राष्ट्रीय कार्यक्रम में

पन्नाबाबू जी द्वारा राग दरबारी कान्हड़ा में रचित प्रभावशाली रचना से उन्हें काफी प्रशंसा मिली।[51]

सन् 1956 में ही सूचना एवं प्रसारण मंत्री श्री बी.वी. केसकर जी ने उन्हें भारतीय राष्ट्रीय आर्केस्ट्रा के निर्देशक की मेधावी पद्वी देकर सम्मानित किया। पंडित पन्नालाल घोष जी 20 अप्रैल, 1960 तक उक्त पद पर कार्य करते हुए शास्त्रीय संगीत के प्रति अपनी तपस्या में लीन रहे।[52]

भारत के राष्ट्रीय गीत 'वन्देमातरम्' के प्रथम दो चरणों के लिये पन्नाबाबू जी ने संगीत रचना की, जिसे उन्होंने राग मियाँ मल्हार एवं तीनताल में निबद्ध किया था। इस धुन को सभी संगीतकारों ने उत्कृष्ट धुन के रूप में सराहा, साथ ही देश के महान् नेता जैसे जवाहर लाल नेहरू, सरदार पटेल के अतिरिक्त चीन के छाऊ–एन–लाई ने भी भारत यात्रा के दौरान इस धुन की अत्यन्त प्रशंसा की।[53]

पन्नाबाबू जी प्रतिदिन ध्यान करते थे तथा गुरूवार के दिन मौनव्रत रखते थे। उन्होंने स्वामी विरजानन्द जी महाराज, जो स्वामी विवेकानन्द के प्रत्यक्ष शिष्य थे, से मंत्र दीक्षा ली। अपने गहन आध्यात्मिक अभ्यास के कारण उनकी सांसारिक जीवन में रूचि कम होती गई और उन्होंने सन्यास लेने का निश्चय किया।[54]

जब उन्होंने अपनी इच्छा अपने गुरू स्वामी विरजानन्द जी महाराज से व्यक्त की तो उन्होंने कहा कि वह (पन्नाबाबू) संगीत के माध्यम से ही मोक्ष प्राप्त करेंगे तथा उन्हें आध्यात्मिक अभ्यास के रूप में ही संगीत का अभ्यास करना चाहिए। इस प्रकार उनके संगीत से सदैव आध्यात्मिकता, सरलता, दैविकता एवं पवित्रता प्रदर्शित हुई।[55]

पंडित पन्नालाल घोष जी विशाल हृदय, उदार, जोशीले, दयालु तथा विनोदी स्वभाव के व्यक्ति थे। आपने प्रारम्भ से ही शारीरिक कलाओं एवं व्यायाम पर ध्यान दिया। वह एक कुशल मुक्केबाज एवं कुश्तीबाज भी रहे। उन्होंने तलवारबाजी, धनुर्विद्या एवं भार उठाने की कला में भी महारथ हासिल की, साथ ही जु–जित्सु (आत्मरक्षा की जापानी कला) में आपने 'ब्लेक बेल्ट' प्राप्त की।[56]

पन्नाबाबू जी ने अपनी संगीत विरासत अपने शिष्यों जैसे स्वर्गीय श्री हरिपद चौधरी, श्री देवेन्द्र मुर्देश्वर, श्री निरंजन हल्दीपुर, श्री नित्यानंद हल्दीपुर, पंडित वी.जी. कारनाड, श्री गौर गोस्वामी, श्री रासबिहारी देसाई, श्री सूरजनारायण पुरोहित, श्री मोहन डी. नाडकर्णी, श्री आर.एम. कुम्टाकर, श्री प्रभाकर नाचणे, श्री के.डी. देसाई, श्री हरि. के. छाबड़िया, श्री महेश मस्तफकीर, श्री फकीरचंद सामन्ता, श्री शरद माहोले, श्री रमाप्रसाद मुखर्जी, श्री सुरेश बसरूरकर, श्री त्रिभुवन गोंदकर एवं अमीन–उर–रहमान (ढाका), जिन्हें मिंटू दा भी कहते थे, के योग्य हाथों में सौंपी।[57]

इनके अतिरिक्त लगभग सभी बाँसुरीवादक आपके अनुयायी बने, जिनमें प्रमुख हैं–आनन्द मुर्देश्वर, अज़ीजुल ईस्लाम (बांग्लादेश), बरिसिद्दिकी (बांग्लादेश), भाईलाल बारोट, चन्द्रकान्त जोशी, देवी प्रसाद बेनर्जी, गजानन राम भंडारे, हरिशचन्द्र कोकरे, हर्षवर्धन कौलगी, जे.एन. चौहान, केशव गिंडे, केदार बिजुरकर, कृष्णराव डी. देसाई, श्रीमती ललिता राव, मनसुखभाई उमारिया, मुकुल रॉय, नरेश कुम्टा, प्रसाद साठे, राजाराम शेडगे, रवि गरूड, रविन्द्र सामंत, सचिन जगताप, श्रीराम जोशी, श्रीकृष्ण खापरे, सिद्धेष पै, सुदर्शन दास, सुधांशु चौधरी, तौफिक नवाज़ (बांग्लादेश), ताकिर रशद नवाज़ (बांग्लादेश), विजय कबिनित्तल, कांत सोमवंशी, प्रकाश वधेरा, सुरेन्द्रनाथ कांबली, विश्वास मनोहर कुलकर्णी, डेविड फ्लिपसन (यू.एस.ए.), कार्ल क्लेमेन्टस् (यू.एस.ए.), विवेक उल्लाल और वतमान में कई अन्य।[58]

पंडित पन्नालाल घोष सभी सफल बाँसुरीवादकों के लिये प्रेरणा स्त्रोत रहे। अपने विनम्र एवं सहायक व्यवहार के कारण पन्नाबाबू काफी प्रसिद्ध रहे, साथ ही संगीत पारखी एवं गुणी संगीतकारों के मध्य आप अत्यन्त सम्माननीय एवं प्रिय व्यक्ति रहे।

20 अप्रैल, 1960 में दिल्ली में मात्र 48 वर्ष की अल्प आयु में पन्नाबाबू जी के आकस्मिक निधन से सम्पूर्ण संगीत जगत को बहुत बड़ा आघात लगा। यह आकस्मिक घटना संगीत जगत के लिए बहुत बड़ी क्षति सिद्ध हुई। इस प्रकार इतने छोटे जीवन काल में अर्जित असाधारण उपलब्धियों से उनकी सांगीतिक महानता एवं प्रतिभा के संकेत मिलते हैं।[59]

पंडित पन्नालाल घोष जी, ने 48 वर्ष के अत्यधिक छोटे जीवनकाल में बाँसुरी के क्षेत्र में अपने अथक प्रयास एवं योगदानों से तथा बाँसुरी पर 'राग संगीत' की स्थापना कर हिन्दुस्तानी संगीत के ऐतिहासिक कलाकारों एवं विद्वानों में अपना स्थान बनाया। आपने बाँसुरी को सितार, सरोद एवं सारंगी जैसे पारम्परिक वाद्यों की तरह एक स्वतंत्र एवं पूर्ण वाद्य के रूप में स्थापित किया।[60]

पन्नाबाबू जी ने अपने जीवनकाल में बाँसुरी को देश–विदेश में काफी प्रचलित किया, साथ ही संगीत पारखी एवं गुणीजनों से आपको अपने गुण, योगदान एवं प्रयासों के लिए प्रशंसा मिली एवं सम्मान प्राप्त हुआ। जीवन के अन्तिम पड़ाव तक आते–आते आपके कई अनुयायी बने, जो आपके पदचिन्हों पर प्रशस्त हुए एवं विख्यात बाँसुरीवादक के रूप में स्थापित हुए।[61]

उनके छोटे भाई पंडित निखिल घोष जी, जो कि एक उत्कृष्ट एवं सम्माननीय तबलावादक थे, सदैव उनकी (पन्नाबाबू जी) संगीत यात्रा में साथ रहे। उस समय के कलाकार पन्नाबाबू जी और निखिल घोष जी की अद्वितीय, सिद्ध एवं यादगार प्रस्तुतियों को आज भी अपने स्मृति पटल पर विद्यमान् रखते हैं एवं नये कलाकारों को उनकी महानताओं से अवगत कराते हैं।[62]

पन्नाबाबू के दादा श्री हर कुमार घोष जी थे, जो कि एक कुशल ध्रुपद गायक एवं पखावज वादक थे। पन्नाबाबू जी के पिता श्री अक्षयकुमार घोष जी थे, जो कि एक निपुण सितारवादक थे एवं माता श्रीमती सुकुमारी घोष जी थीं, जो एक कुशल गायिका थीं। पन्नाबाबू के परिवार में माता–पिता के साथ–साथ 5 बहिनें एवं 5 भाई थे।[63]

सबसे पहले 4 बहिनें क्रमशः इंदुकना देवी, परिमलकना देवी, निहारकना देवी तथा प्रतिभाकना देवी थीं। 4 बहिनों के बाद क्रमशः 5 भाई श्री बिपुलज्योति घोष, श्री अमलज्योति घोष (पन्नालाल घोष), श्री निर्मलज्योति घोष, श्री सुनीलज्योति घोष एवं श्री निखिलज्योति घोष थे, तत्पश्चात् सबसे छोटी बहिन श्रीमती स्मृतिकना देवी थीं।[64]

श्री बिपुलज्योति घोष एक कुशल गायक थे, जिनके दो पुत्र क्रमशः ज्योर्तिज्योति घोष एवं अरूण ज्योति घोष थे जो कि उच्च श्रेणी के विद्यार्थी रहे और बाद में क्रमशः बैंक ऑफ इण्डिया एवं बैंक ऑफ बड़ौदा में कार्यरत रहे।[65]

वंश परिचय

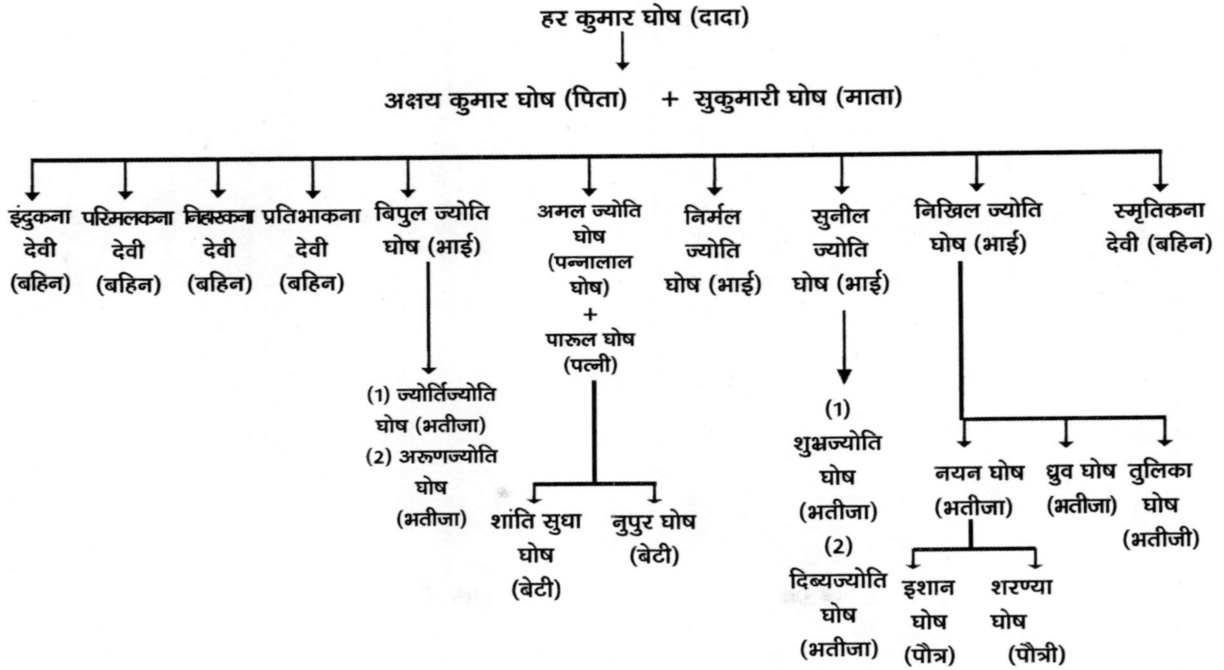

नोटः– उपरोक्त तालिका में परिवारजनों का सम्बन्ध पंडित पन्नालाल घोष जी के अनुसार दर्शाया गया है।

श्री अमलज्योति घोष (पन्नालाल घोष), जो कि श्रेष्ठतम बाँसुरीवादक के रूप में स्थापित हुए, की पत्नी श्रीमती पारूल घोष थीं जो कि एक उत्कृष्ट पार्श्वगायिका थीं तथा अपनी मधुर एवं गुंजायमान रंगत वाली आवाज़ के लिये जानी जाती थीं। आपकी बेटी शांतिसुधा घोष एवं नुपुर घोष थीं। श्रीमती शांति सुधा घोष जी भी अपनी माँ पारूल घोष जी की तरह फिल्मों में कुशल पार्श्वगायिका रहीं, साथ ही ख्याल, ठुमरी एवं बांग्ला संगीत की कुशल गायिका भी रहीं जबकि नुपुर घोष का मात्र 2 वर्ष की आयु में ही देहांत हो गया था, जिससे पन्नाबाबू पर गहरा सदमा पड़ा और वह लंबे समय तक मानसिक रूप से पीड़ित रहे। इस घटना के बाद ही उन्होंने एक नवीन राग नुपुरध्वनि, जिसका नाम उन्होंने अपनी बेटी नुपुर घोष के नाम पर रखा था, की रचना की।[66]

श्रीमती शांतिसुधा घोष जी के पति श्री देवेन्द्र मुर्देश्वर तथा बेटे श्री आनन्द मुर्देश्वर थे। आप दोनों ही श्रेष्ठ बाँसुरीवादक थे, जिन्होंने पन्नाबाबू जी की परम्परा का बखूबी निर्वाह किया। पन्नाबाबू जी के छोटे भाई श्री निर्मल ज्योति घोष जी सिनेमाटोग्राफर के रूप में स्थापित हुए जबकि श्री सुनील ज्योति घोष एक उत्कृष्ट ख्याल गायक रहे, जिनके एक सुपुत्र शुभ्रज्योति घोष तबलावादक तथा दूसरे, श्री दिब्यज्योति घोष कुशल सितारवादक थे।[67]

पंडित पन्नालाल घोष जी के सबसे छोटे भाई पंडित निखिल घोष एक प्रतिष्ठित एवं सम्माननीय तबलावादक थे, जिनके पुत्र क्रमशः श्री नयन घोष, श्री ध्रुव घोष तथा पुत्री तुलिका घोष हैं। पंडित निखिल घोष जी के सुपुत्र एवं पन्नाबाबू जी के भतीजे पंडित नयन घोष, देश के अग्रणी श्रेणी के तबला वादक हैं, साथ ही कुशलतम सितारवादक भी हैं। पंडित नयन घोष जी के छोटे भाई पंडित ध्रुव घोष जी देश के अग्रणी श्रेणी के सारंगीवादक हैं एवं बहिन तुलिका घोष जी देश की उत्कृष्ट शास्त्रीय गायिका हैं, साथ ही टप्पा व संगीत की अन्य कठिनतम शैलियों पर भी उनकी मजबूत पकड़ है। पंडित नयन घोष के पुत्र ईशान घोष तथा पुत्री शरण्या घोष हैं। आपके पुत्र ईशान घोष तबला, सितार एवं गायन की तथा पुत्री शरण्या घोष गायन एवं ओडीसी नृत्य की तालीम प्राप्त कर इस सांगीतिक परम्परा को आगे बढ़ा रहे हैं।[68]

पन्नाबाबू जी की सभी बहिनों का संगीत से जुड़ाव रहा। आपकी सबसे छोटी बहिन स्वर्गीय श्रीमती स्मृतिकना देवी ख्याल, ठुमरी एवं बाँग्ला संगीत की उत्कृष्ट गायिका थीं। पन्नाबाबू जी की अन्य सभी बहिनें जैसे इंदुकना

Brothers Pannalal Ghosh and Nikhil Ghosh

देवी, परिमलकना देवी, निहारकना देवी एवं प्रतिभाकना देवी भी किसी–न–किसी रूप में संगीत से जुड़ाव रखती थीं।[69]

पारिवारिक स्थिति

पंडित पन्नालाल घोष जी का जन्म एक सामान्य परिवार में हुआ था, जहाँ आर्थिक स्थितियां भी सामान्य थीं। पन्नाबाबू जी के पिता श्री अक्षयकुमार घोष जी एक सरकारी दफ्तर में 'बाबू' के पद पर कार्यरत थे तथा पूरे परिवार के निर्वाह की ज़िम्मेदारी आपके कंधों पर ही थी।[70]

पन्नालाल जी के परिवार में पिता श्री अक्षयकुमार घोष, माँ श्रीमती सुकुमारी घोष जी के साथ–साथ पाँच बहिनें और चार भाई (पन्नाबाबू के अतिरिक्त) थे। इस प्रकार परिवार में कुल–मिलाकर 12 सदस्य थे, जिनकी पूरी ज़िम्मेदारी का निर्वाह पिता श्री अक्षयकुमार घोष जी को अपने प्रतिमाह के वेतन से ही करना होता था, अतः परिवार का आर्थिक स्तर सदैव सामान्य ही रहा एवं उतार–चढ़ाव से परिपूर्ण रहा।[71]

पिता श्री अक्षयकुमार घोष जी के निधन से पहले तक सब कुछ ठीक रहा, परन्तु उनके निधन के बाद परिवार को काफी आर्थिक समस्याओं का सामना करना पड़ा। पिता के निधन के समय पन्नाबाबू जी सिर्फ 18 वर्ष के थे। इस समय पन्नाबाबू जी का परिवार आर्थिक समस्याओं से निरन्तर संघर्ष कर रहा था। इस संघर्ष से उबरने के लिए पन्नालाल जी के सभी भाई धीरे–धीरे काम की तलाश में घर से प्रस्थान करने लगे और तभी पन्नाबाबू जी भी कलकत्ता के लिए रवाना हो गये।[72]

कलकत्ता में पन्नाबाबू जी ने सर्वप्रथम एक एथलेटिक क्लब में 'कोच' के रूप में नौकरी करना आरम्भ किया। इस प्रकार उनकी शारीरिक कलाओं एवं सौष्ठव का सदुपयोग हो सका। आर्थिक आवश्यकताओं की पूर्ति के लिए आपने कलकत्ता में मूक फिल्मों के लिए संगीत परिणीत करना प्रारम्भ किया।[73] आपको 'न्यू थियेटर' में प्रख्यात संगीत रचनाकार श्री रायचन्द बोरल जी के सानिध्य में बाँसुरीवादक के रूप में नियुक्त किया गया।[74] इसके साथ–साथ कलकत्ता प्रेस एवं कलकत्ता की ही एक ट्यूबवैल कम्पनी में भी आपने कार्य किया, इस प्रकार अपनी आर्थिक आवश्यकताओं की पूर्ति के लिए पन्नाबाबू जी निरन्तर कार्यरत रहे।[75]

जब पन्नाबाबू जी ने फिल्मों में बाँसुरीवादन प्रारम्भ किया तो कुछ समय पश्चात् उन्हें यह एहसास हुआ कि यह नकली दुनिया है और उन्हें अपनी छवि एकल कलाकार के रूप में ही स्थापित करनी है और इस तरह उन्होंने फिल्मों में बाँसुरीवादन बंद कर दिया, जिसके परिणामस्वरूप उन्हें पुनः आर्थिक संघर्ष से जूझना पड़ा।[76]

सन् 1956 में, प्रसारण मंत्री श्री बी.वी. केसकर जी, पन्नाबाबू जी के मालाड स्थित निवास स्थान पर गये और उन्हें आकाशवाणी में राष्ट्रीय वाद्यवृंद के निर्देशक के पद का प्रस्ताव दिया, जिसे पन्नालाल जी ने स्वीकार किया और इस प्रकार पन्नाबाबू जी को श्री बी.वी. केसकर जी अपने साथ दिल्ली ले गये। इस नौकरी से बाबूजी पुनः आर्थिक रूप से समृद्ध हुए।[77]

पन्नाबाबू जी की पत्नी श्रीमती पारूल घोष जी भी उस समय की सर्वश्रेष्ठ पार्श्वगायिका के रूप में स्थापित हुईं तथा प्रसिद्ध हुईं। अत्यन्त कठिन संघर्ष के बाद पन्नाबाबू जी ने अपने जीवन का 'स्वर्णिम काल' देखा जब चारों और उनकी ख्याति फैल चुकी थी, सभी गुणी कलाकार उनकी प्रशंसा करते हुये थकते नहीं थे एवं सभी आयोजक पन्नाबाबू जी के बाँसुरीवादन का कार्यक्रम अपनी संस्था में रखने के लिए लालायित रहते थे।[78]

इस प्रकार कोई भी संगीत समारोह पन्नाबाबू जी के बाँसुरीवादन के बिना संभव नहीं था। यूरोप जाकर आप उन पहले कलाकारों में शामिल हुए, जिन्होंने भारत की सीमा के बाहर जाकर अपनी कला का प्रदर्शन किया। इसके साथ ही आपके कई योग्य शिष्य बने एवं आपसे प्रेरित होकर कई कलाकार आपके पथ पर अग्रसित हुये और कुशल कलाकार के रूप में स्थापित हुए।

इस प्रकार पन्नाबाबू जी और उनके परिवार ने अपने जीवनकाल में काफी उतार–चढ़ाव देखा एवं निरन्तर संघर्षरत रहते हुए आर्थिक सुदृढ़ता को प्राप्त किया।

संगीतात्मक पर्यावरण

संगीत और पन्नाबाबू जी के परिवार का कई पीढ़ियों से घनिष्ठ सम्बन्ध रहा है। वास्तव में, संगीत ही इस परिवार की सबसे बड़ी पूंजी रही है तथा परिवार का प्रत्येक सदस्य संगीतरत रहा। पन्नाबाबू जी के दादा श्री हरकुमार घोष जी से लेकर अन्य सभी पीढ़ियों के सदस्य संगीत साधना में लीन रहे।

संगीत इस परिवार की नसों में सदैव रक्त के समान व्याप्त रहा तथा इनके योगदानों ने संगीत जगत को नये–नये आयाम प्रदान किए।[79]

पन्नाबाबू जी के दादाजी, श्री हर कुमार घोष जी एक कुशल ध्रुपद गायक एवं पखावजवादक थे। उनके पिता श्री अक्षय कुमार घोष जी एक निपुण सितारवादक थे, जिन्होंने गुरू भगवानचन्द्र दास जी के सानिध्य में शिक्षा ग्रहण की, जो कि ढाका के परम पूजनीय सितारवादक थे तथा जिन्होंने सेनिया वंशावली का प्रतिनिधित्व किया। उन्होंने सेनिया घराने के उस्ताद कासिम अली खान से भी तालीम ग्रहण की। माता, सुकुमारी जी (ढाका के श्री मजूमदार जी की पुत्री) एक कुशल गायिका थीं। उनके मामा श्री भावरंजन मजूमदार जी एक कुशल संगीतज्ञ थे।[80]

पन्नाबाबू जी के बड़े भाई श्री बिपुल ज्योति घोष कुशल गायक थे। पन्नाबाबू जी स्वयं श्रेष्ठतम बाँसुरीवादक के रूप में स्थापित हुए तथा बाँसुरी को वर्तमान स्तर तक पहुँचाया। आपकी पत्नी श्रीमती पारुल घोष जी, एक उत्कृष्ट पार्श्वगायिका थीं तथा अपनी मधुर एवं गुंजायमान रंगत वाली आवाज़ के लिये जानी जाती थीं। आपकी बेटी श्रीमती शांति सुधा घोष जी भी अपनी माँ पारूल घोष जी की तरह फिल्मों में कुशल पार्श्वगायिका रहीं, साथ ही ख्याल, ठुमरी एवं बांग्ला संगीत की कुशल गायिका भी रहीं। श्रीमती शांति सुधा घोष जी के पति श्री देवेन्द्र मुर्देश्वर तथा बेटे श्री आनन्द मुर्देश्वर श्रेष्ठ बाँसुरीवादक थे, जिन्होंने इस परम्परा का बखूबी निर्वाह किया।[81]

पन्नाबाबू जी के छोटे भाई श्री निर्मल ज्योति घोष जी एक कुशल सिनेमाटोग्राफर के रूप में स्थापित हुए। पन्नालाल जी के एक और भाई श्री सुनील ज्योति घोष जी उत्कृष्ट ख्याल गायक रहे, जिनके एक सुपुत्र श्री शुभ्रज्योति घोष तबलावादक तथा दूसरे, श्री दिब्यज्योति घोष कुशल सितारवादक थे।[82]

पंडित पन्नालाल घोष जी के सबसे छोटे भाई पंडित निखिल घोष जी एक प्रतिष्ठित एवं सम्माननीय तबलावादक थे, जिन्होंने बाद में बम्बई में 'संगीत महाभारती' नामक संगीत संस्था की स्थापना की। यह संगीत संस्था वर्तमान में उच्च श्रेणी की संगीत शिक्षा प्रदान कर रही है। पंडित निखिल

घोष जी के सुपुत्र एवं पन्नाबाबू जी के भतीजे पंडित नयन घोष जी, देश के अग्रणी श्रेणी के तबला वादक हैं, साथ ही कुशलतम सितारवादक भी हैं।[83]

पंडित नयन घोष जी के छोटे भाई पंडित ध्रुव घोष जी देश के अग्रणी श्रेणी के सारंगीवादक हैं एवं तुलिका घोष जी, पन्नाबाबू जी की भतीजी, देश की उत्कृष्ट शास्त्रीय गायिका हैं, साथ ही टप्पा व संगीत की अन्य कठिनतम शैलियों पर भी आपकी मजबूत पकड़ है। पंडित नयन घोष के पुत्र ईशान घोष तबला, सितार एवं गायन की तथा पुत्री शरण्या घोष गायन एवं ओडीसी नृत्य की तालीम प्राप्त कर इस सांगीतिक परम्परा को आगे बढ़ा रहे हैं।[84]

पन्नाबाबू जी की सभी बहिनों का संगीत से जुड़ाव रहा। आपकी सबसे छोटी बहिन स्वर्गीय श्रीमती स्मृतिकना देवी जी ख्याल, ठुमरी एवं बाँग्ला संगीत की उत्कृष्ट गायिका थीं। आपकी आवाज़ की गुणवत्ता अपने आप में अनूठी एवं विरल थी। ऐसा कहा जाता था कि ऐसी आवाज़ कई सदियों में सुनने को मिलती हैं, परन्तु दुर्भाग्यवश स्मृतिकना देवी जी का बच्चे के जन्म के बाद ही देहान्त हो गया था। पन्नाबाबू जी की अन्य सभी बहिनें जैसे इंदुकना देवी, परिमलकना देवी, निहारकना देवी एवं प्रतिभाकना देवी जी भी किसी–न–किसी रूप में संगीत से जुड़ाव रखती थीं।[85]

इस प्रकार पन्नाबाबू जी के घर में संगीतात्मक वातावरण कण–कण में विद्यमान था तथा संगीत और ये परिवार एक–दूसरे के पूरक थे, जो कि साथ रहकर ही एक पूर्ण परिवार के रूप में परिलक्षित होते थे।

'पंडित पन्नालाल घोष', एक नाम जिसने विश्व स्तर पर ख्याति अर्जित की, जिसने संगीत एवं बाँसुरी को नये–नये आयाम प्रदान किये, जो सभी संगीत साधकों के लिए प्रेरणा स्त्रोत बना, जो सभी संगीत प्रेमियों के दिलों में बसा, जिसने सभी का मार्ग प्रशस्त किया एवं जीवन में समस्त ऊँचाईयों को प्राप्त करते हुए अमर हो गया।

पंडित पन्नालाल घोष जी ने अपने जीवनकाल में जो कुछ भी प्राप्त किया, वह सिर्फ इस छोटे एवं सरल वाद्य 'बाँसुरी' के कारण ही संभव हो सका। पन्नाबाबू जी और बाँसुरी सही मायने में एक–दूसरे के पूरक थे एवं एक–दूसरे के बिना अधूरे थे। जिस सरल वाद्य 'बाँसुरी' के कारण यह संभव हो सका, उस वाद्य को पूर्ण रूप में जानना अत्यन्त आवश्यक है अतः अगले अध्याय में 'बाँसुरी' पर पूर्ण रूप से प्रकाश डाला गया है।

सन्दर्भ-सूची

1. पं. नयन घोष, चर्चा, मुम्बई, 3/3/2009, 5 बजे (सायं)
2. पं. नयन घोष, चर्चा, मुम्बई, 3/3/2009, 5 बजे (सायं)
3. Sh. Mohan D. Nadkarni's Article on www.kamat.com
4. पं. नयन घोष, चर्चा, मुम्बई, 3/3/2009, 5 बजे (सायं)
5. पं. नयन घोष, चर्चा, मुम्बई, 3/3/2009, 5 बजे (सायं)
6. 'Flute Stop', The Times of India–Mumbai Mirror, 31 July, 2009. Page. No. 44
7. www.pannalalghosh.info
8. Sh. Mohan D. Nadkarni's Article on www.kamat.com
9. पं. नयन घोष, चर्चा, मुम्बई, 3/3/2009, 5 बजे (सायं)
10. पं. नयन घोष, चर्चा, मुम्बई, 3/3/2009, 5 बजे (सायं)
11. www.pannalalghosh.com
12. www.pannalalghosh.info
13. पं. नयन घोष, चर्चा, मुम्बई, 3/3/2009, 5 बजे (सायं)
14. वही
15. www.pannalalghosh.info
16. 'A stick full of music', The Times of India–The Crest Edition 17 Sep. 2011. Page No. 21
17. संगीत महाभारती, मनांजली (2012), पृ.2
18. Dr. Vishvas M. Kulkarni, India's Great Flute Maestro: Pt. Pannalal Ghosh, Page No. 3-4
19. पं. नयन घोष, चर्चा, मुम्बई, 3/3/2009, 5 बजे (सायं)
20. Late Sh. Anand Murdeshwar interview on www.pannalalghosh.com
21. पं. नित्यानंद हल्दीपुर, चर्चा, मुम्बई, 10/4/2010, 7 बजे (सायं)
22. संगीत महाभारती, मनांजली (2012), पृ.2
23. Late Sh. Anand Murdeshwar interview on www.pannalalghosh.com
24. Sh. Mohan D. Nadkarni's Article on www.kamat.com
25. संगीत महाभारती, मनांजली (2012), पृ.4
26. पं. नयन घोष, चर्चा, मुम्बई, 6/3/2009, 2 बजे (दोपहर)
27. पं. नयन घोष, चर्चा, मुम्बई, 3/3/2009, 5 बजे (सायं)

28. वही
29. www.pannalalghosh.com
30. पं. नयन घोष, चर्चा, मुम्बई, 3/3/2009, 5 बजे (सायं)
31. वही
32. 'A stick full of music', The Times of India-The Crest Edition 17 Sep. 2011. Page No. 21
33. पं. नित्यानंद हल्दीपुर, चर्चा, मुम्बई, 10/4/2010, 7 बजे (सायं)
34. पं. नयन घोष, चर्चा, मुम्बई, 5/3/2009, 6 बजे (सायं)
35. वही
36. वही
37. पं. नयन घोष, चर्चा, मुम्बई, 6/3/2009, 2 बजे (दोपहर)
38. वही
39. Dr. Vishvas M. Kulkarni, India's Great Flute Maestro: Pt. Pannalal Ghosh, Page No.2
40. Dr. Vishvas M. Kulkarni, India's Great Flute Maestro: Pt. Pannalal Ghosh, Page No.2
41. संगीत महाभारती, मनांजली (2012), पृ.4
42. वही
43. संगीत महाभारती, मनांजली (2012), पृ.4
44. संगीत महाभारती, मनांजली (2012), पृ.6
45. 'Flute Stop', The Times of India- Mumbai Mirror, 31 July, 2009. Page No. 44
46. वही
47. श्री तुषार भाटिया, चर्चा, मुम्बई, 21/5/2011, 5 बजे (सायं)
48. वही
49. पं. नयन घोष, चर्चा, मुम्बई, 5/3/2009, 6 बजे (सायं)
50. संगीत महाभारती, मनांजली (2012), पृ.6
51. पं. नयन घोष, चर्चा, मुम्बई, 5/3/2009, 6 बजे (सायं)
52. पं. नयन घोष, चर्चा, मुम्बई, 5/3/2009, 6 बजे (सायं)
53. पं. नयन घोष, चर्चा, मुम्बई, 6/3/2012, 2 बजे (दोपहर)
54. वही
55. पं. नयन घोष, चर्चा, मुम्बई, 6/3/2012, 2 बजे (दोपहर)

56. पं. नयन घोष, चर्चा, मुम्बई, 8/3/2012, 10 बजे (प्रातः)
57. वही
58. डॉ. विश्वास कुलकर्णी, चर्चा, मुम्बई, 5/7/2010, 6 बजे (सायं)
59. पं. नयन घोष, चर्चा, मुम्बई, 8/3/2012, 10 बजे (प्रातः)
60. पं. नयन घोष, चर्चा, मुम्बई, 8/3/2012, 10 बजे (प्रातः)
61. वही
62. वही
63. पं. नयन घोष, चर्चा, मुम्बई, 5/2/2010, 11 बजे (प्रातः)
64. वही
65. वही
66. पं. नयन घोष, चर्चा, मुम्बई, 5/2/2010, 11 बजे (प्रातः)
67. वही
68. पं. नयन घोष, चर्चा, मुम्बई, 5/2/2010, 11 बजे (प्रातः)
69. वही
70. वही
71. पं. नयन घोष, चर्चा, मुम्बई, 7/2/2010, 10 बजे (प्रातः)
72. वही
73. वही
74. संगीत महाभारती, मनांजली (2012), पृ.2
75. Late Sh. Anand Murdeshwar interview on www.pannalalghosh.com
76. पं. नयन घोष, चर्चा, मुम्बई, 6/3/2012, 2 बजे (दोपहर)
77. वही
78. वही
79. पं. नयन घोष, चर्चा, मुम्बई, 6/3/2012, 2 बजे (दोपहर)
80. पं. नयन घोष, चर्चा, मुम्बई, 6/3/2012, 2 बजे (दोपहर)
81. वही
82. वही
83. पं. नयन घोष, चर्चा, मुम्बई, 6/3/2012, 2 बजे (दोपहर)
84. वही
85. पं. नयन घोष, चर्चा, मुम्बई, 6/3/2012, 2 बजे (दोपहर)

2

बाँसुरी वाद्य

इतिहास

बाँसुरी अपने ग्राम सहचर्य एवं भगवान् श्री कृष्ण द्वारा चुना गया, भारत के सबसे पुराने संगीत वाद्य यंत्रों में से एक है। यह वेदों में वर्णित है तथा 2000 वर्ष पुरानी बौद्ध कला में दर्शाया गया है। संस्कृत के एक छंद में बाँसुरी को संगीत की स्वरान्जना अर्थात् संगीत के ज्ञान की संज्ञा दी गई है।[1] हिंदुओं के देवता भगवान् श्री कृष्ण का काल्पनिक चित्रण प्रायः पशुओं के झुण्ड से घिरे हुए तथा बाँसुरी बजाते हुए दिखाया जाता है जो प्रायः जादुई या सम्मोहक शक्तियों से परिपूर्ण होता है। इसके अतिरिक्त बाँसुरी को भारतीय संगीत एवं पौराणिक कथाओं के इतिहास में एक विशिष्ट स्थान प्राप्त है।

भारत में बाँसुरी के अतिरिक्त भी इसे और कई नामों से जाना जाता है, जैसे–वंशी, वेणु, अलगोज़ा, कोलालू, कुख्ल, मुरली, पावा, पुल्लांगकुज़ल, पुल्लांगग्रोवी आदि। इन विविध नामों के साथ ही बाँसुरी का प्रयोग धार्मिक एवं सांसारिक दोनों ही प्रसंगों में कम–से–कम सोलहवीं शताब्दी तक किया गया। पन्द्रहवीं सदी में मुगलों के आक्रमण के पश्चात् उत्तर भारत में संगीत घरानों व विद्यालयों का विकास हुआ, जिसे हिन्दुस्तानी संगीत का आगमन काल जाना जाता है।[2]

इस सदी के आरम्भ में बाँसुरी के कम–से–कम तीन प्रकार प्रचलन में थें–अनुप्रस्थ (आड़ा), विकसित रूप (जिसे उसके अन्तिम सिरे से बजाया जाता था) तथा फिपिल (एक रिकॉर्डर की तरह, लम्बवत्), जो कि धातु, लकड़ी एवं बाँस की बनाई जाती थी। ये भिन्न–भिन्न आकार एवं स्वर स्केल (पिच) में बनायी जाती हैं।[3]

श्री राधाकृष्ण

भगवान् श्री कृष्ण की रासलीला का बाँसुरी से घनिष्ठ सम्बन्ध रहा है। उनकी बाँसुरी की धुनों को सुनकर बृज की बालाऐं (गोपीयाँ) उन्मत्त हो जाया करती थी। यह कथा उन सैंकड़ों भजनों, विशेषकर ठुमरी की मूलभूत विषयवस्तु का भी निर्माण करती हैं, जिन्हें पंडित छन्नुलाल मिश्र जी द्वारा गाया गया है, जिनमें से एक निम्न है–

अब ना बजाओ श्याम,
बाँसुरिया ना बजाओ श्याम,
(ऐरी) व्याकुल भई ब्रजबाला,
बाँसुरिया ना बजाओ श्याम,
नित मेरी गली में आओ ना,
आओ तो चुप के रहियो,
बंसी की तेरी सुन आइयो ना,
बंसी जो सुनाइयों तो सुनाए,
फिर श्याम हमें अपनाइओं ना,
अपनाइओ तो सुनिये ललन,
फिर छोड़ हमें कहीं जाइयो ना,
बाँसुरिया ना बजाओ श्याम।[4]

बाँसुरी अपने रूप की तरह ही सरलतम है। एक खोखले बाँस में कुछ छिद्र और तैयार। मेरी जानकारी में बाँसुरी से अधिक सरलतम एवं प्राकृतिक वाद्ययंत्र कोई नहीं है। इसे किसी प्रकार के समस्वरण (ट्यूनिंग) अथवा विस्तृत देखभाल की आवश्यकता नहीं है। बाँसुरी शब्द दो शब्दों से बना है– बाँस+सुर। एक हिन्दुस्तानी बाँसुरी से हिन्दुस्तानी संगीत के सभी बुनियादी तत्व (स्वर) उत्पन्न किए जा सकते हैं। बहुमुखी बाँसुरीवादक अपनी वादन शैली में परिवर्तन लाकर स्वरों में भावनाओं को भी प्रदर्शित करते हैं। हिन्दू पौराणिक कथाओं में बाँसुरी का एक विशिष्ट स्थान है।

यह माना जाता है कि करीब 5000 वर्ष पूर्व भगवान् श्री कृष्ण ने वृन्दावन गाँव के लोगों को अपनी बाँसुरी की मंत्रमुग्ध कर देने वाली धुनों से मदहोश कर दिया था। उनकी बाँसुरी की धुनों को सुनकर अपना रास्ता भूल चुकी

गायें पुनः अपने घर की ओर आती थीं तथा गाँव की गोपियां भी सब कुछ भूलकर उनकी ओर चली आती थीं, जैसी की अवधारणा प्रचलित है।[5]

प्रारम्भ में एक लोक वाद्ययंत्र तथा नृत्य हेतु संगत के रूप में प्रयुक्त बाँसुरी हाल में 20वीं सदी के बाद से हिन्दुस्तानी शास्त्रीय संगीत में प्रयुक्त की गई है। बाँसुरी एक बहुत ही सरल वाद्ययंत्र है। जैसा की पंडित हरिप्रसाद चौरसिया कहते हैं, यह भगवान् श्री कृष्ण का वाद्ययंत्र है जिसे उन्होंने अत्यधिक सरल बनाया है। बाँसुरीवादन में महारथ हासिल करने के लिए कई वर्षों के निरन्तर अभ्यास की आवश्यकता होती है।[6]

आकार-प्रकार

बाँसुरी प्राचीनकाल से ही भिन्न–भिन्न आकार में पायी जाती है। वर्तमान में विभिन्न आकार की बाँसुरियाँ उपलब्ध है तथा कलाकार अपनी आवश्यकतानुसार भिन्न–भिन्न आकार की बाँसुरियों का प्रयोग करते हैं। शास्त्रीय, उपशास्त्रीय, सुगम एवं लोक संगीत आदि में विभिन्न आकार की बाँसुरियों का प्रयोग किया जाता है। अलग–अलग आकार की बाँसुरी का प्रयोग अलग–अलग प्रकार के सप्तक बजाने में प्रयुक्त होता है। बड़े छिद्र वाली लम्बी बाँसुरी प्रायः निम्न सप्तक हेतु तथा छोटी बाँसुरी उच्च्य सप्तक हेतु प्रयुक्त की जाती है।[7]

बाँसुरी के भाग

बाँसुरी के विभिन्न भागों के नामों के बारे में बात करना हमेशा से ही कठिन कार्य रहा है क्योंकि भारत में कई भाषाएं एवं बोलियाँ प्रचलन में हैं, अतः नीचे दिये गये नामों को सार्वभौम्य न मानकर प्रतिरूप के रूप में ही माना जाना चाहिए।

डंडी

डंडी बाँसुरी का शरीर (ढाँचा) है। बाँसुरी कई प्रकार की सामग्री से बनाई जा सकती है किन्तु नरकट (सरकंडा), बेंत तथा बांस अत्यधिक प्रचलित हैं। आमतौर पर इसका निर्माण ऐसा होना चाहिये कि बाँसुरी प्रारम्भ से लेकर अन्त तक एक समान आकार व डायामीटर की हो। यह व्यवस्था अथवा रूपान्तरण इसे एक विस्तृत फैलाव देती है।[8]

उपरोक्त चित्र में बाँसुरी एवं इसके समस्त भाग दर्शाये गए हैं।

मुख रन्ध्र

यह मुहाना अथवा फूंकनी छिद्र होता है। भारत में पेशेवर बाँसुरियाँ निरपवाद रूप से अनुप्रस्थ (आड़ी) किस्म की होती हैं किन्तु होठों में दबा कर फूंक देकर बजाई जाने वाली बाँसुरियाँ भी प्रचलन में हैं, जिन्हें कई बार लोक संगीतकारों के पास देखा जा सकता है तथा कई बार बच्चों को खिलौने के रूप में भी दी जाती हैं। बाँसुरी का अनुप्रस्थ प्रकार सुरों में वांछित उतार–चढ़ाव हेतु फूंक मारने की तकनीक को अनुमोदित करने के कारण काफी बेहतर नियंत्रण प्रदान करता है।[9]

स्वर रन्ध्र

ये अंगुली द्वारा नियंत्रित किये जाने वाले छिद्र होते हैं, जिनका प्रयोग स्वर उत्पन्न करने के लिए होता है। एक 7 छिद्र वाली बाँसुरी (जैसा की चित्र में दर्शाया गया है) के लिये, अंतराल इस प्रकार होते हैं–आधा पायदान, पूरा पायदान, पूरा पायदान, आधा पायदान, पूरा पायदान, पूरा पायदान, पूरा पायदान। ये लगभग सही अनुमान है, इस अनुमान से समान प्रकृति के उपयोग का आशय नहीं लिया जाए, ऐसा मेरा सानुरोध निवेदन है। 7वां छिद्र (अन्त के खुले भाग के निकटतम) वैकल्पिक होता है। इसकी अनुपस्थिति में 6 छिद्र वाली बाँसुरी बजाई जाती है–पूरा पायदान, पूरा पायदान, आधा पायदान, पूरा पायदान, पूरा पायदान, पूरा पायदान। यह 7वें छिद्र के लिए विशेषकर उल्लेखनीय है कि यह पारंपरिक उत्तर भारतीय बाँसुरियों में सामान्यतः नहीं पाया जाता है। इस सातवें छिद्र का स्पष्ट रूप से यह लाभ है कि यह इस वाध यंत्र को खरज में 2–3 स्वर का विस्तार देता है।[10]

गर्भ रन्ध्र

यह बाँसुरी का प्रारंभ है। इसे हमेशा बन्द ही रखना चाहिए।[11]

रस्सी

बाँसुरी में प्राकृतिक रूप से दरारें पड़ जाती हैं। बाँस और सरकंडे का यही एक अवांछनीय लक्षण है। इसे कम करने अथवा पूर्ण रूप से रोकने के लिये बाँसुरी को रस्सी अथवा सूतली से मजबूती से बांधा जाता है, इसे ही रस्सी कहते हैं। कारीगरों द्वारा इसे रोकने के लिये जो तकनीक अपनाई जाती है

उसमें रस्सी के अन्त में भार बाँध कर बाँसुरी को घुमा कर रस्सी को इसके चारों ओर लपेटा जाता है।[12]

6 व 7 छिद्र वाली आड़ी बाँसुरी, हिन्दुस्तान में प्रचलित प्राचीनतम वाद्ययन्त्रों में से एक है, जिसे साइड से बजाया जाता है। इस बाँसुरी को हिन्दुस्तानी शास्त्रीय संगीत के साथ ही सुगम संगीत तथा चित्रपट (फिल्मी) संगीत में भी प्रयुक्त किया जाता है। बाँसुरी भगवान् श्री कृष्ण से संबद्ध है, जिनका प्रायः इसे बजाते हुए चित्रण भी किया जाता है। भारत में बाँसुरी को दो अन्य नामों से भी जाना जाता हैं–बंसी एवं मुरली।[13]

बाँसुरी के दो प्रकार हैं–अनुप्रस्थ एवं फिपिल (लम्बवत्)। फिपिल बाँसुरी का प्रयोग मूलतः लोक संगीत में किया जाता है जिसे होठों पर सीटी की तरह रखकर बजाया जाता है। इसके साथ ही अपने लचीलेपन एवं नियंत्रण के कारण अनुप्रस्थ प्रकार को शास्त्रीय संगीत में अधिक प्राथमिकता दी जाती है। बाँसुरी भिन्न–भिन्न आकार की होती हैं तथा कलाकार अपने अनुसार ही उनका चयन करते हैं।[14]

एक अन्य प्रचलित एवं समान भारतीय बाँसुरी जो कि दक्षिण भारत में उपयोग में ली जाती है, वह है वेणु। बाँसुरी के दो प्रकार हैं–बाँसुरी एवं वेणु। बाँसुरी उत्तर भारत में प्रचलित है, जिसमें सामान्यतः 6 छिद्र होते हैं, यद्यपि हाल ही के वर्षों में तार सप्तक के स्वरों में स्पष्टता एवं लचीलापन लाने हेतु 7 छिद्र वाली बाँसुरी का प्रचलन बढ़ा है। इस बाँसुरी का सम्बन्ध पहले लोक संगीत के साथ ही था, किन्तु आज यह हिन्दुस्तानी शास्त्रीय संगीत, चित्रपट एवं कई अन्य शैलियों में भी प्रयुक्त की जाती है। 'वेणु' दक्षिण भारत की बाँसुरी है और कर्नाटक शैली में प्रयुक्त की जाती है। इसमें आमतौर पर 8 छिद्र होते हैं।[15]

यह दक्षिण भारत की सभी शैलियों में बहुत प्रचलित है। बाँसुरी का भगवान् श्री कृष्ण से सम्बन्ध होने के कारण, भारत में बहुत महत्व है। स्मृति लेखों में इन्हें कई नामों से अभिव्यक्त किया गया है, जैसे–वेणुगोपाल, बन्सीलाल, मुरली, मुरलीधर, आदि।

बाँसुरी की श्रेणीयाँ

सर्वाधिक बुनियादी रूप में, बाँसुरी एक खुली नली की तरह हो सकती है जिसमें हवा प्रवाहित की जा सके। वृहद तौर पर बाँसुरी के कई प्रकार हैं।

अधिकांश बाँसुरियों में, वादक मुखरन्ध्र की ओर फूँक मार कर इसे बजाते हैं। हालांकि कई प्रकार की बाँसुरियाँ जैसे सीटी, जैमशोर्न, फ्लैजिओलैट, रिकार्डर, टिन विस्सल, टोनेट, फुजारा एवं ओकारिना में एक नलिका होती है, जो हवा को सिरे की ओर प्रवाहित करती है (जिसे फिपिल कहा जाता है) और ये सभी फिपिल बाँसुरियाँ कहलाती हैं। फिपिल, वाद्य को एक विशिष्ट स्वर प्रदान करता है जो बिना फिपिल वाली बाँसुरियों से अलग होता है और वाद्य को बजाना आसान बनाता है किन्तु वादक का नियंत्रण इस पर कुछ दूर रहता है।[16]

अन्य श्रेणी है, अनुप्रस्थ अथवा साइड से बजाई जाने वाली बाँसुरी, जैसे–पश्चिमी संगीत समारोहों में बजाई जाने वाली बाँसुरी, पिकोलो, फाइफ, डिजी एवं बाँसुरी और अन्तिम सिरे से बजाई जाने वाली बाँसुरी जैसे ने, जिआओ, कवल, डान्सो, शाकुहाची, अनासाज़ी फ्लूट एवं क्वीना के मध्य की श्रेणी।[17]

साइड से बजाई जाने वाली बाँसुरी (अनुप्रस्थ) को वादक नलिका के एक तरफ दिये गये छिद्र का उपयोग कर स्वर उत्पन्न करते हैं, ना कि अन्तिम सिरे पर फूँक मार कर। अन्तिम सिरे पर फूँक मार कर बजाने वाली बाँसुरी से तात्पर्य फिपिल बाँसुरी से नहीं है जैसे कि रिकार्डर, जिसे लम्बवत् अथवा ऊर्ध्ववत रूप से भी बजाया जा सकता है, अपितु इसमें एक आंतरिक नलिका होती है जो हवा को ध्वनि छिद्रों तक पहुँचाने का कार्य करती है।[18]

बाँसुरी नलिका के एक अथवा दोनों सिरों पर खुली हो सकती है। ओकारिना, जुन, पैन पाइप्स, पुलिस सीटी एवं बोसुन की सीटी एक सिरे पर बंद होती है। खुले सिरे वाली बाँसुरियाँ जैसे कि संगीत समारोहों में प्रयुक्त बाँसुरी तथा रिकॉर्डर अधिक सुरीली होती हैं, साथ ही वादक के लिए अधिक लचीली, स्पष्ट एवं उच्च स्वर वाली होती हैं। ऑर्गन पाइप, ध्वनि की वांछनीयता के अनुसार खुला एवं बंद दोनों हो सकता है।

बाँसुरी को कई अलग–अलग हवा के स्त्रोतों से बजाया जा सकता है। पारम्परिक बाँसुरी को प्रायः मुँह से बजाया जाता है, यद्यपि कुछ संस्कृतियाँ नाक से बजाने वाली बाँसुरी का प्रयोग करती हैं। ऑर्गन के फ्लू पाइपों को, जो कि नलिका बाँसुरी से ध्वनिक रूप में समान होते हैं, धौकनी या पंखों के द्वारा बजाया जाता है।[19]

वैस्टर्न कन्सर्ट बाँसुरी

यह बाँसुरी 19वीं सदी की जर्मन बाँसुरी की वंशज है, जो अनुप्रस्थ अथवा आड़ी होती है तथा जिसका शीर्ष सिरा बन्द होता है। इसके शीर्ष के नजदीक एक छिद्र होता है, जिसमें वादक फूंक मारकर वाद्य बजाते हैं।

वैस्टर्न कन्सर्ट बाँसुरी

इस बाँसुरी में गोलाकार ध्वनि छिद्र होते हैं, जो कि इसके अत्यलंकृत पूर्वजों के अंगुली छिद्रों से बड़े होते हैं। ध्वनि छिद्र का आकार तथा स्थिति, मुख्य कार्यप्रणाली तथा बाँसुरी के विस्तार में ध्वनि (स्वर) को उत्पन्न करने के लिये अंगुलियों के प्रयोग का विकास 1832 से 1847 के मध्य श्री थिओबाल्ड बोहम ने किया था तथा इसके गतिज विस्तार एवं ध्वनि के उतार–चढ़ाव में उनके उत्तराधिकारियों ने सकारात्मक परिवर्तन किए। कुछ संशोधनों के साथ (जिनमें किंगमा पद्धति एवं अन्य परंपरागत रूप से स्वीकार्य अंगुली प्रणालियों को विरल अपवाद स्वरूप छोड़कर) वैस्टर्न कन्सर्ट बाँसुरी मूलतः श्री बोहम की अभिकल्पना तक ही सीमित रही तथा जो कि 'बोहम पद्धति' के नाम से जानी जाती हैं।[20]

स्टैण्डर्ड कन्सर्ट बाँसुरी को 'C' स्वर स्केल में स्वरबद्ध किया गया है तथा इसका विस्तार मध्यम 'C' अथवा डेढ़ पायदान नीचे (जब बी पाये को वाद्ययंत्र के साथ जोड़ा गया हो) से प्रारम्भ होकर तीसरे सप्तक तक जाता है। इसका अभिप्राय यह है कि कन्सर्ट बाँसुरी ऑर्केस्ट्रा के सर्वाधिक प्रचलित वाद्ययंत्रों में से एक है, जिसमें पिकोलो एक अपवाद है जो कि एक सप्तक ऊपर बजता है। 'G' अल्टो और 'C' बाँस बाँसुरी का उपयोग यदा–कदा ही होता है तथा इन्हें पूर्ण चतुर्थ सप्तक एवं कन्सर्ट बाँसुरी से एक सप्तक नीचे स्वरबद्ध किया गया है।[21]

कॉन्ट्राबास, डबल कॉन्ट्राबास एवं हाइपरबास बाँसुरी के कुछ दुर्लभ रूप हैं, जिन्हें मध्यम सप्तक से क्रमशः दो, तीन एवं चार सप्तक नीचे स्वरबद्ध किया गया है। समय–समय पर बाँसुरी एवं पिकोलो के अन्य आकारों का प्रयोग होता है। आधुनिक स्वरबद्ध प्रणाली का एक विरला यंत्र 'ट्रेबल जी बाँसुरी' है। जिन वाद्ययंत्रों को पुराने स्वर मानकों के अनुसार बनाया गया है,

उनका प्रयोग सैद्धांतिक रूप से पदक इंदक वृंद संगीत के साथ ही डीबी पिकोलो, एब सोपरानो (वर्तमान कन्सर्ट 'C' बाँसुरी के समकक्ष प्रमुख वाद्ययंत्र), एफ अल्टो बाँसुरी एवं बी बी बाँस बाँसुरी में होता है।[22]

बाँस से निर्मित बाँसुरी

भारतीय बाँसुरी, भारतीय शास्त्रीय संगीत में बाँस से निर्मित बाँसुरी एक मुख्य वाद्ययंत्र है, जिसका विकास पश्चिमी बाँसुरी से स्वतंत्र रूप से हुआ है। हिन्दू धर्म में भगवान श्री कृष्ण को परंपरागत रूप से बाँसुरीवादक माना जाता है। पश्चिमी प्रतिरूपों की तुलना में भारतीय बाँसुरी बहुत साधारण है। ये बाँस से निर्मित होती है तथा कुंजी रहित होती है।[23]

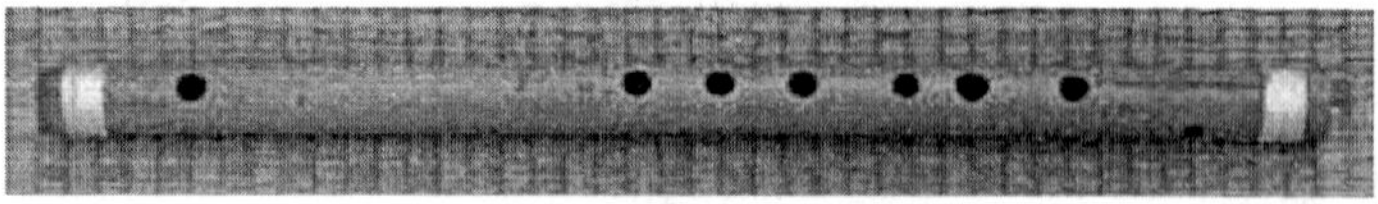

बाँस से निर्मित बाँसुरी

महान् भारतीय बाँसुरीवादक श्री पन्नालाल घोष ने सर्वप्रथम छोटे से लोक वाद्ययंत्र को 32 इंच लम्बी, सात छिद्रों वाली बाँस की बाँसुरी में रूपान्तरित कर इसे परंपरागत भारतीय शास्त्रीय संगीत में बजाने योग्य बनाया था तथा इसे अन्य शास्त्रीय संगीत वाद्यों के समकक्ष रखा। इसमें उपस्थित अतिरिक्त छिद्र ने 'तीव्र मध्यम स्वर' को बजाना संभव बनाया जो कुछ परम्परागत रागों में मींड़ (जैसे मध्यम से निषाद, पंचम से मध्यम, मध्यम से धैवत आदि) को सरल बनाता है तथा खरज के मध्यम से मध्य सप्तक के मध्यम एवं मध्य सप्तक के मध्यम से तार सप्तक के मध्यम तक के सभी स्वरों की मींड़ को संभव बनाता है।[24]

भारतीय कन्सर्ट बाँसुरी मानक स्वरबद्ध लहरियों (पिच) पर उपलब्ध हैं। कर्नाटक संगीत में इन स्वरलहरियों को अंकों द्वारा जाना जाता है, जैसे कि (सी को स्वर मानते हुए) 1 (सी के लिये), 1–1/2 (सी शार्प), 2 (डी), 2–1/2 (डी शार्प), 3(ई), 4(एफ), 4–1/2 (एफ शार्प), 5 (जी), 5–1/2 (जी शार्प), 6 (ए), 6–1/2 (ए शार्प) तथा 7(बी)। हाँलाकि किसी भी रचना का स्वर अपने आप में नियत नहीं है अतः कन्सर्ट के लिये किसी भी बाँसुरी का प्रयोग किया जा सकता है (जब तक कि संगत दे रहे वाद्ययंत्र, यदि कोई हों भली प्रकार स्वरबद्ध न हो जाए) और यह मुख्यतः कलाकार की व्यक्तिगत प्राथमिकता पर निर्भर करता है।[25]

वर्तमान में भारतीय शास्त्रीय संगीत में बाँस से निर्मित बाँसुरी के दो मुख्य प्रकार हैं। पहला, बाँसुरी है जिसमें अंगुलियों हेतु 6 छिद्र एवं एक दरारनुमा (छिद्र) होता है तथा जिसका प्रयोग मुख्य रूप से उत्तर भारतीय संगीत में किया जाता है। दूसरा, वेणु अथवा पुल्लांगकुज़ल जिसमें आठ अंगुली छिद्र होते हैं एवं इसका प्रयोग मुख्य रूप से दक्षिण भारतीय कर्नाटक संगीत में किया जाता है।[26]

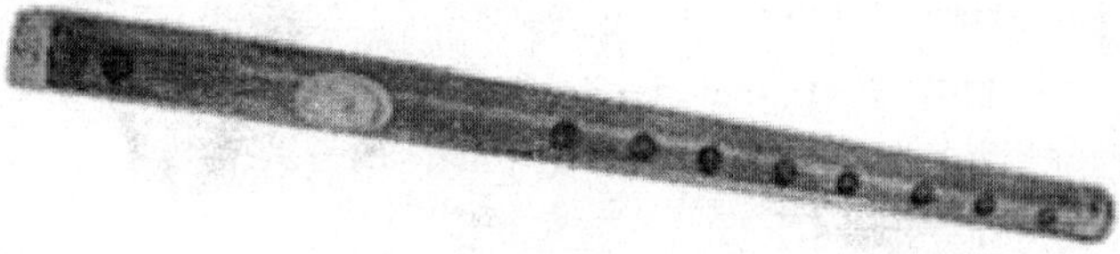

बाँस से निर्मित एवं आठ छिद्र युक्त 'वेणु' बाँसुरी

वर्तमान में कर्नाटक संगीत के बाँसुरीवादकों द्वारा सामान्यतः आर–पार अंगुली तकनीक वाले 8 छिद्रों वाली बाँसुरी का प्रयोग किया जाता है। इस तकनीक को श्री टी.आर. महालिंगम जी ने 20 वीं शताब्दी में प्रचलित किया था। इसके बाद इसे श्री बी.एन. सुरेश एवं डॉ. एन. रमणी जी ने विकसित किया। इसके पूर्व, दक्षिण भारतीय बाँसुरी में केवल सात अंगुली छिद्र होते थे, जिसके अंगुली मापदण्डों का विकास पल्लडम विद्यालय के सराभा शास्त्री जी द्वारा किया गया था।[27]

सन् 1998 में, भरत नाट्यशास्त्र के सरन चतुष्टई पर शोध कर श्री अविनाश बालकृष्ण पटवर्धन ने वर्तमान भारतीय शास्त्रीय संगीत में प्रयुक्त दस थाट के लिये पूर्ण रूप से उचित स्वर स्केलबद्ध बाँसुरी बनाने की पद्धति बताई। बाँसुरी की ध्वनि की गुणवत्ता कुछ हद तक उसे बनाने में प्रयुक्त हुए विशेष प्रकार के बाँस पर निर्भर करती है तथा यह सामान्यतः माना जाता है कि सर्वश्रेष्ठ बाँस दक्षिण भारत के नागरकोइल क्षेत्र में पाये जाते हैं।[28]

चीनी बाँसुरी

चीनी बाँसुरी को 'डिज़ी' कहा जाता है। चीन में 'डिज़ी' के कई प्रकार हैं जो भिन्न आकार, स्वरूप, एवं छिद्र संख्या (6 से 11) तथा आलाप (विभिन्न कुंजियों में वादन) की हैं, जोकि ज्यादातर बाँस की बनी होती हैं। चीनी बाँसुरी की एक मुख्य विशेषता एक छिद्र पर 'अनुनाद झिल्ली' का चढ़ा होना है, जो नलिका के अन्दर वायु कॉलम को कंपित करती है।[29]

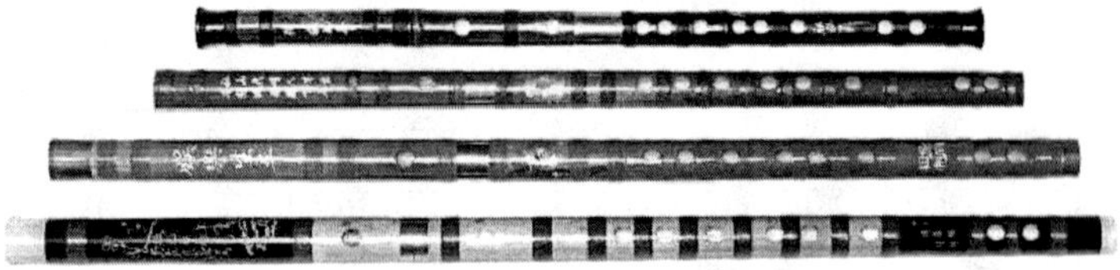

डिज़ी बाँसुरी

इस बाँसुरी से मुखर ध्वनि प्राप्त होती है। आधुनिक चीनी आर्केस्ट्रा में प्रायः पाये जाने वाली बाँसुरियों में बांग्डी, क्यूडी, जिन्डी, डाडी आदि है। अनुप्रस्थ अथवा आड़े बजाये जाने वाले बाँस को 'जिआओ' कहते हैं जो की चीन में सुषिर वाद्य यंत्र की भिन्न श्रेणी हैं।[30]

जापानी बाँसुरी

जापानी बाँसुरी को 'फ्यू' कहा जाता है, जिसमें बड़ी संख्या में जापान की संगीतमय बाँसुरियाँ सम्मिलित हैं, जैसे–शाकुहाची, होचाकू, हीशियरिकी, गाकुबू, कोमअब्यू, शिनअब्यू, केगअब्यू, मिंटकी आदि। शाकुहाची बाँसुरी जापान की पारम्परिक बाँसुरियों में विशेष स्थान रखती है।[31]

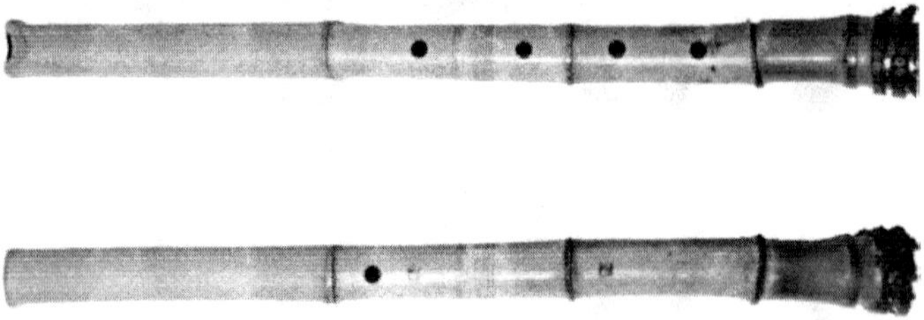

शाकुहाची बाँसुरी

स्रिंग बाँसुरी

स्रिंग, जिसे ब्लल भी कहा जाता है, तुलनात्मक रूप से छोटी एवं अंतिम सिरे से बजाई जाने वाली बाँसुरी है, जिसमें नाक से उत्पन्न स्वर की गुणवत्ता होती है तथा पिकोलो का स्वर होता है तथा यह पूर्व आर्मेनिया के कॉकासस क्षेत्र में पायी जाती है। यह लकड़ी या बेंत की बनी होती है, जिसमें सामान्यतः सात अंगुली छिद्र एवं एक अंगूठे का छिद्र होता है, जो द्वि स्वर उत्पन्न करता है।[32]

सिंग बाँसुरी

इसका प्रयोग गड़रियों द्वारा अपने कार्य से सम्बन्धित ध्वनियों व संकेतों को उत्पन्न करने तथा संगीतमय प्रणय गीतों, जिन्हें छबन बयाती कहा जाता है, के साथ ही क्रमबद्ध खण्डों के लिये किया जाता है। सिरिंग का प्रयोग डेफ एवं ढोल के साथ नृत्य हेतु संगीत देने के लिये भी किया जाता है। एक आर्मेनियाई संगीतज्ञ का विश्वास है कि यह सभी राष्ट्रीय आर्मेनियाई वाद्ययंत्रों में सबसे अधिक गुणवत्ता वाला वाद्ययंत्र है। आर्मेनियाई बाँसुरी को 'शुई' कहा जाता है, जिसके कुछ अन्य प्रकार भी हैं जैसे–डडूक, पीकेयू, जुर्ना आदि।[33]

रखरखाव युक्तियाँ

बाँस एक प्राकृतिक पदार्थ है, अतः बाँसुरी को त्वरित जलवायु एवं तापमान परिवर्तन से बचा कर रखना चाहिए, जैसे दोपहर को बाहर के गर्म तापमान से एकदम वातानुकूलित कमरे में जाना हो तो बाँसुरी को बाहर ले जाने से पहले 5 से 10 मिनिट के लिये सुरक्षात्मक वातावरण में रहने देना चाहिए। बाँस की बाँसुरी को सर्दी में बाहर बजाना ठीक नहीं है। ठंडी बाँसुरी के अन्दर श्वास की गर्म वायु के सम्पर्क से तत्काल परिणामस्वरूप बाँसुरी में पैदा हुए संकुचन से उसमें दरार आ सकती है। बाँसुरी बजाने के बाद उसमें आए संक्षेपण को साफ कर सुखा लेना चाहिए।[34]

बाँसुरी के नियमित प्रयोग एवं वातावरण के अनुसार अन्दर के बोर, फूँकनी, अंगुली छिद्र तथा अन्तिम भाग में नियमित समयान्तराल में तेल डालते रहना चाहिए। इसके लिये अच्छी गुणवत्ता वाला या अखरोट का तेल उपयोग में लेना चाहिए। कोई अन्य खाद्य तेल भी उपयोग में लिया जा सकता है। बाँसुरी का बाहरी भाग बहुत टिकाऊ होता है इसलिए उसके रखरखाव की इतनी आवश्यकता नहीं होती है।[35]

बाँसुरी पर बंधनकारी उसमें होने वाले प्रसरण (विस्तार) एवं संकुचन को रोकने के लिये की जाती है, जो इसमें दरार का मुख्य कारण होता है, अतः इसे हटाना नहीं चाहिए और ना ही ये नियमित प्रयोग में लेने से ढीली पड़ती है। बंधनकारी सामग्री तथा लच्छेदार नायलॉन का तार समय के साथ खराब हो जाता है अतः बाँसुरी में तेल लगाते समय बंधनकारी पर तेल ना लगे इसका ध्यान रखना चाहिए।[36]

विभिन्न स्वर स्केल की बाँसुरियों के चित्र इस प्रकार हैं

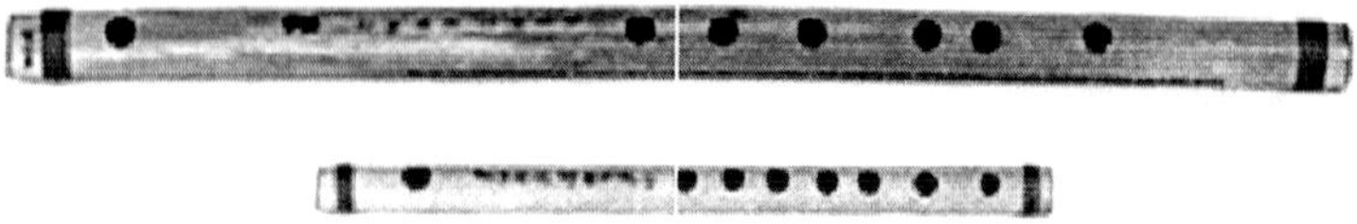

A-Natural (Medium, Small)

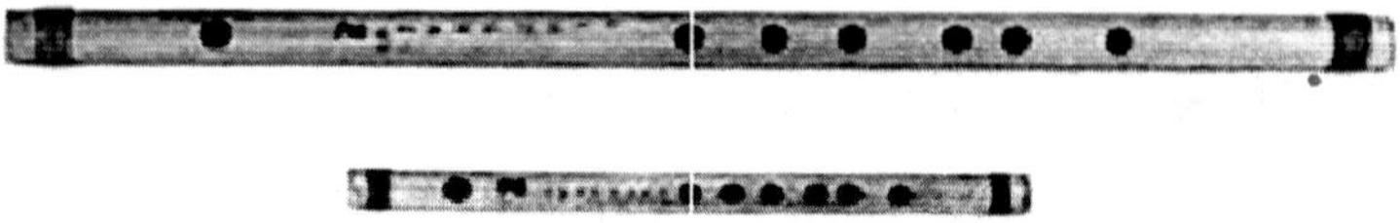

A-Sharp (Scale Medium, Scale Small)

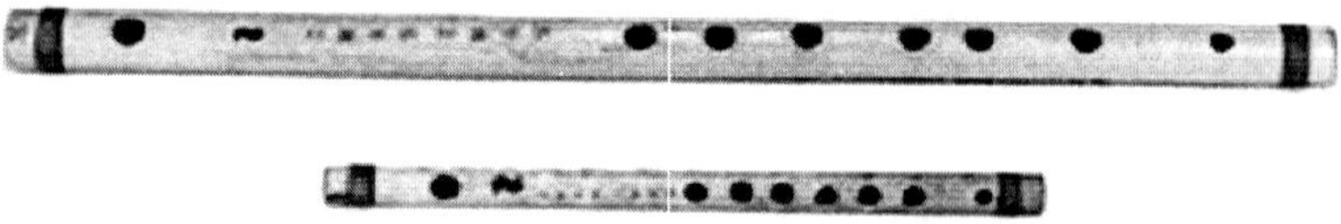

(B-Scale Medium, B Scale Small)

1. Above photographs have been taken from www.swarswarbansuri.com

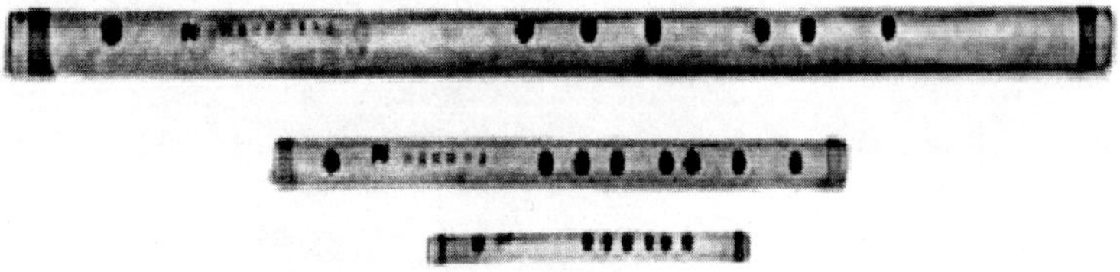

(CN-Scale Base, Scale Medium, Scale Small)

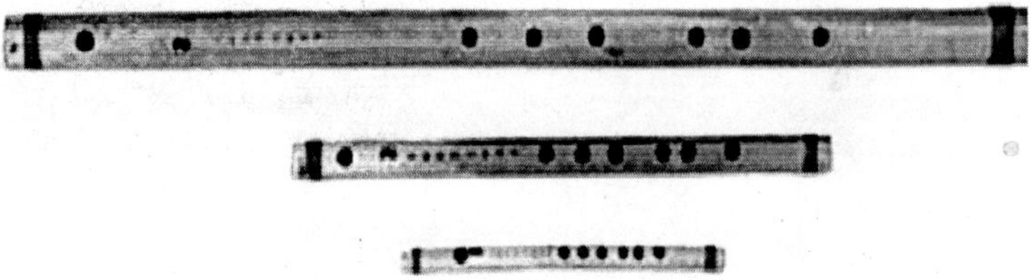

(CS-Scale Base, Scale Medium, Scale Small)

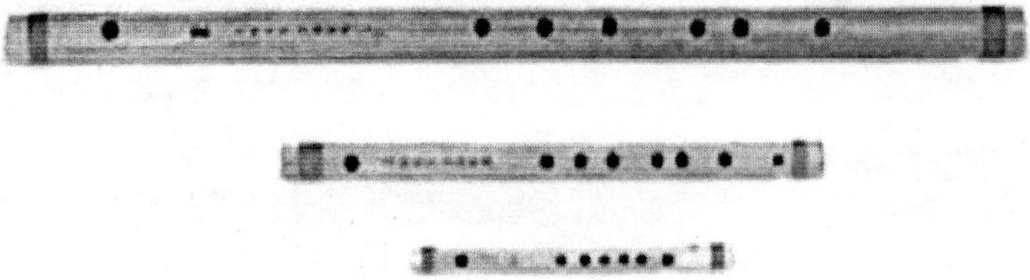

(DN Scale Base, Scale Medium, Scale Small)

1. Above photographs have been taken from www.swarswarbansuri.com

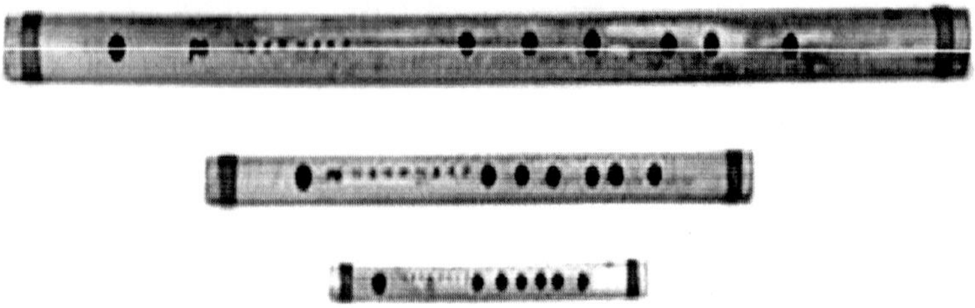

(DS Scale Base, Scale Medium, Scale Small)

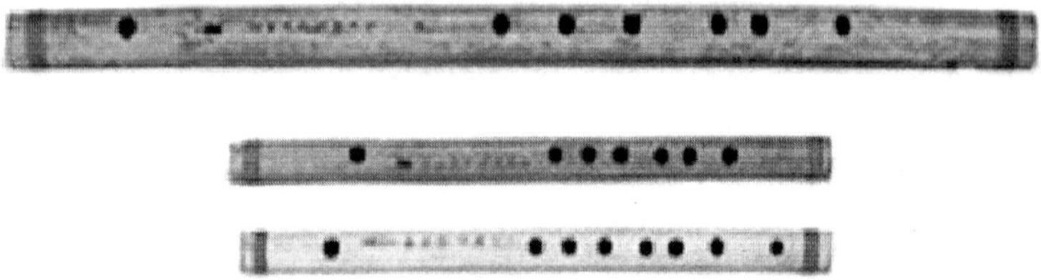

E-Concert Flute Base
(EB Flat and E Flute Scale Medium)

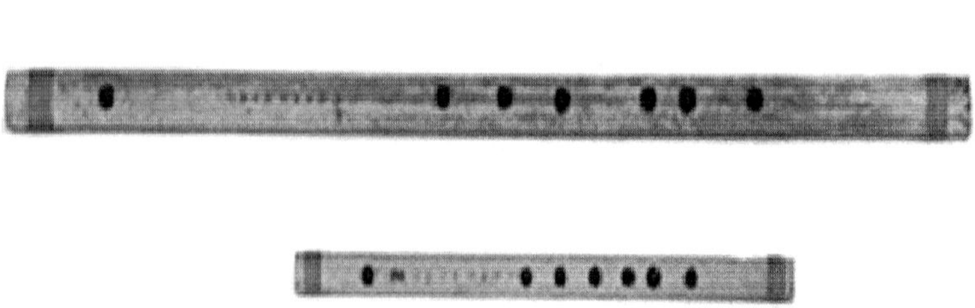

(FN Scale Base, Scale Medium)

1. Above photographs have been taken from www.swarswarbansuri.com

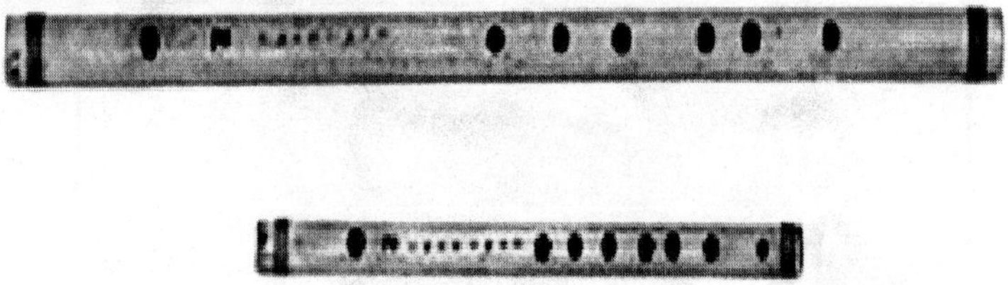

(F Sharp Base, Medium Scale)

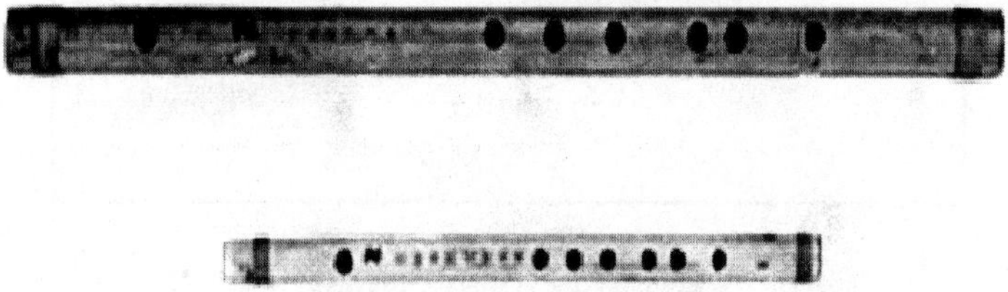

(GN Scale Small)

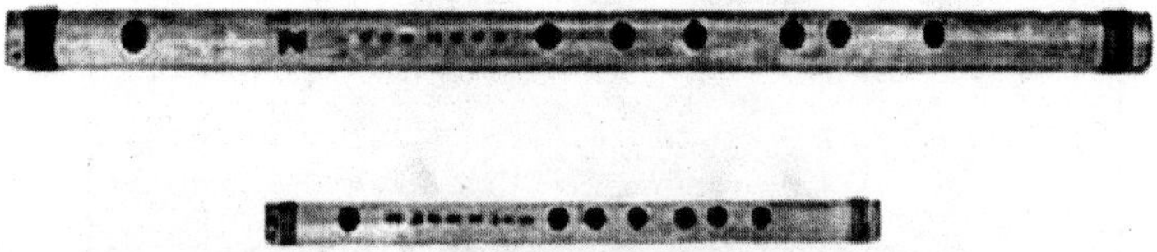

(G Sharp)

(Nine Big Flute Set)

1. Above photographs have been taken from www.swarswarbansuri.com

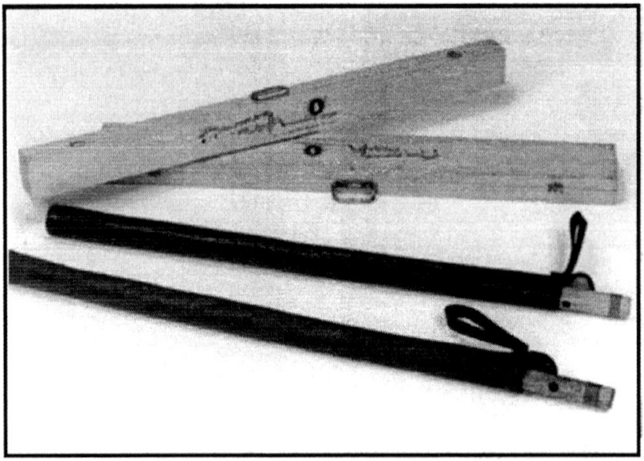

(Wooden Flute Box & Rexcine Carry Bag)

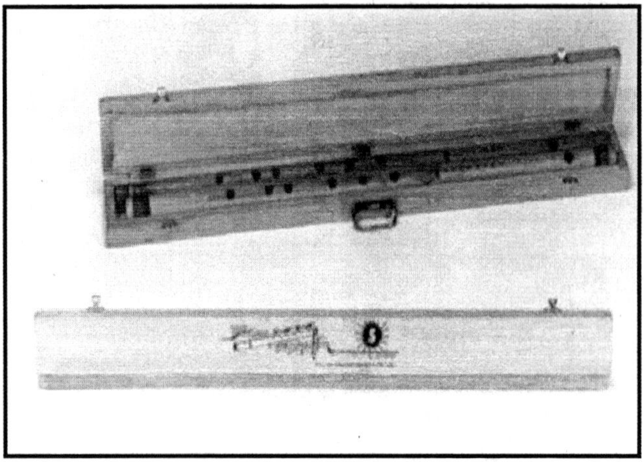

(Wooden Box with Two Flutes)

1. Above photographs have been taken from www.swarswarbansuri.com

प्रयोग एवं उपयोग

प्रयोग

छिद्र	सा	रे	ग	म	म॑	प	ध	नि	सां
1	X	X	X	0	X	X	X	X	X
2	X	X	0	0	X	X	X	X	X
3	X	0	0	0	X	X	X	X	X
4	0	0	0	0	X	X	X	X	0
5	0	0	0	0	X	X	X	0	0
6	0	0	0	0	X	X	0	0	0
7	0	0	0	0	X	0	0	0	0
X : **बंद छिद्र**						0 : **खुला छिद्र**			

सात छिद्र युक्त बाँस से निर्मित बाँसुरी में अंगुली प्रयोग की सारणी

दाहिने हाथ से बाँसुरी बजाने वाले कलाकारों की प्रथमा, मध्यमा तथा दोनों हाथों की अनामिका प्रायः छः छिद्र वाली बाँसुरी को बजाने में प्रयुक्त होती हैं। सात छिद्र वाली बाँसुरी के लिये दाहिने हाथ की कनिष्ठा अंगुली का प्रयोग भी किया जाता हैं।[37]

बाँसुरी से ध्वनि उसमें मौजूद वायु स्तम्भों में हुए अनुकम्पन्न से आती है। इन स्तम्भों की लम्बाई, छिद्रों को बन्द करने या खोलने से नियंत्रित की जा सकती है, साथ ही किसी छिद्र को आधा खुला रखने से कोमल स्वर (फ्लेट नोट) प्राप्त होता है। सा स्वर (भारतीय सरगम पैमाने पर अथवा समकक्ष 'डी' सप्तक पर) मुख छिद्र से शीर्ष तीन छिद्र को बन्द करने से प्राप्त होता है। छिद्रों को बन्द करने के लिये अंगुलियों के सिरों का उपयोग ना कर सपाट भाग को काम में लिया जाता है, क्योंकि यह बेहतर नियंत्रण देता है तथा साथ ही आधे छिद्र से स्वर उत्पन्न करते समय भी आसानी होती है।[38]

अलग–अलग आकार की बाँसुरी का प्रयोग अलग–अलग प्रकार के सप्तक बजाने में प्रयुक्त होता है। बड़े छिद्र वाली लम्बी बाँसुरी प्रायः निम्न सप्तक हेतु तथा छोटी उच्च सप्तक हेतु प्रयुक्त होती है। बाँसुरी पर मधुर लयबद्ध स्वर संगति बजाने हेतु स्वर (स्वर स्थान) कहाँ होता है, इसका ज्ञान होना आवश्यक है।[39]

उदाहरण के तौर पर, एक बाँसुरी में 'सा', जो कि प्रथम तीन छिद्र को बन्द करने से उत्पन्न होता है, 'डी' स्वर के बराबर है। बाँसुरी बजाते समय, बैठने का तरीका भी बहुत महत्वपूर्ण है, साथ ही लंबे समय तक बैठते समय तनावग्रस्त ना हो इसका भी ध्यान रखा जाना चाहिए।[40]

उपयोग

बाँसुरी वर्तमान में एक पूर्ण वाद्य का रूप ले चुकी है। वैदिक काल से लेकर वर्तमान समय तक जैसे–जैसे बाँसुरी में परिवर्तन होते गये, उसकी सक्षमताएं भी बढ़ती गई एवं साथ ही उपयोग क्षेत्र भी विस्तृत होता गया।

वैदिककाल या भगवान् श्री कृष्ण के समय बाँसुरी सिर्फ ग्राम संगीत या लोक संगीत तक सीमित थी, परन्तु पन्नालाल जी के अथक प्रयासों के बाद यह संगीत के विस्तृत रूप एवं क्षेत्र में प्रयुक्त होने लगी। पन्नाबाबू जी द्वारा किये गये विशेष परिवर्तनों का ही परिणाम है कि आज बाँसुरी लोक संगीत के स्तर से उठकर शास्त्रीय संगीत के मंच पर आसीन हो चुकी है तथा विश्व में अपनी एक अनूठी, पूर्ण एवं सक्षम वाद्य के रूप में पहचान बना सकी।[41]

यह पन्नाबाबू जी का ही प्रयास था कि बाँसुरी पर 'राग संगीत' संभव हो सका। आपके द्वारा की गई नई–नई तकनीकों की खोज के बाद ही बाँसुरी पर सभी रागों का प्रस्तुतिकरण संभव हो सका। वर्तमान में 'राग संगीत' के ध्रुपद–धमार एवं ख्याल अंगों का कुशलतम प्रस्तुतिकरण बाँसुरी पर संभव होता है।[42]

शास्त्रीय संगीत के साथ–साथ उपशास्त्रीय एवं सुगम संगीत की सभी कल्पनाओं का रूपान्तरण भी बाँसुरी पर संभव है। वर्तमान में राग संगीत के साथ–साथ ठुमरी, दादरा, चैती, कजरी, भटियाली, बाउल, कीर्तन, मांड तथा फिल्मी संगीत आदि सभी में बाँसुरी प्रयुक्त होती है।[43]

एकल प्रस्तुति के साथ–साथ बाँसुरी पर संगत का भी प्रचलन शुरू हुआ। शास्त्रीय संगीत में भी बाँसुरी पर संगत की जाने लगी, उदाहरणार्थ पन्नाबाबू ने कई विख्यात गायक जैसे औंकारनाथ ठाकुर, फैयाज़ खान साहब आदि के साथ बाँसुरी पर संगत की।[44]

फिल्मी संगत में भी बाँसुरी के कुशलतम प्रयोग का साक्षात उदाहरण पुराने गीतों से मिलता है। पुलिस, अन्जान, नन्दकिशोर, मुगल–ए–आज़म जैसी सफलतम फिल्मों से लेकर वर्तमान की सभी फिल्मों में बाँसुरी का श्रेष्ठ

प्रयोग मिलता है। फिल्मों में पार्श्व संगीत के साथ–साथ गीतों में भराव एवं पूर्ण में भी बाँसुरी का प्रयोग किया जाता है।[45]

इस प्रकार वर्तमान में संगीत का कोई भी क्षेत्र या आयाम बाँसुरी से अछूता नहीं है और यह पंडित पन्नालाल घोष जी के अथक एवं निरन्तर प्रयासों से ही संभव हो सका। उन्होंने बाँसुरी को एक पूर्ण एवं सक्षम वाद्य का रूप प्रदान किया, जिससे सभी संगीतमय कल्पनाओं को साकार रूप देना संभव हो सका।[46]

बाँसुरीवादन की शैली–गायकी एवं तंत्रकारी अंग

कई वर्षों पहले से ही संगीत में गायकी एवं तंत्रकारी अंग विद्यमान रहे। स्वरों को लगाने के तरीके एवं प्रयोग से ही दोनों के मध्य अन्तर को सुस्पष्ट समझा जा सकता है।

संगीत में जब स्वरों के प्रयोग के दौरान एक निरन्तरता बनी रहती है, या स्वरों के मध्य एक प्रकार का जुड़ाव बना रहता है, तो एक तारतम्यता उत्पन्न होती है, जिसे ही गायकी अंग कहा जाता है। गायन में गायकी अंग स्वतः परिलक्षित होता है, साथ ही वाद्य यंत्रों में भी गायकी अंग को अलग–अलग प्रकार से परिलक्षित किया जाता है। कुछ वाद्य यंत्रों में यह उनकी बनावट एवं तकनीक के कारण सरल होता है, जैसे सारंगी, वॉयलिन इत्यादि तथा कुछ वाद्य यंत्रों में यह अलग–अलग माध्यमों से प्रदर्शित किया जाता है, जैसे सितार में मींड़ की सहायता से, इत्यादि।

इसी के साथ–साथ जब स्वरों का प्रयोग कुछ इस तरह से होता है कि तारतम्यता न होकर स्वर अलग–अलग परिलक्षित हों, तो इसे तंत्रकारी अंग कहा जाता है, जैसे तराना, झाला, लयकारी इत्यादि।

बाँसुरी में भी गायकी एवं तंत्रकारी दोनों ही अंगों का श्रेष्ठतम प्रयोग किया जाता है। बाँसुरीवादन में फूंक का विशेष प्रयोग किया जाता है, कुछ कलाकार फूंक के साथ–साथ जीभ का भी कुशलतम प्रयोग करते हैं एवं फूंक और जीभ के विशेष प्रयोग द्वारा ही बाँसुरी में गायकी और तंत्रकारी अंग का सुस्पष्ट रूपान्तरण किया जाता है। उदाहरण के तौर पर 'नि रे ग' स्वर समुदाय को फूंक मारकर बिना जीभ का प्रयोग किये भी बजाया जा सकता है तथा फूंक के साथ जीभ का प्रयोग करके भी बजाया जा सकता है।[47]

तंत्रकारी अंग में फूंक के साथ–साथ जीभ का अधिक प्रयोग किया जाता है, जबकि गायकी अंग में जीभ का सीमित प्रयोग ही किया जाता है। तंत्रकारी अंग के अन्तर्गत बाँसुरी में झाल, लयकारियाँ आदि की जाती है।[48]

पंडित पन्नालाल घोष, जो श्रेष्ठतम बाँसुरीवादक रहे हैं, दोनों अंगों का कुशलतम प्रयोग करते थे। आप गायकी अंग के साथ–साथ झाला, लयकारियों आदि का प्रस्तुतिकरण किया करते थे, साथ ही सभी तालों में विलम्बित एवं द्रुत रचनाएं प्रस्तुत करते थे। पंडित रघुनाथ सेठ जी मींड़ के लिए बाँसुरी में चाबी का प्रयोग करते थे।[49]

इस प्रकार कलाकार 'गायकी एवं तंत्रकारी अंग' दोनों का ही बाँसुरी पर कुशल प्रस्तुतिकरण करते हैं।

घराने एवं कलाकार

घराने

बाँसुरी में मुख्यतः 'मैहर घराना या मैहर–सेनिया घराना' विद्यमान है जो कि प्राचीनतम 'सेनिया घराने' की ही एक शाखा है। पंडित पन्नालाल घोष जी से लेकर वर्तमान के पंडित हरिप्रसाद चौरसिया, पंडित रघुनाथ सेठ, पंडित नित्यानन्द हल्दीपुर आदि सभी मैहर घराने से सम्बन्धित हैं एवं मैहर घराने की विशेषताओं के साथ बाँसुरीवादन करते हैं। आप सभी ने मैहर घराने का कुशल प्रतिनिधित्व किया, साथ ही अपने शिष्यों में भी इस घराने की समस्त विशेषताओं को हस्तान्तरित किया।[50]

घराना

उत्तर भारतीय संगीत के लिये 'घराने' की अवधारणा निराली थी। 'घराना' का शाब्दिक अर्थ घर से है जिसका तात्पर्य शिक्षक के घर से है। इसका सम्बन्ध गुरू–शिष्य परम्परा (गुरू–शिष्य वंशावली) की अतिप्राचीन अवधारणा से है, साथ ही इसमें कुछ रोचक तथ्य भी हैं। घरानों के नाम अधिकांशतः भौगोलिक स्थानों से ही अवतरित किये जाते थे और आमतौर पर ये शहर, जिला, राज्य अथवा वह स्थान जहाँ इनके संस्थापक रहते थे, उन ही स्थानों से सम्बन्धित होते थे। उदाहरण के तौर पर ग्वालियर घराना (गायन) या फर्रूखाबाद घराना (तबला)।[51]

घराना परम्परा जैसा कि हमें आज लगती है, वास्तव में बहुत पुरानी नहीं थी। अधिकतर घराने 100–300 वर्ष से अधिक पुराने नहीं थे। आधुनिक घरानों को मुग़लकाल के अंत के समय में खोजा जा सकता था। घराने, उत्तर भारत में संगीत के हर क्षेत्र में पाए जाते थे, चाहे वह नृत्य हो, गायकी हो अथवा वाद्य संगीत हो तथा आपस में अपनी अलग पहचान रखते थे। कहने का तात्पर्य यह है कि आप किसी तबलावादक को यह कहते नहीं पाऐंगे कि वह किसी गायन के घराने से ताल्लुक रखता है अथवा कोई गायक यह नहीं कहेगा कि वह किसी कत्थक के घराने से सम्बन्धित है, जो कि उचित भी है।[52]

पेशेवर तौर पर देखा जाए तो घरानों की 'एक समूह में रहने की' विशेषता थी। यह हमेशा से माना गया कि किसी राजघराने में स्थान पाने के लिए किसी घराने की वंशावली का अनुसरण पहली आवश्यकता थी। संगीतशाही के मानक स्तरों को बनाये रखने का कर्तव्य घरानों को सौंपा गया था। कलात्मक तौर पर देखा जाए तो घराना शैली 'आश्रम' तुलनीय थी। इन वर्षों में परिवहन एवं संचार के साधनों की कमी के कारण कई घरानों ने अपनी प्रस्तुती, तकनीक एवं प्रदर्शनों के लिये विशिष्ट दृष्टिकोण को अपना लिया।[53]

20वीं सदी में घराना प्रणाली का संगीतशाही के मानक स्तर पर नकारात्मक प्रभाव पड़ा। संचार के साधनों में सुधारों ने संगीतकारों को अपने घरानों की पृष्ठभूमि को व्यापक करने के लिये अनिवार्यतः पेशेवर बना दिया। घरानों की गोपनीय प्रवृत्ति में यह तथ्य निहित है कि ये एक ही तकनीक एवं पहुँच में महारथ हासिल करते थे जो कि आधुनिक पांडित्य सूचक एवं पेशेवर आवश्यकताओं के अनुसार नामुनासिब है।[54]

20वीं सदी के अन्त में वे संगीतकार, जिन्होंने स्वयं के किसी–ना–किसी घराने से सम्बद्ध होने की प्रबल घोषणा की, प्रायः कम प्रचलित पृष्ठभूमि के होते थे। इन्हीं कारणों से घराना प्रणाली के कई पहलुओं को आधुनिक संगीत विद्यालयों ने नकार दिया। आज घराने अपने अवशेष रूप में ही मौजूद हैं। यद्यपि संगीतकार नियमित रूप से घोषणा करते हैं कि वे ऐसे या वैसे घराने से सम्बन्धित हैं, किन्तु इसका कोई व्यवहारिक तात्पर्य नहीं है। राजकीय संरक्षण तथा कलात्मक पहचान के अभाव ने इस प्रणाली को लगभग नष्ट कर दिया है।[55]

सेनिया घराना

सेनिया शब्द, भारतीय शास्त्रीय संगीत के पिता मियाँ तानसेन से सम्बन्धित है। 'घराना' शब्द से तात्पर्य संगीत की शैली से है। तानसेन संगीत परम्परा के अनुयायियों को 'सेनिया घराने' के अनुयायियों के रूप में व्यापक रूप से जाना जाता है। इस घराने के अनुयायी या तो तानसेन जी के परिवार से सम्बन्धित हो सकते हैं अथवा सदियों पुरानी गुरू–शिष्य परम्परा द्वारा चुने हुए अनुयायी हैं।[56]

मियाँ तानसेन जी को आज तक के महान् संगीतकारों में एक माना जाता है। वह सोलहवीं शताब्दी के मुगल सम्राट अकबर के दरबार के संगीतकार थे। तानसेन जी (1520–1589), ग्वालियर के एक प्रतिभाशाली संगीतकार थे, जो अकबर बादशाह के दरबार के सर्वाधिक उज्ज्वल सितारे थे आपको अकबर बादशाह ने अपने दरबार के नौ रत्नों (नवरत्न) में शामिल किया था। वे एक हिन्दू समुदाय में पैदा हुए थे और संगीत की शिक्षा उन्होंने महान् स्वामी हरिदास जी से ग्रहण की थी। इसके बाद वे राजाराम बाघेला जी, जो कला के महान् संरक्षक थे, के सानिध्य में चले गये और बाद में वे अकबर बादशाह के दरबार में शामिल हुए।[57]

यह कहा जाता है कि तानसेन जी अपने गायन से चमत्कार उत्पन्न कर सकते थे, जिसे संस्कृत में 'नाड़ा सिद्धा' कहा जाता है। ऐसा माना जाता है कि ऐसी अलौकिक क्षमताएं उन्होंने पूजनीय स्वामी हरिदास जी से ग्रहण की थी। यह कहा जाता है कि किसी अवसर पर वे मानसून राग 'मेघ मल्हार' गाकर वर्षा भी करा सकते थे तथा राग 'दीपक' गाकर दीपक भी प्रज्वलित कर सकते थे। तानसेन जी ने कई नये राग ईज़ाद किए जैसे मियाँ की मल्हार, दरबारी कान्हड़ा और मियाँ की तोड़ी, और साथ ही 300 ध्रुपद रचनाओं के साथ उत्तर भारतीय शास्त्रीय संगीत की नींव रखी।[58]

यद्यपि सम्राट अकबर की नीति थी कि वे प्रतिभाशाली लोगों को ईस्लाम धर्म में परिवर्तित करते थे किन्तु तानसेन जी से उन्हें इतना लगाव था कि उन्होंने उनका (तानसेन) धर्म परिवर्तन नहीं किया किन्तु चतुराई पूर्वक उनका उपनाम मियाँ तानसेन रख दिया। मियाँ तानसेन जी की दो पत्नियाँ थी। एक हिन्दू और दूसरी मुसलमान, जिनका नाम मेहरूनिशा था। मेहरूनिशा से उनके एक पुत्र था, जिसका नाम बिलास खान था, जिन्होंने राग बिलासखानी

तोड़ी की रचना की थी। वहीं दूसरी और हिन्दू पत्नी से उनके तीन सन्तानें थीं–तान तंरगा, सुरतसेन और सरस्वती देवी।[59]

सुरतसेन जी ने बाद में जयपुर सितार घराने की स्थापना की। सरस्वती जी एक मशहूर ध्रुपद गायिका थीं, जिन्होंने मिसार सिंह, जो कि राजस्थान के जाने–माने वीणा वादक थे, से विवाह किया था। मिसार सिंह जी तत्पश्चात् अकबार के दरबार में संगीतकार बने और ईस्लाम धर्म कुबूल कर नौबत खान के नाम से जाने गये।[60]

सरस्वती एवं मिसार सिंह जी के वंशज वीणा वादक के साथ ही ध्रुपद गायक भी थे तथा उन्होंने गायकी के साथ ही सितार, सुरश्रृंगार एवं रबाब वादन की परंपरा को भी जारी रखा एवं विकसित किया। उन्होंने आज के सेनी–बीनकार घराने की स्थापना की, जो कि उत्तर भारतीय संगीत का सर्वाधिक महत्वपूर्ण घराना है।[61]

यद्यपि अधिकारिक तौर पर उनके नाम मुस्लिम थे किन्तु उनका एक हिन्दू नाम भी था। जैसे उस्ताद वज़ीर खान (गायक, कई ख्याल रचनाओं में सदारंग के नाम से जाना जाता है), अमृतसेन (जयपुर सितार घराना 1814–1894), उमराव खान (बीन, सुरबहार, सरोद), गुलाम मोहम्मद खान (लखनऊ सितार घराना), बहादुर हुसैन खान (तराना के आविष्कारक) आदि शामिल हैं।[62]

उस्ताद वज़ीर खान साहब एक उत्कृष्ट शिक्षक, कलाकार एवं संगीतकार थे, तथा पिछली सदी के सेनी घराने के संचालक भी थे। उनके वंश का सीधे तानसेन जी के वंश से सम्बन्ध था और उनके संगीत ज्ञान में तानसेन जी की मूल ध्रुपद रचनाएं शामिल थी। यह सरोदवादन के इतिहास का सर्वाधिक महत्वपूर्ण तथ्य है कि पिछली पीढ़ी के सबसे बड़े सरोदवादक उस्ताद अलाउद्दीन खान साहब और हाफिज़ खान, वजी़र खान साहब के शिष्य बने।[63]

इस प्रकार सेनी घराने की पूरी शक्ति एवं संचित संगीत का ज्ञान इन दो उत्कृष्ट संगीतकारों की सरोद कला में शामिल हुआ, जिसके परिणामस्वरूप सरोदवादन की जो शैली विकसित हुई, उसने इस राजसी वाद्ययंत्र में ध्रुपद एवं ख्याल की गायकी तथा वीणा एवं रबाब की वादन शैली को बहुत ही खूबसूरती एवं सौंदर्य के साथ मिश्रित किया। यही कारण है कि आज के सरोदवादन में सबसे नाजुक मींड़ से लेकर गरजदार झाला और बिजली की गति वाली तान की व्यापक श्रेणी मौजूद है।[64]

उस्ताद अलाउद्दीन खान साहब (1862–1972) भारतीय संगीत के एक प्रसिद्ध व्यक्ति थे। उनका जन्म त्रिपुरा, पूर्व बंगाल में हुआ था। बहुत ही कम उम्र से संगीत ज्ञान के प्रति उनकी प्रबल इच्छा ने इस सदी की सबसे अविश्वसनीय यात्रा का आरम्भ किया।[65]

उन्होंने कई वाद्ययंत्रों जैसे तबला, वायलिन, सुरश्रृंगार और सुरबहार आदि में महारथ हासिल की किन्तु अन्त में वे सरोद की ओर मुखरित हुए और सरोद के जादूगर अहमद अली खान साहब के शिष्य बने। अहमद अली खान साहब के साथ छः वर्षों तक रह कर बाबा ने वो सारी शिक्षा ग्रहण की जो अहमद अली जी के पास थी, तत्पश्चात् उन्होंने (उस्ताद अहमद अली खान) सिफारिश की कि अब बाबा को उनके गुरू रामपुर के महान वज़ीर खान साहब से प्रशिक्षण लेना चाहिए।[66]

बाबा को वज़ीर खान साहब का शिष्य बनने के लिये कई कठिनाईयों का सामना करना पड़ा। चूंकि उस्ताद वज़ीर खान साहब के सबसे बड़े पुत्र, जिसे वे अपना उत्तराधिकारी बनाने के लिये सिखा रहे थे, की असामयिक मृत्यु हो गई थी, अतः अंत में उन्होंने अपनी संगीत रचनाओं का पिटारा खोला और बाबा को 12 वर्षों तक गहन तालीम दी।[67]

बाबा अलाउद्दीन खान साहब केवल संगीत की सेवा में ही जीये। वे काली माता के आजीवन भक्त रहे और बाद में शारदा देवी जिन्हें मैहर देवी एवं काली माता के रूप से भी जाना जाता है, के दरबार में संगीतकार बने। उन्होंने प्रसिद्धि एवं धन से हमेशा दूरी बनाए रखी एवं संगीत को आध्यात्मिक मुक्ति के मार्ग के रूप में चुना और अपनी रचनाओं को माँ शारदा देवी के चरणों में अर्पित किया। बाद के वर्षों में, बाबा के वेतन का भुगतान माँ शारदा देवी के मंदिर से होने वाली आय से किया जाता था।[68]

पूरे भारतवर्ष में उन्हें संगीत के संत के रूप में जाना जाता था और कई छात्र उनसे संगीत सीखने के लिये मैहर आए। वे स्वयं 70 वर्ष की आयु तक सेनी घराने के ध्रुपद एवं वाद्य रचनाओं में महारथ हासिल करने के लिये संगीत के एक छात्र की तरह प्रयासरत रहे और अनगिनत नई रचनाएं एवं कई नवीन रागों की रचना की, जैसे हेमन्त, शोभावती और दुर्गेश्वरी। उनका योगदान इतना उत्कृष्ट है कि आज इस घराने को 'सेनी–अलाउद्दीन घराना' अथवा 'मैहर सेनिया' घराने के नाम से जाना जाता है।[69]

मैहर सेनिया घराना

मैहर सेनिया घराने को 'बाँसुरी', एक सामान्य लोक वाद्य 'फूंकनी', को संगीत समारोह में बजाए जाने वाले एक पूर्ण वाद्ययंत्र के रूप में परिवर्तित करने का श्रेय जाता है। यह प्रसिद्ध उस्ताद अलाउद्दीन खान साहब की नवरचना का एक और उदाहरण है तथा उनके शिष्य पंडित पन्नालाल घोष की बाँसुरी की प्रस्तुतियों में इस आधुनिक नवरचना की सफलता उजागर होती है। पन्नाबाबू जी ने इस घराने की सारी विशेषताओं के साथ इस घराने की गहन तालीम प्राप्त की और बाद में उन्होंने सेनिया घराने के कलात्मक सौंदर्य को अपने शिष्यों में भली भांति फैलाया।[70]

हिन्दुस्तानी शास्त्रीय संगीत नवाचार, तत्कालिक प्रदर्शन एवं नवीन विचारों के विकास के लिये बहुत ही ज़बरदस्त गुंजाइश प्रदान करता है। उस्ताद अलाउद्दीन खान साहब ने प्रयोगों की इस स्वतंत्रता को बहुत ही ज़िम्मेदारी एवं दृढ़ निश्चय के साथ निभाया, जिसके परिणामस्वरूप वे बीसवीं सदी में शास्त्रीय वाद्य संगीत में एक क्रांतिकारी परिवर्तन लाए। इसलिए मैहर सेनिया घराने को आधुनिक भारत के हिन्दुस्तानी शास्त्रीय वाद्य संगीत के पुनर्जागरण के लिये ज़िम्मेदार होने का श्रेय दिया जाता है।[71]

मैहर घराने ने तत्कालिक सेनिया घराने के द्वारा अनुसरण की जाने वाली बीनकार एवं रबाबीया शैली को विकसित किया। आज इस घराने की प्रस्तुतियों में कई शैलियों का मिश्रण है जैसे गायकी एवं तंत्रकारी। लयबद्ध शैली, जो कि वाद्य संगीत की प्रमुख शैलियों में से है, का सरोद एवं सितार की विशेषताओं तथा गायन की मधुर एवं निरंतर प्रस्तुतियों के साथ समागम का सशक्त उदाहरण है।[72]

रूद्रवीणा, सुरश्रृंगार एवं सुरबहार जैसे वाद्ययंत्रों में ध्रुपद गायन शैली का अनुकरण करने की क्षमता है। यद्यपि उनकी सीमाएं भी हैं क्योंकि यह सभी वाद्य, संगीत की अन्य शैलियों के लिये अनुकूल नहीं थे, इसलिए वादकों को ख्याल एवं ठुमरी अंग बजाने के लिये अन्य वाद्ययंत्रों का उपयोग करना पड़ता था, विशेषकर सुरश्रृंगार की जगह सरोद एवं सुरबहार की जगह सितार का उपयोग किया जाता था।[73]

उस्ताद अलाउद्दीन खान साहब ने सितार एवं सरोद को विकसित किया, साथ ही रूद्रवीणा, सुरबहार की जगह सितार का उपयोग किया। उस्ताद अलाउद्दीन खान ने सितार एवं सरोद को विकसित किया और

रूद्रवीणा, सुरबहार और सुरश्रृंगार के बीन बाज के अनुरूप बनाया। इस परिवर्तन से ये वाद्ययंत्र मींड़ के पेचीदा, लंबे और विस्तृत अलापों को बजाने में सक्षम हुए। इस अभियांत्रिकी ने अपने आलाप, जोड़, झाला और लयकारी से रागों के सुनियोजित विकास का मार्ग प्रशस्त किया। यह प्रस्तुति मैहर सेनिया घराने के वादकों के लिये अद्वितीय है।[74]

शास्त्रीय संगीत की गहन समझ एवं शुद्ध शास्त्रीय संगीत के प्रति कठोर अनुशासन के साथ ही इस प्रकार की वाद्य अभियांत्रिकी का समन्वयन अलाउद्दीन खान साहब द्वारा तराशे गये 'मैहर–सेनिया घराने' का महान् योगदान है। अपने विस्तृत संगीत ज्ञान एवं अमूल्य खजाने से उस्ताद अलाउद्दीन खान साहब ने एक नई शैली विकसित की जिसे 'मैहर–सेनिया' घराने के नाम से जाना जाता है जो मियां तानसेन के वंशज उस्ताद वज़ीर खान साहब द्वारा आगे बढ़ाए गये मियां तानसेन के 'सेनिया घराने' से ही निकला है।[75]

मैहर घराने द्वारा भारतीय शास्त्रीय संगीत में स्वयं का एक विशेष भाव लाया गया। मैहर घराने की प्रस्तुति की सामान्य शैली ध्रुपद है, जिसमें आलाप व्यवस्थित, धीमी गति से और उचित न्यास के साथ बिना खटके व मुर्कियों के होते हैं। जोड़ अंग में पेचीदा लयकारी एवं लयबद्ध स्वरूप के आलाप होते हैं और झाले में कई उतार–चढ़ाव होते हैं। प्रदर्शन के माध्यम से किसी भी दिये गए राग की शुद्धता को बनाए रखा जा सकता है। मैहर घराने का प्रभुत्व तीनताल तक ही सीमित नहीं है अपितु अन्य सभी तालों पर भी समान नियंत्रण होता है।[76]

बाबा ने बड़ी उदारता के साथ संगीत के अपने विशालतम ज्ञान को बड़ी संख्या में अपने शिष्यों को हस्तान्तरित किया। उनमें सबसे अधिक प्रसिद्ध उनके बेटे श्रेष्ठ सरोदवादक उस्ताद अली अकबर खान साहब, सितार के महान् गुरू पंडित रविशंकर, गुरू माँ अन्नपूर्णा देवी (पुत्री), पंडित पन्नालाल घोष एवं पंडित निखिल बैनर्जी हैं। इन संगीतकारों की चकाचौंध कर देने वाली कला–मर्मज्ञता, संगीत की गहराई, प्रतिभा तथा पिछले 40 वर्षों की बड़ी संगीत यात्रा ने उत्तर भारतीय शास्त्रीय संगीत की कला व जादू, उत्तम सौंदर्य, रचनात्मकता व प्रबुद्ध ज्ञान से परिपूर्ण सेनी घराने के खजाने को दुनिया भर के लोगों के समक्ष उजागर किया।[77]

कलाकार

भगवान् श्री कृष्ण, हिन्दू मान्यता के अनुसार प्रथम बाँसुरीवादक माने जाते हैं। जिनका बाँसुरी के साथ में ही चित्रण किया जाता है। इतिहास में भगवान् श्री कृष्ण का ही बाँसुरी से सम्बन्ध पाया जाता है तथा कई कथाओं का उल्लेख मिलता है। भगवान् श्री कृष्ण और बाँसुरी सदैव एक–दूसरे के पूरक माने जाते हैं। अनेक कथाओं में यह उल्लेख मिलता है कि किस प्रकार भगवान् श्री कृष्ण अपनी बाँसुरी के माध्यम से रंजकता उत्पन्न करते हुए अलग–अलग प्रकार की लीलाओं का चित्रण करते थे। इस प्रकार भगवान् श्री कृष्ण प्रथम ऐसे बाँसुरीवादक हैं, जिनका वेदों और शास्त्रों में उल्लेख मिलता है।[78]

उत्तर भारत में

सन् 1940 के दशक में श्री अमल ज्योति घोष जी (पन्नालाल घोष जी) में एक और अधिक परिष्कृत बाँसुरी के निर्माण की दिलचस्पी जागी। आकार एवं सामग्री के साथ बहुत से प्रयोग करने के बाद उन्होंने बांस की एक 32 इंच लम्बी एवं 7 स्वर छिद्र युक्त एक बाँसुरी का निर्माण किया। यह बाँसुरी उत्तर भारतीय पारम्परिक संगीत शैली में मानक तौर पर स्वीकार की गई।[79]

सन् 1960 में अपनी मृत्यु के समय तक, पंडित पन्नालाल घोष जी भारतीय शास्त्रीय संगीत में एक मात्र विख्यात बाँसुरीवादक रहे तथा गायकी एवं तंत्रकारी परम्परा का निर्वाह करते हुए उन्होंने बाँसुरी को संगीत कार्यक्रमों के स्तर तक ऊपर उठाया। शास्त्रीय बाँसुरीवादकों की अगली पीढ़ी में पन्नालाल जी के मुख्य शिष्य श्री देवेन्द्र मुर्देश्वर थे। इनके अतिरिक्त दूसरी पीढ़ी में पंडित रघुनाथ सेठ जी भी शामिल हैं, जो पंडित पन्नालाल घोष, विजय राघव और हरिप्रसाद चौरसिया जी से काफी प्रभावित हैं।[80]

पंडित हरिप्रसाद चौरसिया जी संभवतया इस पीढ़ी में सबसे अधिक प्रसिद्ध हैं, जो बड़े पैमाने पर भारत एवं रॉटरडैम में स्कूलों की स्थापना कर रहे हैं एवं तालीम प्रदान कर रहे हैं। कुछ बहुत ही वरिष्ठ एवं युवा कलाकार जिन्होंने अपना सम्पूर्ण जीवन बाँसुरी के स्तर को ऊपर उठाने में लगा दिया, वे हैं–श्री जी.एस. सचदेव, श्री गौर गोस्वामी, पंडित रवि गरूड़ (इन्दौर), पंडित नित्यानंद हल्दीपुर, पंडित रघुनाथ सेठ, पंडित रोनू मजूमदार, पंडित रघुनाथ प्रसन्ना, पंडित भोलानाथ प्रसन्ना, पंडित राजेन्द्र प्रसन्ना, श्री चेतन जोशी, श्री राकेश चौरसिया, श्री विस्वास कुलकर्णी, श्री जयन्त बैनर्जी, श्री

रूपक कुलकर्णी, श्री सुनीलकान्त गुप्ता, श्री दीपक राम, पंडित अतुल शर्मा, श्री मानोस सिंह (नेपाल), श्री मिलिंद दातें, श्री राजेश प्रसन्ना, श्री रिशभ प्रसन्ना आदि।[81]

दक्षिण भारत में

दक्षिण भारतीय बाँसुरी, जिसे तमिल में 'पुल्लांगकुज़ल' एवं संस्कृत में 'वेणु' के नाम से जाना जाता है, भी बांस से बनाई जाती है, जो बाँसुरी से छोटी होती है तथा जिसमें 8 छिद्र होते हैं। जब 14वीं सदी में उत्तरी एवं दक्षिणी परम्परा का विभाजन होने लगा, तब दक्षिण भारत में कर्नाटक परम्परा में बाँसुरी का प्रयोग प्रमुखता से संपरिधानिक तौर पर किया गया तथा जो मुख्यतः वैदिक अनुष्ठानों पर आधारित नृत्य एवं नाटक पर केन्द्रित था। पुल्लांगकुज़ल पर एकल संगीत के पुर्नरूद्धार का आरम्भ सराभा शास्त्री जी द्वारा 19वीं सदी में किया गया।[82]

शास्त्री जी ने अपनी शैली अपने शिष्य पल्लडम संजीव राव जी को सिखायी, जिसे उन्होंने बाद में एच. रामाचन्द्र शास्त्री को सिखाई। सन् 1933 से 1987 में अपनी मृत्यु तक टी.आर. महालिंगम, पुलंगोइल के श्रेष्ठतम वादक रहे। किसी भी औपचारिक प्रशिक्षण के बिना एक विलक्षण बालक, जिन्हें कर्नाटक परम्परा का सबसे प्रतिभाशाली कलाकार माना जाता है। उनके शिष्य डॉ. एन. रमणी कर्नाटक संगीत में सन् 1947 से शीर्ष क्रम के बाँसुरीवादक रहे। उस समय के अन्य बाँसुरीवादकों में के.एस. गोपालकृष्ण तथा बहनें कुंजुमणि सिक्किल एवं नीला सिक्किल जी थीं। एस. शषांक के रूप में एक अन्य विलक्षण बालक का नाम हाल ही में उभरा है।[83]

विदेशों में

विदेशों में भी कई प्रसिद्ध बाँसुरीवादक हुए जिन्होंने उत्तर भारतीय शास्त्रीय संगीत का भी अध्ययन किया, जैसे Steve Gorn, Lyon Leifer, David Philipson and John Wubbenhorst इत्यादि।[84]

पंडित पन्नालाल घोष जी का बाल्यकाल से ही बाँसुरी से घनिष्ठतम सम्बन्ध स्थापित हुआ। पन्नाबाबू जी और बाँसुरी सदैव एक–दूसरे के पूरक रहे। पन्नाबाबू जी ने इस वाद्य पर कुशल नियंत्रण एवं संगीत ज्ञान के लिए

विधिवत् तालीम प्राप्त की। आपको बचपन से ही संगीतमय वातावरण प्राप्त हुआ, साथ ही अपने पिता से तालीम भी मिली।

पन्नालाल जी ने बाँसुरी वाद्य पर निरन्तर विधिवत् तालीम एवं निरन्तर रियाज़ द्वारा अपनी सक्षमताओं को सुदृढ़ किया। उनकी तालीम के प्रति अथाह जिज्ञासा एवं समर्पण भाव ने ही उन्हें श्रेष्ठतम बाँसुरीवादक के रूप में स्थापित किया। पंडित पन्नालाल घोष जी ने जिस प्रकार गुरूजनों से तालीम प्राप्त की और बाँसुरी पर अधिकार प्राप्त करते हुए संगीत के सही ज्ञान को प्राप्त किया, का विस्तृत उल्लेख किया गया है।

सन्दर्भ-सूची

1. श्री संजय बोहरा, चर्चा, जोधपुर, 15/6/2010, 10 बजे (प्रातः)
2. www.yellowbellmusic.com
3. वही
4. www.nationmaster.com
5. श्री संजय बोहरा, चर्चा, जोधपुर, 15/6/2010, 10 बजे (प्रातः)
6. www.hariprasadchaurasia.com
7. डॉ. विश्वास कुलकर्णी, चर्चा, मुम्बई, 5/7/2010, 6 बजे (सायं)
8. डॉ. विश्वास कुलकर्णी, चर्चा, मुम्बई, 5/7/2010, 6 बजे (सायं)
9. वही
10. डॉ. विश्वास कुलकर्णी, चर्चा, मुम्बई, 5/7/2010, 6 बजे (सायं)
11. वही
12. वही
13. डॉ. विश्वास कुलकर्णी, चर्चा, मुम्बई, 5/7/2010, 6 बजे (सायं)
14. वही
15. वही
16. www.thefullwiki.org
17. वही
18. www.thefullwiki.org
19. वही
20. www.thefullwiki.org

21. www.thefullwiki.org
22. वही
23. डॉ. विश्वास कुलकर्णी, चर्चा, मुम्बई, 5/7/2010, 6 बजे (सायं)
24. वही
25. डॉ. विश्वास कुलकर्णी, चर्चा, मुम्बई, 5/7/2010, 6 बजे (सायं)
26. वही
27. श्री संजय बोहरा, चर्चा, जोधपुर, 15/6/2010, 10 बजे (प्रातः)
28. वही
29. www.thefullwiki.org
30. www.thefullwiki.org
31. वही
32. www.thefullwiki.org
33. वही
34. डॉ. विश्वास कुलकर्णी, चर्चा, मुम्बई, 7/7/2010, 6 बजे (सायं)
35. वही
36. वही
37. डॉ. विश्वास कुलकर्णी, चर्चा, मुम्बई, 7/7/2010, 6 बजे (सायं)
38. डॉ. विश्वास कुलकर्णी, चर्चा, मुम्बई, 7/7/2010, 6 बजे (सायं)
39. वही
40. वही
41. पं. नयन घोष, चर्चा, मुम्बई, 10/3/2009, 10 बजे (प्रातः)
42. वही
43. वही
44. पं. नयन घोष, चर्चा, मुम्बई, 10/3/2009, 10 बजे (प्रातः)
45. वही
46. वही
47. पं. चेतन जोशी, चर्चा, नई दिल्ली, 3/3/2011, 5 बजे (सायं)
48. पं. चेतन जोशी, चर्चा, नई दिल्ली, 3/3/2011, 5 बजे (सायं)
49. पं. नयन घोष, चर्चा, मुम्बई, 10/3/2009, 10 बजे (प्रातः)
50. वही
51. पं. नयन घोष, चर्चा, मुम्बई, 10/3/2009, 10 बजे (प्रातः)
52. www.chandrakantha.com

53. www.chandrakantha.com
54. वही
55. वही
56. www.prateekchaudhari.com
57. www.chandrakantha.com
58. www.chandrakantha.com
59. www.sitarsetc.com
60. वही
61. www.sitarsetc.com
62. वही
63. वही
64. www.sitarsetc.com
65. वही
66. वही
67. www.sitarsetc.com
68. वही
69. वही
70. www.mahiarmusiclineage.com
71. वही
72. वही
73. www.mahiarmusiclineage.com
74. वही
75. www.mahiarmusiclineage.com
76. वही
77. वही
78. www.yellowbellmusic.com
79. वही
80. www.yellowbellmusic.com
81. वही
82. www.yellowbellmusic.com
83. वही
84. वही

3

बाँसुरी सम्बन्धी शिक्षा

प्रारम्भिक शिक्षा

अनुप्रस्थ बाँसुरी पर भारतीय शास्त्रीय संगीत में प्रवीण पंडित पन्नालाल घोष जी का जन्म 31 जुलाई 1911 को हुआ था। पूर्वी बंगाल के बरीसाल ग्राम, जो कि अब बांग्लादेश में है, में पैदा हुए पंडित पन्नालाल घोष जी का परिवार पहले अमरनाथगंज में रहता था और बाद में वे फतेहपुर चले गये। उनका पालन पोषण संगीतकारों के परिवार में हुआ था।

पन्नाबाबू जी के दादाजी श्री हरकुमार घोष एक उच्चकोटि के ध्रुपद गायक और पखावजवादक थे। उनके पिता श्री अक्षय कुमार घोष एक कुशल सितारवादक थे जो कि सेनिया घराने के उस्ताद कासिम अली खान साहब के शिष्य थे। उन्होंने ढाका के प्रतिष्ठित सितारवादक गुरू भगवानचन्द्र दास, जो कि सेनिया वंश के प्रतिनिधि थे, से भी शिक्षा ग्रहण की थी।

'यह उनका सितार के प्रति झुकाव ही था, जिसने उनके अन्दर के संगीतकार को जन्म दिया'—पंडित नयन घोष के अनुसार।[1]

पन्नाबाबू जी मामा श्री भावरंजन मजूमदार एक कुशल संगीतकार थे। उन्होंने अपने मामा श्री भावरंजन मजूमदार से भी संगीत की शिक्षा ग्रहण की। आपकी माता सुकुमारी जी (ढाका के श्री मजूमदार जी की पुत्री) एक श्रेष्ठ गायिका थीं। छोटे भाई श्री निखिल घोष एक प्रतिष्ठित तबलावादक थे। युवा पन्नालाल जी अत्यधिक ग्रहणशील व्यक्ति थे तथा उन्होंने विभिन्न स्त्रोतों से संगीत की उत्कृष्ट शिक्षा ग्रहण की थी। अपने बाल्यकाल में पन्नालाल जी ने अपने पिता श्री अक्षय कुमार घोष जी से भी सितार सीखा था। पंडित नयन

घोष, पन्नाबाबू के भतीजे, देश के उच्च श्रेणी के तबलावादक हैं, साथ ही एक निपुण सितारवादक भी हैं।[2]

पन्नाबाबू जी के प्रथम गुरू उस्ताद खुशी मोहम्मद खान साहब हारमोनियम के श्रेष्ठतम वादक एवं शास्त्रीय संगीत के जाने–माने कलाकार थे। आपने उस्ताद खुशी मोहम्मद खान साहब से दो वर्ष तक संगीत की तालीम प्राप्त की तथा हारमोनियम वादन में महारथ हासिल की। पन्नाबाबू जी (जैसा कि लोग उन्हें प्यार से पुकारते थे) उन कुछ कलाकारों में से एक थे, जिन्होंने यूरोप यात्रा भी की एवं अपनी कला का प्रदर्शन किया।[3]

पन्नाबाबू जी भारत आगमन के तुरंत बाद ही उनके गुरू उस्ताद खुशी मोहम्मद खान साहब का देहावसान हो गया तथा अपने संगीत की शिक्षा के क्षितिज की खोज उन्हें बंगाल के प्रतिष्ठित गुरू आचार्य श्री गिरिजाशंकर चक्रवर्ती जी के पास ले गई जिनके सानिध्य में उन्होंने गायन में ख्याल, ठुमरी एवं अन्य शैलियों की तालीम प्राप्त की।[4]

पन्नाबाबू जी भाग्यशाली थे कि उन्हें सुप्रसिद्ध उस्ताद अलाउद्दीन खान साहब, जिनसे उन्होंने 1947 में शिक्षा ग्रहण करना शुरू किया था, से भी आशीर्वाद एवं सुनियोजित प्रशिक्षण प्राप्त हुआ। 'राग–संगीत' के सागर से ज्ञान प्राप्त करने की उनकी इच्छा उन्हें मैहर के प्रसिद्ध बाबा अलाउद्दीन खान साहब के चरणों में खींच लाई, जिनसे उन्होंने गहन तालीम हासिल की एवं विशेष रूप से आलाप करने का तरीका सीखा। इस प्रकार उनके संगीतमय व्यक्तित्व को एक महत्वपूर्ण आयाम प्राप्त हुआ। पन्नाबाबू जी ने एक संगीतज्ञ के रूप में बाबा का अथाह स्नेह व प्रेम प्राप्त किया।[5]

जब प्रसिद्ध उस्ताद अलाउद्दीन खान साहब (जो बाबा के नाम से भी जाने जाते हैं) अपने शिष्य पंडित रविशंकर के साथ मुम्बई आये, तब पन्नालाल जी उनसे पहली बार सन् 1946 में मिले थे। प्रारम्भ में, पन्नालाल जी ने जब बाबा से उन्हें सिखाने हेतु आग्रह किया तो बाबा ने कहा, 'आप पहले से ही महान हैं, आपको और अध्ययन की आवश्यकता नहीं है।' इसके बाद भी पन्नालाल जी ने उनसे प्रार्थना की कि वे उन्हें सिखाएं, जिससे वे प्रमाणित संगीत एवं सुरों को सीख सकें।[6]

सन् 1947 में, पन्नालाल जी की जीवन पर्यन्त एक सच्चे गुरू से संगीत सीखने की लालसा तब पूर्ण हुई, जब अलाउद्दीन खान साहब पन्नालाल जी की सीखने की ललक से बहुत प्रभावित हुए और उन्हें अपना शिष्य स्वीकार

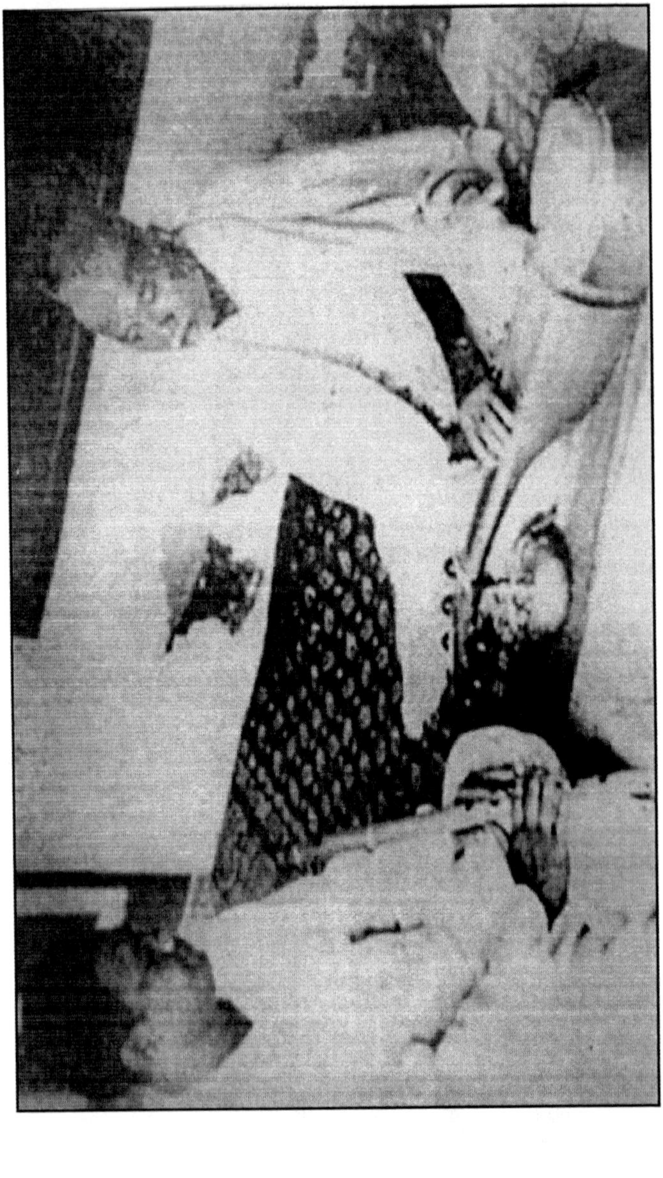

Panna Babu with his Guru Baba Ustad Allauddin Khansahab
At the Malad residence in the mid-1940's

किया, इस तरह पन्नालाल जी मैहर स्थिर उनके निवास पर आए जहाँ उन्होंने अगले 6 माह तक खान साहब के सानिध्य में गहन तालीम हासिल की। बाबा के दृढ़ संरक्षण एवं देखरेख में बाबूजी बाँसुरी के सर्वश्रेष्ठ वादक के रूप में निखरे।[7]

बाँसुरीवादक श्री नित्यानंद हल्दीपुर, पंडित घोष के एक शिष्य, कहते हैं कि जब उन्होंने (पन्नालाल जी) बाबा अलाउद्दीन खान साहब से सीखना आरम्भ किया तो उनके संगीत को एक निश्चित आयाम प्राप्त हुआ। वे कहते थे कि बाबा से मिलने से पहले वे अपनी कल्पनाओं को जैसा चाहते थे वैसा चित्रित करते थे, किन्तु बाबा से मिलने के पश्चात् उन्होंने जाना कि आपकी कल्पनाओं की भावाभिव्यक्ति को सुन्दरता तभी प्राप्त होती है जब उसका सही रूप में चित्रण किया जाए।[8]

पंडित जी पर अन्य कलाकारों का प्रभाव

पंडित पन्नालाल घोष जी पर अन्य कलाकारों का भी प्रभाव रहा। वह अपने समस्त गुरूजनों के साथ–साथ कुछ अन्य कलाकारों से भी बहुत प्रभावित थे। पंडित पन्नालाल घोष जी धीरे–धीरे अपने बाँसुरीवादन के लिये प्रसिद्ध होने लगे और उन्होंने देश के मुख्य संगीत समारोहों में प्रदर्शन करना आरम्भ किया।

इस समय पन्नाबाबू जी संगीत के आचार्यों (उस्तादों) जैसे उस्ताद इनयात खान (सितार), उस्ताद दाबिर खान (बीन), उस्ताद अमीर खान (सरोद), उस्ताद बादल खान (सारंगी) तथा कई श्रेष्ठ गायकों जैसे उस्ताद फ़ैयाज़ खान, उस्ताद अब्दुल करीम खान, उस्ताद माज़िद खान, पंडित तारापोड़ा चक्रवर्ती, पंडित भीष्मदेव चट्टोपाध्याय एवं कई अन्य के सम्पर्क में आए। ज्ञान एवं परम्परागत संगीत की खोज ने उन्हें इन विद्वान् एवं उत्कृष्ट संगीतकारों से संगीत की पेचीदगियों को सीखने में सफलता दिलाई।[9]

ख्याल अंग गायकी, जो कि किराना घराने के महान् जानकार उस्ताद अब्दुल करीम खान साहब से प्रभावित थी, के बाँसुरी पर संयोजन व प्रतिपादन हेतु उनकी अत्यधिक प्रशंसा की गई। पन्नालाल जी ने अपनी बाँसुरी की प्रदर्शन शैली में आलाप, ध्रुपद अंग गायकी, तन्त्रकारी, झाला, ठुमरी, दादरा एवं लोक संगीत का भी मिश्रण किया।[10]

तबला एवं ताल के विशेष ज्ञानी पन्नाबाबू जी ने झूमरा, एकताल, तिलवाड़ा जैसी कठिन तालों में भी प्रदर्शन किया। उन्होंने आभोगी, अड़ाना, बागेश्री, बहार, बसंत, भैरवी, भीमपलासी, भैरव, भूप, भूपाल तोड़ी, बिहाग, चन्द्रमौली, दरबारी, देस, देसी, देशकार, गौड़सारंग, जौनपुरी, काफी, केदार, खमाज, ललित, मालकौंस, मारवा, पीलू, मियाँ मल्हार, पहाड़ी, पूरिया, पूरिया धनाश्री, पूरिया कल्याण, सारंग, शंकरा, श्री, शुद्ध बसंत, शुद्ध भैरवी, सिंदुरा, तिलंग, तोड़ी, यमन आदि गम्भीर रागों को भी व्याकरण में बिना परिवर्तन किये, सुन्दरता एवं सरलता के साथ प्रदर्शित करने में महारथ हासिल की। ये राग आज उनके घराने की परम्परा के बाँसुरीवादकों की विशेषता बने।[11]

सांगीतिक घराना

पंडित पन्नालाल घोष जी संगीत के मैहर घराने से सम्बन्धित थे, जिसकी नींव संगीताचार्य बाबा अलाउद्दीन खान साहब द्वारा रखी गई थी। राग संगीत के साथ–साथ प्रमाणिक संगीत एवं स्वरों को सीखने की लालसा, साथ ही आलाप करने का विशेष तरीका सीखने के लिए पन्नाबाबू जी, बाबा अलाउद्दीन खान साहब की शरण में गये तथा यह लालसा सन् 1947 में पूर्ण हुई, जब बाबा ने उन्हें (पन्नाबाबू जी) अपने शिष्य के रूप में स्वीकार किया। इस प्रकार पन्नाबाबू जी ने इस घराने की सारी विशेषताओं को विधिवत ग्रहण किया एवं अपनी कला को परिष्कृत किया।[12]

मैहर घराने द्वारा भारतीय शास्त्रीय संगीत में स्वयं का एक विशेष भाव उत्पन्न किया गया। मैहर घराने की प्रस्तुति की सामान्य शैली ध्रुपद है, जिसमें आलाप व्यवस्थित, धीमी गति से और उचित न्यास के साथ बिना खटके व मुरकियों के होते हैं। जोड़ अंग में पेचीदा लयकारी एवं लयबद्ध स्वरूप के आलाप होते हैं और झाले में कई उतार–चढ़ाव होते हैं। प्रदर्शन के माध्यम से किसी भी दिये गए राग की शुद्धता को बनाए रखा जा सकता है। मैहर घराने का प्रभुत्व तीनताल तक ही सीमित नहीं है अपितु अन्य सभी तालों पर भी समान नियंत्रण होता है।[13]

मैहर घराने ने तत्कालिक सेनिया घराने के द्वारा अनुसरण की जाने वाली बीनकार एवं रबाबिया शैली को विकसित किया। आज इस घराने की प्रस्तुतियों में 'गायकी एवं तंत्रकारी' दोनों शैलियों का कुशल मिश्रण है।[14]

इस घराने में रूद्रवीणा, सुरश्रृंगार एवं सुरबहार जैसे वाद्ययंत्रों पर ध्रुपद गायन शैली का अनुकरण किया जाता है। इस घराने में वाद्ययंत्रों पर विस्तृत आलाप किए जाते हैं। आलाप, जोड़, झाला और लयकारी द्वारा रागों का सुनियोजित विकास किया जाता है, इस प्रकार 'मैहर–सेनिया' घराने के वादकों की प्रस्तुति अद्वितीय है।[15]

मैहर सेनिया घराने को 'बाँसुरी', एक सामान्य लोक वाद्य 'फूंकनी', को संगीत समारोह में बजाए जाने वाले एक पूर्ण वाद्ययंत्र के रूप में परिवर्तित करने का श्रेय जाता है। यह प्रसिद्ध उस्ताद अलाउद्दीन खान साहब की नवरचना का एक और उदाहरण है तथा उनके शिष्य पंडित पन्नालाल घोष जी की बाँसुरी की प्रस्तुतियों में इस आधुनिक नवरचना की सफलता उजागर होती है। पन्नाबाबू जी ने इस घराने की सारी विशेषताओं के साथ इस घराने की गहन तालीम प्राप्त की और बाद में उन्होंने सेनिया घराने के कलात्मक सौंदर्य को अपने शिष्यों में भली–भाँति फैलाया।[16]

बाबा अलाउद्दीन खान साहब ने संगीत के अपने विशाल ज्ञान एवं संग्रह को बड़ी उदारता के साथ अपने शिष्यों में हस्तान्तरित किया। उनमें सबसे अधिक प्रसिद्ध उनके बेटे श्रेष्ठ सरोदवादक उस्ताद अली अकबर खान, सितारवादक पंडित रविशंकर, गुरू माँ अन्नपूर्णा देवी (पुत्री), पंडित पन्नालाल घोष, एवं पंडित निखिल बैनर्जी हैं। इन संगीतकारों की चकाचौंध कर देने वाली कला–मर्मज्ञता, सांगीतिक गहराई, प्रतिभा तथा 40 वर्षों के अनुभव ने उत्तर भारतीय शास्त्रीय संगीत की कला उत्तम सौंदर्य, रचनात्मकता व प्रबुद्ध ज्ञान से परिपूर्ण सेनी घराने के खजाने को दुनिया भर के लोगों के समक्ष उजागर किया।[17]

पंडित पन्नालाल घोष जी की विधिवत् घरानेदार तालीम, उन पर गुणी कलाकारों का प्रभाव एवं कठोर रियाज़ का परिणाम था कि वे श्रेष्ठतम बाँसुरीवादक के रूप में प्रतिष्ठित हुए। पन्नाबाबू जी के बाँसुरीवादन के कार्यक्रम के लिए सभी आयोजक लालायित रहते थे एवं कोई भी संगीत सम्मेलन उनके बाँसुरीवादन के बिना संभव नहीं था।[18]

इस प्रकार पन्नाबाबू जी की ख्याति दिन–प्रतिदिन बढ़ती जा रही थी। आकाशवाणी केंद्रों से उनके कार्यक्रम निरन्तर प्रसारित होने लगे तथा संगीत सम्मेलनों में निरन्तर प्रस्तुतियों से पन्नाबाबू जी अत्यंत व्यस्त रहने लगे। आपने सम्पूर्ण भारत के साथ–साथ विदेशों में भी अपनी कला का प्रदर्शन किया। इस प्रकार उनकी अनगिनत उपलब्धियाँ रही।

पन्नालाल जी के बाँसुरीवादन के कार्यक्रम, आकाशवाणी केंद्रों पर उनके प्रसारण तथा भारत एवं विदेशों में बाँसुरीवादन हेतु की गयी यात्राएं एवं उनकी समस्त उपलब्धियों पर आगे प्रकाश डाला गया है।

सन्दर्भ-सूची

1. पं. नयन घोष, चर्चा, मुम्बई, 6/3/2012, 2 बजे (दोपहर)
2. पं. नयन घोष, चर्चा, मुम्बई, 6/3/2012, 2 बजे (दोपहर)
3. वही
4. वही
5. पं. नयन घोष, चर्चा, मुम्बई, 6/3/2012, 2 बजे (दोपहर)
6. वही
7. पं. नयन घोष, चर्चा, मुम्बई, 6/3/2012, 2 बजे (दोपहर)
8. 'A stick full of music', The Times of India-The Crest Edition 17 Sep. 2011. Page No. 21
9. पं. नित्यानंद हल्दीपुर, चर्चा, मुम्बई, 10/4/2010, 7 बजे (सायं)
10. वही
11. Dr. Vishvas M. Kulkarni, India's Great Flute Maestro: Pt. Pannalal Ghosh, Page No.2
12. पं. नयन घोष, चर्चा, मुम्बई, 6/3/2009, 2 बजे (दोपहर)
13. www.mahiarmusiclineage.com
14. www.mahiarmusiclineage.com
15. वही
16. वही
17. www.mahiarmusiclineage.com
18. पं. नयन घोष, चर्चा, मुम्बई, 6/3/2012, 2 बजे (दोपहर)

4

बाँसुरीवादन के कार्यक्रम एवं सम्मान

पंडित पन्नालाल घोष, जो सर्वश्रेष्ठ बाँसुरीवादक के रूप में प्रतिष्ठित हुये, अपनी अद्वितीय वादन शैली एवं सरल स्वभाव के कारण देश–विदेश में बाँसुरीवादन के निरन्तर कार्यक्रम देते रहे। पन्नाबाबू जी के बाँसुरीवादन को सुनने के लिए श्रोतागण सदैव लालायित रहते थे, साथ ही सभी आयोजक भी उनका कार्यक्रम अपनी संस्था या संगीत सम्मेलन में रखने के लिए तत्पर रहते थे।

"पन्नाबाबू जी के संगीत समारोह, चाहे दर्शक हो या कोई अन्य, किसी भी कारणवश, कभी विफल नहीं हुए। वास्तव में मुझे लगता है भगवान् श्रीकृष्ण के बाद केवल हमारे पन्नाबाबू जी ही हैं, जिनके संगीत में एक देवत्व का स्पर्श था," पंडित वी.जी. कारनाड के अनुसार।[1] वाद्य पर उनकी महारथ, अपने संगीत की गुणवत्ता, अपने विनम्र एवं मददगार स्वभाव के कारण, पन्नाबाबू जी को न सिर्फ आम संगीत प्रेमियों वरन् संगीत क्षेत्र के वरिष्ठ दिग्गजों द्वारा भी बहुत माना जाता था।

पन्नाबाबू जी ने कुशल बाँसुरीवादन द्वारा देश–विदेश में ख्याति तो अर्जित की ही, साथ ही आपने संगीत संस्थाओं, आयोजकों, कलाकारों, श्रोताओं एवं देश के उत्कृष्ट एवं सम्माननीय व्यक्तियों से सम्मान भी प्राप्त किया। जब भी आप कार्यक्रम में प्रस्तुतिकरण करते थे, अपने श्रेष्ठ बाँसुरीवादन, राग–संगीत के अथाह ज्ञान एवं सहजता के लिए अत्यधिक सम्मान प्राप्त करते थे।

आकाशवाणी केन्द्रों पर कार्यक्रम

उन दिनों आकाशवाणी केन्द्र सशक्त माध्यम हुआ करते थे, जिनके द्वारा कलाकारों के कार्यक्रमों का सीधा प्रसारण किया जाता था। चूंकि टेलीविज़न आदि बहुत बाद में विकसित हुये अतः सभी लोग आकाशवाणी के प्रसारण से नियमित जुड़े हुये थे। पन्नाबाबू जी का बाँसुरीवादन कलकत्ता, दिल्ली, मुम्बई तथा अन्य स्थानों पर स्थित आकाशवाणी केन्द्रों से प्रसारित होता था। उन दिनों रिकॉर्डिंग की सुविधा उपलब्ध नहीं थी अतः कार्यक्रमों का सीधा प्रसारण ही किया जाता था।

सन् 1933 में, पन्नाबाबू जी ने श्री अनिल बिस्वास के साथ गीत 'एमोन कोरे आकुल शुरे बाँशुरी श्याम आर बाजियो ना' किया था, जो ऑल इण्डिया रेडियो पर उनका पहला प्रसारण था।[2] पन्नाबाबू जी ने नियमित रूप से ऑल इण्डिया रेडियो पर अपने प्रसारण एवं सन् 1938 में भारत एवं यूरोप में संगीत समारोहों में अपनी जीवन्त प्रस्तुतियों के माध्यम से ख्याति अर्जित की। बाबूजी के जीवनकाल में ऑल इण्डिया रेडियो द्वारा उनके कई कार्यक्रमों का प्रसारण किया गया।

सन् 1956 में, आकाशवाणी दिल्ली से प्रसारित राष्ट्रीय कार्यक्रम में पन्नाबाबू जी द्वारा राग दरबारी कान्हड़ा में रचित अद्‌भुत रचना से आपको अत्यधिक ख्याति प्राप्त हुई और सूचना प्रसारण मंत्री श्री बी.वी. केसकर जी ने उन्हें भारतीय राष्ट्रीय वाद्य वृंद के निर्देशक की मेधावी पद्‌वी से सम्मानित किया।

सन् 1956 में ऑल इण्डिया रेडियो पर नेशनल आर्केस्ट्रा के निर्देशक के रूप में शामिल होने के बाद आपने कालिंगड़ा विजय, आन्दोलिका, ॠतुराज, हरियाली तथा ज्योर्तिमॉय अमितआभा जैसी श्रेष्ठ वाद्य रचनाएं निर्मित की।[3]

सितम्बर, 1959 (शनिवार) में ऑल इण्डिया रेडियो से पन्नाबाबू जी का राष्ट्रीय कार्यक्रम प्रस्तुत किया गया।[4] हृद्‌याघात से अपनी असामयिक मृत्यु के समय, अर्थात् 20 अप्रैल, 1960 तक पन्नाबाबू जी इस पद पर रहते हुए बाँसुरी पर शास्त्रीय संगीत के प्रति अपनी तपस्या में लीन रहे।

आकाशवाणी केन्द्र, पन्नाबाबू जी के कार्यक्रम स्थल पर अपनी टीम भेज कर भी उनके कार्यक्रम का सीधा प्रसारण करते थे। इसके साथ–साथ पन्नाबाबू जी को आकाशवाणी केन्द्र पर विशेष रूप से आमंत्रित करके भी

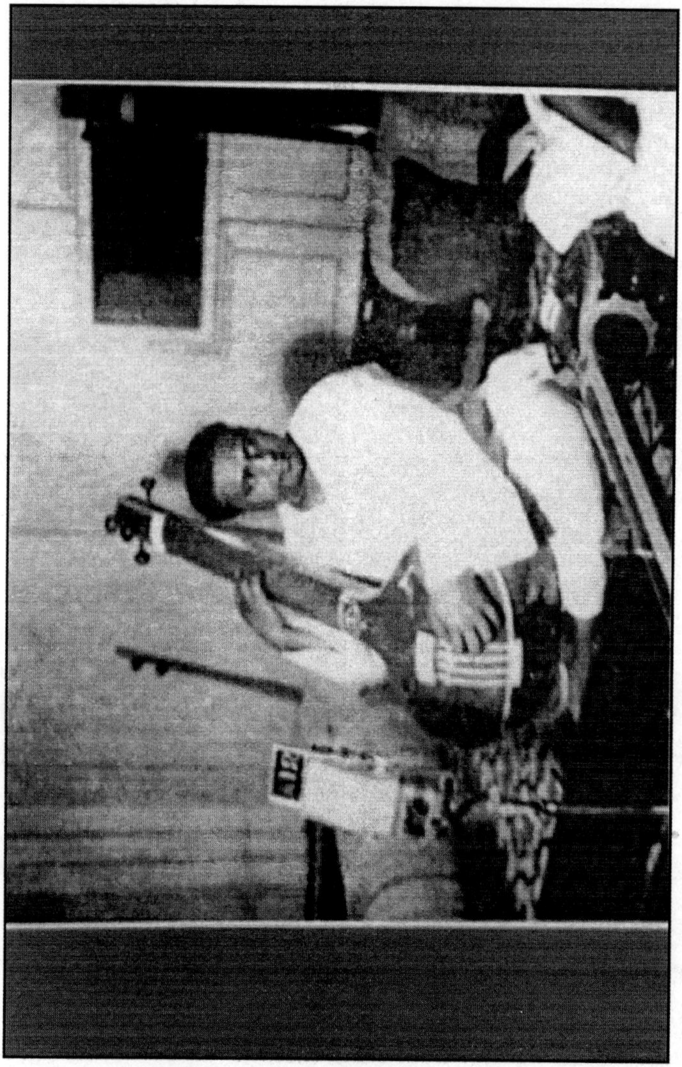

Tuning the Tanpura at All India Radio studio, prior to his recording

उनके बाँसुरीवादन का सीधा प्रसारण किया जाता था। पन्नाबाबू जी ने आकाशवाणी केन्द्रों द्वारा आयोजित संगीत सम्मेलनों में भी कई बार प्रस्तुतिकरण किया।[5]

इस प्रकार देश में उपस्थित सभी प्रमुख आकाशवाणी केन्द्रों से पन्नाबाबू जी का बाँसुरीवादन सुना जा सकता था, जिससे पन्नाबाबू को एक विशेष पहचान मिली एवं अपनी कलात्मक महानताओं के लिए प्रशंसा एवं ख्याति प्राप्त हुई।

संगीत सम्मेलनों में कार्यक्रम—भारत एवं विदेशों में यात्राएं व कार्यक्रम

किसी भी कलाकार के लिए 'कला का प्रदर्शन' एक मूलभूत आवश्यकता होती है। ठोस तालीम, रियाज़ एवं चिन्तन के बाद प्रत्येक कलाकार उचित अवसर की इच्छा रखता है, जिससे वह अपनी कला एवं गुणों को श्रोताओं के मध्य प्रदर्शन कर सके। प्रदर्शन के बाद ही कलाकार की छवि श्रोताओं के मानस—पटल पर निर्मित होती है एवं उसे प्रसिद्धि प्राप्त होती है और यह तभी संभव होता है जब उसे संगीत सम्मेलनों में प्रस्तुतिकरण का सुअवसर प्राप्त हो। इस प्रकार मंच प्रदर्शन किसी भी कलाकार के लिए अत्यन्त आवश्यक एवं मूलभूत तत्व है।

पंडित पन्नालाल घोष बड़े भाग्यशाली रहे कि उन्हें कलात्मक श्रेष्ठता के साथ प्रदर्शन के भी सुअवसर प्राप्त हुये। यहाँ तक कि आपके गुण एवं बाँसुरीवादन से सभी इतने प्रभावित थे कि आयोजक सदैव उनका कार्यक्रम अपने संगीत सम्मेलन में रखना चाहते थे एवं श्रोतागण भी ऐसा स्वर्णिम अवसर कभी नहीं खोते थे। आपने जीवन पर्यन्त भारत के सभी बड़े संगीत सम्मेलनों में अपनी कला का प्रदर्शन किया, साथ ही विदेश में भी श्रोताओं को अपने श्रेष्ठ प्रस्तुतिकरण द्वारा भाव—विभोर किया। इस प्रकार आपने संगीत सम्मेलनों में निरन्तर प्रस्तुतिकरण किया एवं ख्याति अर्जित की।

किराना घराने के महान् जानकार उस्ताद अब्दुल करीम खान से प्रभावित ख्याल अंग गायकी के बाँसुरी पर संयोजन एवं प्रतिपादन हेतु उनका नाम प्रशंसनीय है।[6] उन्होंने अपने प्रस्तुतिकरण में आलाप, ध्रुपद अंग गायकी, तन्त्रकारी, झाला, ठुमरी, दादरा एवं लोक संगीत आदि का मिश्रण किया। ताल व तबला में माहिर, उन्होंने झूमरा, तिलवाड़ा, एकताल जैसी कठिन तालों में भी प्रदर्शन किया। उनके संगीत में तपस्या के साथ ईश्वरीय तत्व

एवं विशाल भावनात्मक गहराई जैसे अमूल्य तत्व भी निहित थे, जिन्हें अध्यात्मिक गहराई से संचारित किया गया था।[7]

इस प्रकार, पन्नाबाबू जी अपने बाँसुरीवादन के लिये प्रसिद्ध होने लगे तथा प्रमुख संगीत सम्मेलनों में प्रस्तुतियाँ देना आरम्भ किया। इस दौरान आप संगीत क्षेत्र के आचार्यों (उस्तादों) जैसे उस्ताद इनायत खान (सितार), उस्ताद दाबिर खान (बीन), उस्ताद अमीर खान (सरोद), उस्ताद बादल खान (सारंगी), उस्ताद फ़ैयाज़ खान, उस्ताद अब्दुल करीम खान, उस्ताद माज़िद खान, पंडित तारापोड़ा चक्रवर्ती, पंडित भीष्मदेव चट्टोपाध्याय व कई अन्य के सम्पर्क में आए। ज्ञान एवं परम्परा की खोज ने उन्हें इन उत्कृष्ट एवं बहुश्रुत संगीतकारों से संगीत की पेचीदगियों को प्राप्त करने में सफलता दिलाई।[8]

प्रख्यात गायक उस्ताद फैयाज़ खान तथा पंडित ओंकारनाथ ठाकुर ने उनके संगीत की बहुत प्रशंसा की और बाँसुरी पर उनके गायन में साथ देने का अनुरोध किया।[9]

यह वह समय था, जब पूरे भारत में उन्हें बाँसुरीवादन के लिये आमंत्रित किया जा रहा था और कोई भी संगीत समारोह पन्नाबाबू जी के बाँसुरीवादन के बिना संभव नहीं था। उनके ज्ञान एवं वादन के साथ ही उनका व्यवहार एवं आचरण ऐसा था कि पूरे भारत में श्रोता कभी उनका कार्यक्रम नहीं छोड़ते थे। सभी संगीत आयोजकों को पन्नाबाबू जी की आवश्यकता थी, अतः वे सभी संगीत समारोह एवं उत्सवों में निरन्तर प्रदर्शन करते हुए अत्यधिक व्यस्त रहे।

सन् 1948 में, पन्नाबाबू जी ने रामकृष्ण मिशन परिसर, मुम्बई में आयोजित समारोह में अपने बाँसुरीवादन द्वारा श्रोताओं को मंत्रमुग्ध किया, जिसमें पंडित निखिल घोष जी ने तबले पर संगत की।[10]

13 फरवरी, 1949 (शनिवार) के दिन ऑपेरा हाउस स्थित थियोसोफिकल सोसायटी के हॉल में पन्नाबाबू जी का कार्यक्रम आयोजित किया गया था। कार्यक्रम से पूर्व शिकागो से पधारे रामकृष्ण मिशन के स्वामी श्री निखिलानन्द जी का व्याख्यान हुआ, तत्पश्चात् पन्नाबाबू जी के सुमधुर बाँसुरीवादन से सभी श्रोतागण आनन्दित एवं भाव–विभोर हुए।[11]

एक बार, पंडित बृजनारायण जी ने भी पन्नाबाबू जी का कार्यक्रम आयोजित किया था। यह कार्यक्रम मुम्बई में मेट्रो थियेटर के सामने स्थित आज़ाद मैदान में आयोजित किया गया था, जिसमें विशाल टेन्ट लगाकर

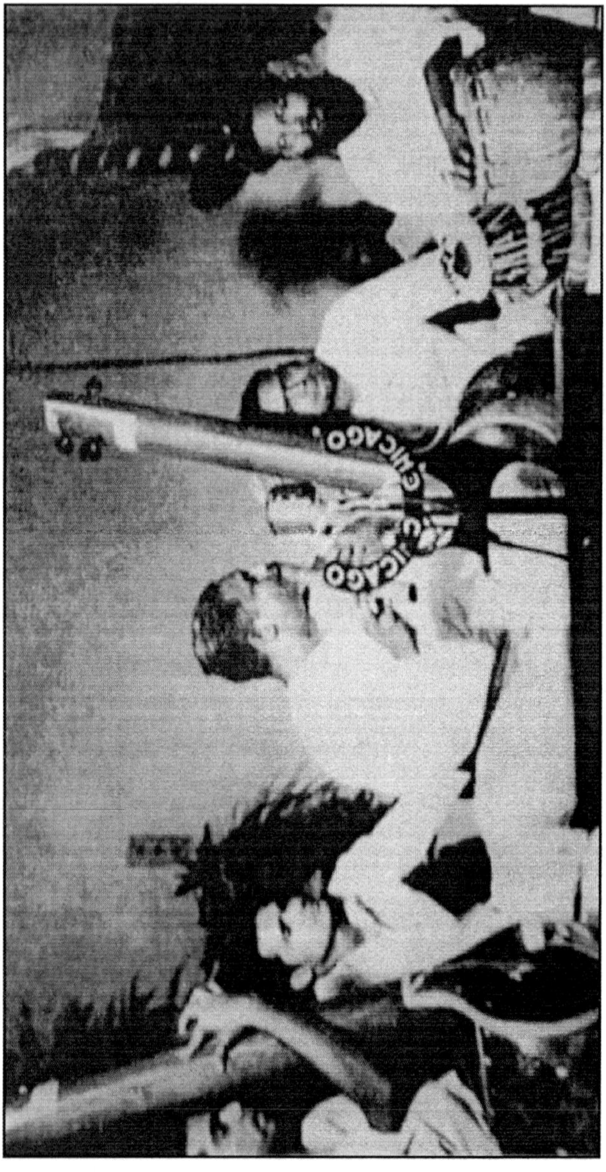

At Ramakrishna Mission grounds, Mumbai, for the refugee-relief fund-raiser in 1948. Pannalalji with brother Nikhil Ghosh on tabla, seniormost disciple Haripada Chaudhuri (facing camera) and VG Karnad on tanpura and Rasbihari Desai on Surpeti (behind)

श्रोताओं के लिए बैठक की व्यवस्था की गई थी। इस कार्यक्रम में पन्नालाल जी से एक अनुबंध भी किया गया था, जिसके तहत् पन्नाबाबू जी कार्यक्रम के 15 दिन पहले और 15 दिन बाद तक किसी भी अन्य कार्यक्रम में बाँसुरीवादन नहीं कर सकते थे। पन्नाबाबू जी ने इस अनुबंध के अनुसार 15 दिन पहले और 15 दिन बाद तक किसी भी अन्य कार्यक्रम में बाँसुरीवादन नहीं किया।[12]

मद्रास में 'रसिक–रंजन' सभा के अन्तर्गत भी पन्नाबाबू जी को बाँसुरीवादन के लिए आमंत्रित किया गया था। इस कार्यक्रम में पन्नाबाबू जी के अतिरिक्त उनकी पत्नी श्रीमती पारूल घोष, पंडित निखिल घोष (जिन्होंने तबले पर संगत की) तथा मोहन डी. नाडकर्णी, श्री देवेन्द्र मुर्देश्वर एवं श्री वी.जी. कारनाड भी संगतकार के रूप में साथ गये।

दक्षिण में संगीत कार्यक्रमों में कलाकार की प्रशंसा के लिए 'वाह–वाह' के स्थान पर 'छुक–छुक' शब्द का प्रयोग किया जाता है, जिसके बारे में पन्नाबाबू जी ने अपने शिष्यों को पहले ही अवगत करा दिया था। इसके अतिरिक्त कार्यक्रम के दौरान वहाँ जो 'ए' श्रेणी के कलाकार हैं, उन्हें मंच पर ही कलाकार के दोनों तरफ सम्मानपूर्वक बिठाया जाता है।[13]

श्रोताओं की फरमाईश पर पन्नाबाबू जी ने कार्यक्रम में राग दरबारी एवं कुछ दक्षिण भारतीय (कर्नाटक) रागों की प्रस्तुति दी थी। जैसे ही पन्नाबाबू जी ने अपना प्रस्तुतिकरण प्रारम्भ किया एवं षडज् (सा) स्वर स्थापित किया, श्रोताओं के द्वारा प्रशंसा के रूप में 'छुक–छुक' की आवाज़ आयी, जिसे सुनकर पन्नाबाबू जी ने एक सहज मुस्कुराहट के साथ अपने शिष्यों की तरफ देखा। इस कार्यक्रम में कर्नाटक संगीत के सुप्रसिद्ध बाँसुरीवादक श्री स्वामीनाथन् पिल्लई जी भी उपस्थित थे। इस प्रकार यह बहुत बड़ा आयोजन था, जिसमें पन्नाबाबू जी के श्रेष्ठ बाँसुरीवादन द्वारा सभी श्रोतागण एवं कलाकार मंत्रमुग्ध हुए।[14]

अप्रैल या मई माह में सिक्कानगर (गुड़गांव) में किराना घराने के श्री यशवन्तराव पुरोहित जी ने एक कार्यक्रम का आयोजन किया था, जिसमें बाबूजी को बाँसुरीवादन के लिए आमंत्रित किया गया था। दूसरी बार बाबूजी का कार्यक्रम फिर से मई, 1955 में मैंगलोर में आयोजित था, जिसकी व्यवस्था संगीत कलोपासक संस्था ने की थी तथा जिसके आयोजक श्री रत्नाकर भाट गुलवेदी, उनके भाई तथा हम्पनकट्टा के बाल्को स्टूडियो के श्री बाल गोपाल

थे। आपका कार्यक्रम मन्नागुड्डे में कनारा हाई स्कूल में भी आयोजित किया गया था। इस कार्यक्रम में पंडित निखिल घोष जी उपलब्ध नहीं थे अतः पंडित तारानाथ राव जी को तबले पर संगत के लिए बुलाया गया था। इस कार्यक्रम में श्री देवेन्द्र मुर्देश्वर जी ने बाँसुरी पर पन्नाबाबू का साथ दिया तथा सूरजनारायण पुरोहित एवं वी.जी. कारनाड जी ने तानपुरे पर संगत की थी।[15]

पन्नाबाबू जी ने इस कार्यक्रम में सांयकालीन राग के प्रस्तुतिकरण के बाद राग मियाँ मल्हार प्रस्तुत किया था। जिस भवन में कार्यक्रम का आयोजन किया गया था, वह पूर्ण रूप से श्रोताओं से भरा हुआ था तथा 100 से अधिक श्रोता एवं उनके प्रशंसक हॉल के बाहर खड़े होकर पन्नाबाबू जी का बाँसुरीवादन सुन रहे थे। जैसे ही पन्नाबाबू जी ने आलाप समाप्त किया और विलम्बित गत प्रारम्भ की, वैसे ही बादलों की गर्जन के साथ तेज बारिश शुरू हो गई एवं हॉल के बाहर खड़े सभी श्रोतागण अन्दर आने के लिए दौड़ने लगे। पंडित पन्नालाल घोष जी के राग मियाँ मल्हार के प्रस्तुतिकरण से हुई बिना मौसम की बरसात से सभी आश्चर्यचकित थे, इस प्रकार पन्नाबाबू जी एवं सभी श्रोताओं के लिए यह कार्यक्रम याद्गार सिद्ध हुआ।[16]

सन् 1956 में, पन्नाबाबू जी ने मुम्बई में आयोजित प्रथम राज्य संगीत–नृत्य महोत्सव में प्रस्तुति दी। आपने शंकरलाल संगीत महोत्सव (दिल्ली) में भी अपनी प्रस्तुतियों से श्रोताओं को मंत्रमुग्ध किया। सन् 1957 में सुर सिंगार संसद द्वारा आयोजित स्वामी हरिदास सम्मेलन में भी पन्नाबाबू जी ने अपनी प्रस्तुति से सभी को आनन्दित किया।[17]

"सितम्बर, 1959 में, पन्नाबाबू जी के बाँसुरीवादन का कार्यक्रम मुम्बई के पोद्दार महाविद्यालय के हॉल में सांय 5 बजे होना निश्चित था। यह कार्यक्रम दक्षिण भारत की एक संगीत संस्था 'भारतीय आर्ट म्युज़िक सोसायटी' द्वारा आयोजित किया गया था। वे प्रातःकाल दिल्ली इण्डियन एयर लाईन्स की उड़ान से मुम्बई पहुँचे और मैं उन्हें बाद में खोदादाद चौराहे पर मिला। चूंकि निखिल काका (घोष) उपलब्ध नहीं थे, अतः मैंने ऑल इण्डिया रेडियो के पंडित श्रीपद् नागेश्कर जी को तबला संगति हेतु आमंत्रित किया था। अपने एक मित्र की सहायता से मैंने समारोह की रिकॉर्डिंग की व्यवस्था भी कर ली थी। समारोह बहुत ही उच्च श्रेणी का था और मुझे अभी भी याद है कि उन्होंने राग केदार से प्रारम्भ कर कार्यक्रम को भटियाली धुन से समाप्त किया था," पंडित वी.जी. कारनाड के अनुसार।[18]

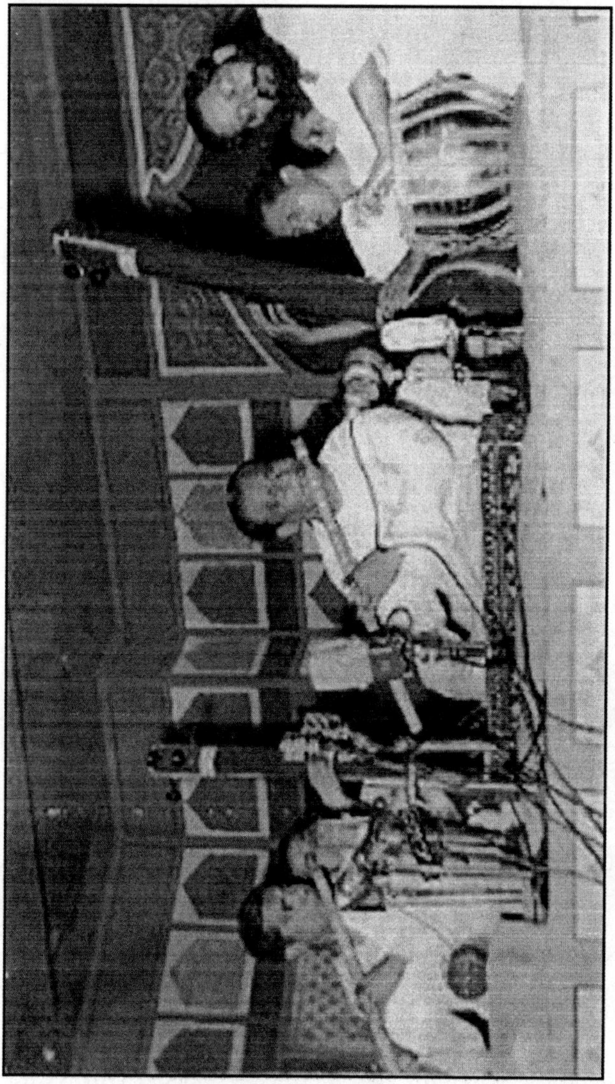

In performance at the first Mumbai Rajya sangeet-Nritya Mahotsava in Mumbai in 1956. Accompanying on flute is his senior disciple VG Karnad (on his right) and Nikhil Ghosh, his eminent younger brother on the tabla (to his extreme left)

एक 'सुर सिंगार संसद संगीत समारोह', जो कि कोवासजी जहाँगीर हॉल, मुम्बई में आयोजित हुआ था, में पन्नाबाबू जी को सुरश्री केसरबाई केरकर, जो उनसे बड़ी थी और बहुत प्रसिद्ध कलाकार थीं, के पहले प्रदर्शन करना था। मैं पन्नाबाबू जी के साथ वहाँ उपस्थित था। हमेशा की तरह, पन्नाबाबू जी ने ज़ोर देकर कहा था कि कार उन्हें घर लेने आये और तय समय से 1 घंटा पहले कार्यक्रम स्थल पर ले जाए। इस प्रकार हम वहाँ पहुंचे और पन्नाबाबू जी कमरे में बैठकर अपना अभ्यास करने लगे।[19]

केसरबाई जी अचानक अपने शाही अंदाज में आई और कहने लगी 'पन्नाबाबू जी, आप मेरे पहले कैसे बजाऐंगे? नहीं! ये नहीं हो सकता। कौन है वहाँ? ज़रा, बृजनारायण जी को बुलाओ। जब वो आए तो उन्होंने सीधे यही पूछा, 'ये क्या है? पन्नाबाबू जी के बाद मैं कैसे गा पाऊँगी? यह नहीं हो सकता। पहले मैं गाऊँगी, बाद में पन्नाबाबू जी बाँसुरी बजायेंगे और मैं सामने बैठकर उनकी बाँसुरी सुनुंगी। इस तरफ आयोजकों ने सुरश्री केसरबाई केरकर जी की बात को स्वीकारा और पन्नाबाबू जी का प्रस्तुतिकरण अन्त में रखा गया।[20]

उस दिन पन्नाबाबू जी ने राग बिहाग का प्रस्तुतिकरण किया। इस प्रकार बहुत ही उच्चकोटि का सम्मान पन्नाबाबू जी को एक घरानेदार गायकी में दक्ष एवं उत्कृष्ट वरिष्ठ कलाकार द्वारा दिया गया था और वाह! क्या बाँसुरीवादन किया उन्होंनें, पंडित वी.जी. कारनाड के अनुसार।[21]

एक बार, श्री पन्नालाल घोष जी शिबपुर इंजीनियरिंग महाविद्यालय, बंगाल में अपना प्रदर्शन दे रहे थे, तब उनके शारीरिक व्यायाम के गुरू बड़का दा ने उन्हें सुना और शारीरिक कला के साथ संगीत क्षेत्र से जुड़ने, इसमें नये–नये आयाम स्थापित करने एवं बाँसुरी में विशिष्ट परिवर्तन हेतु उनकी अत्यधिक प्रशंसा की।[22]

इस प्रकार पन्नाबाबू जी ने महाराष्ट्र, पश्चिमी बंगाल, दिल्ली, पंजाब, बैंगलोर, हैदराबाद, भुवनेश्वर, आसाम, उड़ीसा, लखनऊ, सिक्का नगर, राजस्थान, आदि सभी स्थानों पर प्रस्तुतियाँ दी। सम्पूर्ण भारतवर्ष में आपकी प्रस्तुति से श्रोता संगीतमय आनन्द से अविभूत हुए। आपने सम्पूर्ण भारत में तो प्रस्तुति दी ही, साथ ही विदेश में भी अपनी कला का प्रदर्शन किया तथा श्रोताओं को अपने बाँसुरीवादन से मंत्रमुग्ध किया।[23]

सन् 1938 में, श्री पन्नालाल घोष जी 'सराय कैला' की राजधानी के सुविख्यात 'छाऊ नृत्य' समूह के संगीत निर्देशक के रूप में यूरोप गये एवं प्रस्तुतिकरण किया, इस प्रकार आप शास्त्रीय संगीत के उन पहले कलाकारों में शामिल हुए जिन्होंने भारत के बाहर जाकर भी अपनी प्रस्तुतियाँ दी। इस प्रकार पन्नाबाबू जी ने स्वदेश के साथ–साथ विदेश में भी अपनी अतुलनीय प्रस्तुति से ख्याति अर्जित की।[24]

पंडित पन्नालाल घोष जी के कार्यक्रमों में अधिकांशतः उनके भाई पंडित निखिल घोष जी ने तबलावादन किया, साथ ही आप बाबूजी के सांगीतिक जीवन में सदैव साथ रहे। पंडित निखिल घोष जी के अतिरिक्त कई अन्य विद्वान् तबलावादक भी पन्नाबाबू जी के साथ संगत किया करते थे, जिनमें प्रमुख रहे–उस्ताद अहमदजान थिरकवा, उस्ताद अमीर हुसैन खान, उस्ताद हबीबुद्दीन खान, पंडित लाल जी गोखले, पंडित अनोखेलाल जी, पंडित चतुरलाल जी, पंडित सामता प्रसाद जी, पंडित तारानाथ राव, उस्ताद शमसुद्दीन खान, पंडित प्रेम वल्लभ और अन्य कई।[25]

आप सभी पन्नाबाबू जी के बाँसुरीवादन से अत्यधिक प्रभावित थे, साथ ही 'ताल पर नियंत्रण', 'कुशल लयकारियाँ' तथा 'स्वतंत्र एवं उपयुक्त तिहाईयों के प्रयोग' आदि गुणों के लिए आपकी अत्यधिक प्रशंसा करते थे।[26]

पन्नाबाबू जी ने सम्पूर्ण भारतवर्ष एवं विदेश में अपनी अद्वितीय वादनशैली एवं सांगीतिक ज्ञान का प्रदर्शन किया। आप जब भी बाँसुरीवादन का कार्यक्रम प्रस्तुत करते थे, आयोजक द्वारा आपका विशेष सम्मान किया जाता था। आप सभी कलाकारों के मध्य कला पर महारथ एवं सहज स्वभाव के कारण अत्यन्त प्रिय एवं सम्माननीय व्यक्ति रहे। आपने देश–विदेश में कुशल बाँसुरीवादन द्वारा भरपूर ख्याति एवं सम्मान प्राप्त किया। पन्नाबाबू जी की महानता इससे स्पष्ट रूप से अवगत होती है कि इतनी प्रशंसा, ख्याति एवं सम्मान के बाद भी आप अत्यन्त सरल, सहज एवं विनम्र व्यक्ति रहे।

आपका बाँसुरीवादन एवं प्रस्तुतिकरण उत्कृष्ट एवं अनूठा था, जिससे ठोस तालीम, 'राग–संगीत' की गहन समझ, विद्वान् कलाकारों का प्रभाव और कई वर्षों का निरन्तर रियाज़ एवं चिन्तन परिलक्षित होता था।

इन सभी आधार तत्वों के कारण पन्नाबाबू जी की वादन शैली अत्यन्त प्रभावी एवं विरल थी। आपकी वादन शैली सभी विशेषताओं के साथ अनूठी एवं श्रेष्ठ थी, यही कारण था कि पन्नाबाबू जी की देश के सभी कलाकारों

Pt. Pannalal Ghosh with Ustad Shamsuddin Khan

एवं विद्वानों द्वारा अत्यधिक प्रशंसा की गयी। आपके बाँसुरीवादन को सभी के द्वारा सराहा गया और आपकी ख्याति दिन–प्रतिदिन बढ़ती गई।

आपने अपनी वादनशैली की श्रेष्ठता के कारण देश–विदेश में बाँसुरीवादन के निरन्तर कार्यक्रम दिये तथा बड़ी–बड़ी उपलब्धियाँ अर्जित की। पन्नाबाबू जी ने नवीन रागों के निर्माण के साथ–साथ प्रचलित रागों में कई रचनाएं निर्मित की। आप अद्वितीय वादनशैली, गायकी एवं तंत्रकारी अंग का कुशल समावेश एवं नवीन कृत्यों के कारण सर्वश्रेष्ठ बाँसुरीवादक के रूप में स्थापित हुए, अतः इन सभी तत्वों पर आगे विशेष रूप से प्रकाश डाला गया है।

सन्दर्भ-सूची

1. संगीत महाभारती, मनांजली (2012), पृ.40
2. श्री तुषार भाटिया 15/3/2012, 6 बजे (सायं)
3. डॉ. विश्वास कुलकर्णी, चर्चा, मुम्बई, 3/8/2011, 6 बजे (सायं)
4. संगीत महाभारती, मनांजली (2012), पृ.40
5. पं. नयन घोष, चर्चा, मुम्बई, 5/2/2010, 11 बजे (प्रातः)
6. पं. नित्यानंद हल्दीपुर, चर्चा, मुम्बई, 10/4/2010, 7 बजे (सायं)
7. पं. नयन घोष, चर्चा, मुम्बई, 5/3/2009, 6 बजे (सायं)
8. पं. नित्यानंद हल्दीपुर, चर्चा, मुम्बई, 10/4/2010, 7 बजे (सायं)
9. वही
10. पं. नयन घोष, चर्चा, मुम्बई, 5/2/2010, 11 बजे (प्रातः)
11. www.pannalalghosh.com
12. वही
13. www.pannalalghosh.com
14. वही
15. संगीत महाभारती, मनांजली (2012), पृ.40
16. वही
17. पं. नयन घोष, चर्चा, मुम्बई, 5/2/2010, 11 बजे (प्रातः)
18. संगीत महाभारती, मनांजली (2012), पृ.40
19. वही
20. संगीत महाभारती, मनांजली (2012), पृ.40
21. वही

22. Late. Sh. Anand Murdeshwar interview on www.pannalalghosh.com
23. पं. नयन घोष, चर्चा, मुम्बई, 6/3/2012, 2 बजे (दोपहर)
24. वही
25. वही
26. पं. नयन घोष, चर्चा, मुम्बई, 6/3/2012, 2 बजे (दोपहर)

5

पंडित जी की वादनशैली एवं कृतित्व

पंडित पन्नालाल घोष जी ने अपना सम्पूर्ण जीवन संगीत एवं बाँसुरी को समर्पित किया। पन्नाबाबू जी प्रतिदिन 10 से 14 घंटे रियाज़ करते थे और यह उनकी असीम साधना का ही परिणाम था कि उनका संगीत भगवान् श्री कृष्ण के समतुल्य था जिसमें भाव, रस, गहराई और दैविकता जैसे तत्वों का कुशल समावेश था। पन्नाबाबू जी ने अपने निरन्तर प्रयासों द्वारा बाँसुरी की वादनशैली को उपयुक्त रूप प्रदान किया तथा अपने विशेष कृत्यों द्वारा संगीत एवं बाँसुरी के क्षेत्र में नये–नये आयाम स्थापित किए।

"जहाँ तक संगीत का सम्बन्ध है, मैं उन्हें (पन्नाबाबू) कलियुग के कृष्ण के रूप में देखता हूँ," श्री आनन्द मुर्देश्वर के अनुसार।[1]

वादनशैली–गायकी व तंत्रकारी अंग

पंडित पन्नालाल घोष जी की वादनशैली ही उनका मूल आधार एवं सहायक थी, जिसके परिणामस्वरूप वे एक सफल एवं उत्कृष्ट कलाकार के रूप में स्थापित हुए। आपकी वादनशैली में ऐसे–ऐसे गुणों का समावेश था कि श्रोतागण सदैव चमत्कार महसूस करते थे। आपकी वादनशैली से सभी श्रोतागण मंत्रमुग्ध एवं भाव–विभोर हो जाते थे और यह सब पन्नाबाबू जी की दूरदर्शिता, ज्ञान एवं सही सूझ–बूझ से ही संभव हो सका।

उन्होंने गूढ़ तालीम, रियाज़, अनुभव एवं चिन्तन के आधार पर अपनी वादनशैली में सभी महत्वपूर्ण तत्व एवं गुणों का समावेश कर उसे श्रेष्ठतम रूप प्रदान किया। आपने गायकी एवं तंत्रकारी दोनों अंगों का कुशलतम

समावेश किया व इनके सभी तत्वों को अपने वादन में प्रयुक्त किया, जिससे पन्नाबाबू जी को संगीत जगत में एक विशेष पहचान मिली।

पन्नाबाबू जी की वादन शैली मूल एवं दुर्लभ शैली है, जिसके सभी बाँसुरीवादक अनुयायी बने। पन्नाबाबू जी की वादनशैली में आध्यात्मिक भाव पूर्ण रूप से परिलक्षित होता था।[2] आपके बाँसुरीवादन की मुख्य विशेषताएं इस प्रकार हैं–

गायकी और तंत्रकारी अंग

पंडित पन्नालाल घोष जी के वादन में गायकी और तंत्रकारी अंग दोनों का कुशल समावेश था, जिससे आपका बाँसुरीवादन पूर्ण, अनूठा एवं विरल था।

आपके वादन में ध्रुपद एवं बीन अंग बड़ी कुशलता के साथ समाहित था। आप बाँसुरी पर ध्रुपद एवं बीन अंग के आलाप किया करते थे। आप एक–एक स्वर को बड़े धैर्य के साथ प्रयोग करते थे तथा आपके आलाप में 'ठहराव' पूर्ण रूप से परिलक्षित होता था। पन्नाबाबू जी, 'सा' लगाने का तरीका अर्थात् 'षड्ज की स्थापना' में अनूठे थे तथा अपना वादन प्रारम्भ करने से पूर्व सदैव ईश्वर के नाम का उच्चारण किया करते थे। आपने ध्रुपद अंग की सभी विशेषताओं पर अधिकार प्राप्त किया एवं उन्हें अपने वादन में प्रयुक्त किया।[3]

उस्ताद अलाउद्दीन खान साहब से मैहर घराने की विशेष तालीम (तंत्रकारी अंग) प्राप्त करने के साथ–साथ पन्नाबाबू जी ने गायकी अंग को भी बखूबी निभाया, जिसे आपने पहले ही अपने वादन में समाहित कर लिया था। पन्नाबाबू जी किराना घराने के उस्ताद अब्दुल करीम खान साहब से अत्यधिक प्रभावित थे तथा ख्याल अंग गायकी को पूरी तरह से अपने वादन में रूपान्तरित करने के कारण आपको सभी से प्रशंसा मिली। आपकी प्रस्तुतियों में ख्याल गायकी के सभी गुणों का सहज परिलक्षण होता है।[4]

पंडित नयन घोष के अनुसार ''पन्नाबाबू जी गायन के सभी तत्व मींड़, गमक, मुरकी, खटका, सूत आदि जो आवाज़ द्वारा संभव थे, उन्हें बाँसुरी पर उत्पन्न कर सकते थे।'' इसी तरह की गायन की विशेषताएं एवं गुण उनकी बाँसुरी में थे, जिससे उनकी वादन शैली को 'गायकी अंग' में भी रखा गया था।[5]

पन्नाबाबू जी अपने राग प्रस्तुतिकरण में 'आलाप–जोड़–झाला' का कुशलता से प्रयोग करते थे। आपका राग दरबारी, श्री, यमन, बिहाग, शंकरा, तोड़ी, पूरिया, मियाँ मल्हार जैसी रागों पर अद्‌भुत नियंत्रण था, साथ ही इन रागों का कुशल प्रस्तुतिकरण आपके कार्यक्रम को उच्च श्रेणी प्रदान करता था। कुशल नियंत्रण, रागदारी तथा भाव–रस के साथ–साथ आध्यात्मिक भाव आदि विशेषताओं के कारण पन्नाबाबू जी का कोई समतुल्य भी नहीं था।[6]

पन्नाबाबू जी झूमरा, तिलवाड़ा एवं एकताल जैसी कठिन तालों में विलम्बित लय की रचनाएं प्रस्तुत करते थे तथा मध्य एवं द्रुत लय की रचनाएं अधिकांशतः सभी तालों में प्रस्तुत किया करते थे। आपने बाँसुरी पर सितार की गतें भी प्रस्तुत की। पन्नाबाबू जी ने मध्य लय की रचनाओं के साथ–साथ तराना शैली को भी श्रेष्ठ रूप में प्रस्तुत किया, जिसमें तंत्रकारी अंग के सभी तत्व, झाले की तकनीक आदि निहित थे, जो कि सामान्यतः सितार और सरोद जैसे वाद्य यंत्रों पर ही सम्भव है, इस प्रकार आपने ध्रुपद अंग को भी बखूबी निभाया।[7]

पन्नाबाबू जी ने झाले का भी सर्वश्रेष्ठ प्रस्तुतिकरण किया। आप झाले में 'जीभ' का कुशल प्रयोग करते थे, साथ ही अति द्रुत लय में भी 'झाला' प्रस्तुत करते थे। आप सितार की गतें भी बाँसुरी पर प्रस्तुत करते थे तथा आपके वादन में गतकारी अंग स्पष्ट रूप से परिलक्षित होता था।[8]

पन्नाबाबू जी के वादन में ठहराव, स्वर लगाने का विशेष तरीका, विभिन्न तालों में अलग–अलग प्रकार की रचनाएं, तानों का विशेष प्रयोग, गमक, मुरकियाँ, क्रन्तन, खटके आदि का विशेष प्रयोग इत्यादि सभी गुण निहित थे। इस प्रकार आपके वादन में 'गायकी एवं तंत्रकारी' अंग का उत्कृष्ट समावेश था।[9]

सातवें छिद्र का प्रयोग

पंडित पन्नालाल घोष जी ने बाँसुरी पर सातवें छिद्र (मंद्र सप्तक का तीव्र मध्यम) की स्थापना की। पन्नाबाबू जी के शिष्य श्री प्रभाकर नाचणे जी ने इस छिद्र को 'ध्रुव मध्यम' नाम दिया तथा यह सातवाँ छिद्र या ध्रुव मध्यम पंडित पन्नालाल घोष जी की वादनशैली का अभिन्न अंग है। तीव्र मध्यम और पंचम के मध्य, साथ ही खरज के तीव्र मध्यम से मध्य सप्तक के मध्यम तक एवं मध्य सप्तक के मध्यम से तार सप्तक के मध्यम तक के सभी स्वरों तक मींड़

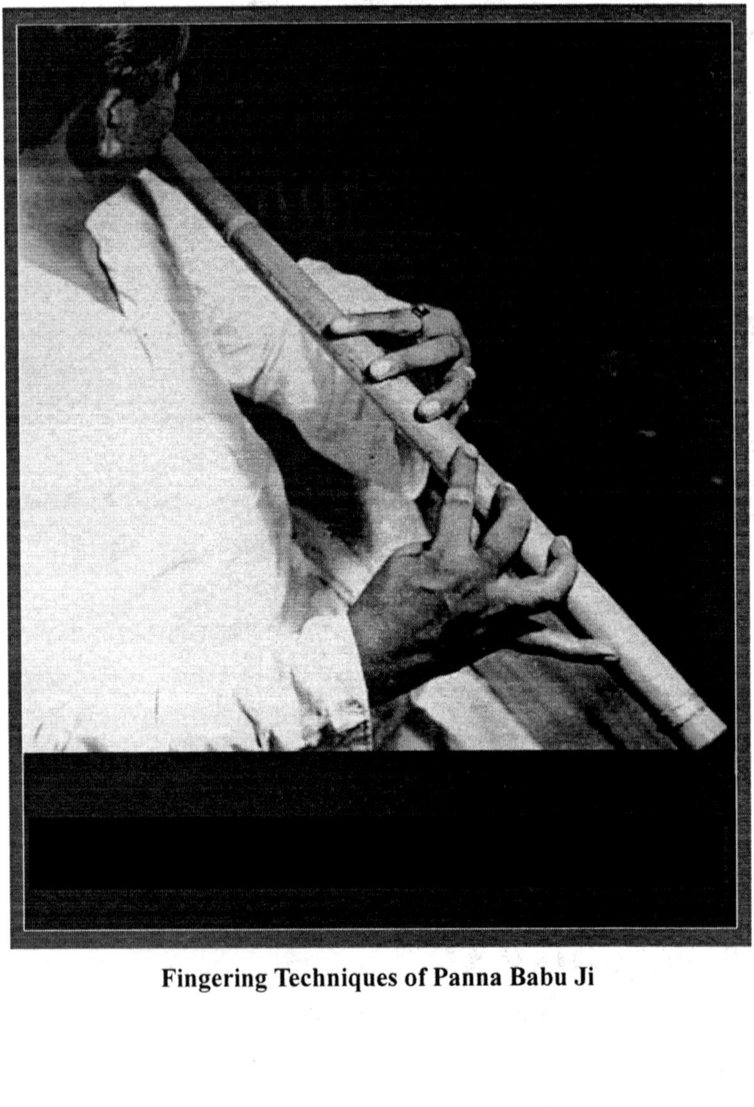

Fingering Techniques of Panna Babu Ji

का प्रयोग इसी सातवें छिद्र के कारण हो सका। इसके साथ–साथ जिन रागों में दोनों मध्यम प्रयुक्त होते हैं, उन्हें सरलता एवं सुन्दरता के साथ बाँसुरी पर प्रस्तुत किया जाना संभव हुआ। इस प्रकार खरज में स्वरों के विस्तार में भी व्यापकता मिली तथा दरबारी, यमन, केदार, तोड़ी, पूरिया, पूरिया धनाश्री, श्री आदि कई रागों को सही रूप में प्रस्तुत किया जाना भी संभव हो सका।[10]

राग-शुद्धता

पंडित पन्नालाल घोष जी की वादनशैली में राग शुद्धता एक अभिन्न विशेषता है। आपने राग शास्त्र को सदैव निभाया, साथ ही राग के भाव को भी उत्कृष्टता से प्रस्तुत किया। आपने पुरानी बंदिशों को उनके भाव व रस के अनुरूप ही प्रस्तुत किया। इसके साथ–साथ आपकी वादन शैली में संगीतमय कल्पनाओं को साकार रूप देने की स्वतंत्रता भी परिलक्षित होती है।[11]

तीन सप्तक का प्रयोग

बाँसुरी पर पूरे तीन सप्तक का कुशल प्रयोग भी पंडित पन्नालाल घोष जी के वादन की मुख्य विशेषता थी। आप तीनों सप्तक में स्वर–विस्तार एवं राग प्रस्तुतिकरण करते थे, साथ ही आपने बाँसुरी पर पूरे तीन सप्तक का प्रयोग किया। आप अपनी नियमित रूप से प्रयोग में ली जाने वाली बाँसुरी पर अति तार सप्तक के षड्ज तथा बाँसुरी को थोड़ा घुमाकर मंद्र सप्तक के मध्यम को उत्पन्न करते थे, तत्पश्चात् आपने इसे विस्तृत रूप प्रदान किया तथा आप इसी बाँसुरी पर मंद्र सप्तक के शुद्ध गंधार से अति तार सप्तक के शुद्ध मध्यम तक स्वर विस्तार करने लगे। इस प्रकार आप बाँसुरी पर पूरे तीन सप्तक का प्रयोग किया करते थे।[12]

मींड़ का विशेष प्रयोग

पंडित पन्नालाल घोष जी ने बाँसुरी पर मींड़ का विशेष प्रयोग किया, जिससे राग एवं स्वर में निहित भाव पूर्ण रूप से प्रकट हो सका तथा गायकी अंग स्पष्ट रूप से परिलक्षित हुआ। आप सामान्य एवं सरल मींड़ के साथ–साथ लम्बी एवं कठिन मींड़ का भी प्रयोग करते थे, जैसे–मध्य सप्तक के मध्यम से तार सप्तक के मध्यम तक, साथ ही राग दरबारी में मध्य सप्तक के पंचम से तार सप्तक के पंचत तक मींड़ के विशेष प्रयोग में आप अत्यन्त निपुण थे।[13]

अति द्रुत लय में मुखड़े का प्रयोग

पंडित पन्नालाल घोष जी के वादन में यह एक प्रमुख विशेषता थी कि आप अति द्रुत लय में भी मुखड़ा नहीं छोड़ते थे तथा अति द्रुत गति में भी मुखड़ा निभाकर राग विस्तार करते थे, जो कि अत्यधिक कठिन है। इस प्रकार आपका बाँसुरी पर पूर्ण अधिकार था।[14]

पंडित नित्यानंद हल्दीपुर जी वर्तमान में मौजूद बाँसुरीवादकों में से एक है, जिन्होंने प्रत्यक्ष रूप से पंडित पन्नालाल घोष जी से प्रशिक्षण लिया। श्री नित्यानंद हल्दीपुर कहते हैं, "जिस दिव्य शक्ति और एकाग्रता से पन्नाबाबू जी 'सा' स्वर गुंजित कर बाँसुरी को जीवन्त कर देते थे, उससे उनकी विद्वत्ता और महानता की पहचान होती थी तथा इसमें वह सही मायने में अनूठे थे।[15]

पन्नाबाबू जी की दूरदर्शिता से उनकी महानता का पता लगता है कि उन्होंने यह पहले ही अनुमान लगा लिया था कि इस सामान्य वाद्य पर सभी शुद्ध, कोमल एवं तीव्र स्वर तीनों सप्तक में उत्पन्न किये जा सकते हैं, जो कि संगीत के मूलाधार हैं। पन्नाबाबू जी के अनुसार "सिर्फ रियाज़ और धैर्य कि आवश्यकता थी, जिसके उपरान्त बाँसुरी पर शास्त्रीय संगीत का श्रेष्ठतम प्रस्तुतिकरण सम्भव था।"[16] श्री पन्नालाल घोष जी बड़ी निपूर्णता के साथ बाँसुरी पर विलम्बित एवं द्रुत गत तथा गमक तानों को प्रस्तुत किया करते थे। उनकी शैली में दमदारी और कोमलता दोनों का मिश्रण था, साथ ही आपका संगीत आध्यात्मिक भाव से परिपूर्ण था।[17]

पन्नाबाबू जी की उपलब्ध रिकॉर्डिंग्स से उनके ताल के ज्ञान का पता लगता है, जिसके कारण उस्ताद अहमदजान थिरकवा, उस्ताद अमीर हुसैन खान, उस्ताद अल्लाहरखा, पंडित निखिल घोष तथा पंडित लाल जी गोखले जैसे महान् तबला वादक सदैव पन्नाबाबू जी की प्रशंसा करते थे।

पंडित लाल जी गोखले (उस्ताद अहमदजान थिरकवा के शिष्य) का कहना है कि "यह असंभव था कि पन्नाबाबू जी ताल में कोई गलती करें।[18]

पंडित पन्नालाल घोष जी आभोगी, अड़ाना, बागेश्री, बहार, बसंत, भैरवी, भीमपलासी, भैरव, भूप, भूपाल तोड़ी, बिहाग, चन्द्रमौली, दरबारी, देस, देसी, देशकार, गौड़सारंग, जौनपुरी, काफी, केदार, खमाज, ललित, मालकौंस, मारवा, पीलू, मियाँ मल्हार, पहाड़ी, पूरिया, पूरिया धनाश्री, पूरिया कल्याण, सारंग,

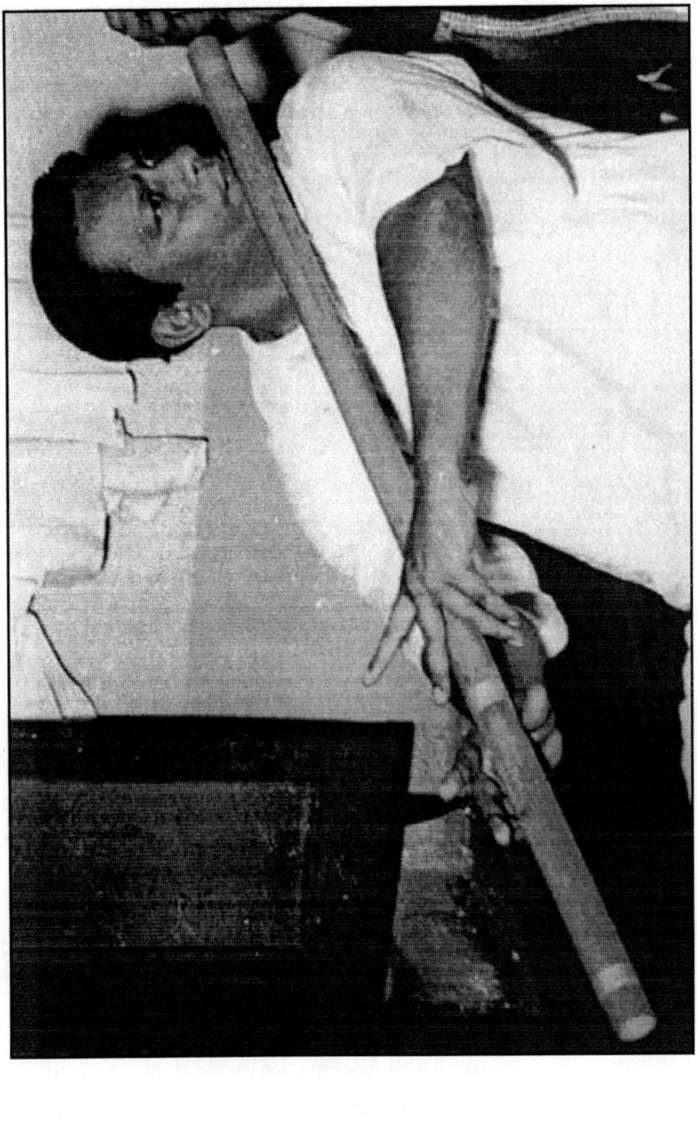

Fingering Techniques of Panna Babu Ji

शंकरा, श्री, शुद्ध बसंत, शुद्ध भैरवी, सिंदुरा, तिलंग, तोड़ी, यमन आदि गंभीर एवं व्यापक रागों को शास्त्र का ध्यान रखते हुए अत्यधिक सरलता एवं सुन्दरता रो प्रस्तुत करते थे। वर्तमान में ये राग इस घराने की विशेषता बने।[19]

पन्नाबाबू जी ऊँचे स्वरों के प्रयोग तथा उपशास्त्रीय, सुगम एवं फिल्मी संगीत में छोटी बाँसुरी का प्रयोग करते थे, जिसे वे सदैव अपनी जेब में रखा करते थे। आपकी वादनशैली में गायकी एवं तंत्रकारी अंग के साथ–साथ ध्रुपद व ख्याल गायकी के सभी तत्वों का समावेश था, साथ ही आपने संगीत की सभी शैलियों को कुशलता से प्रस्तुत किया। आपने शास्त्रीय संगीत, उपशास्त्रीय संगीत, सुगम संगीत, फिल्मी संगीत तथा लोक सगीत के साथ–साथ ठुमरी, दादरा, चैती, कजरी, बाउल, भटियाली, कीर्तन, मांड आदि सभी को बाँसुरी पर प्रस्तुत किया। इस प्रकार आपने संगीत की सभी शैलियों एवं रंगों को बड़ी कुशलता से प्रस्तुत किया।[20]

पन्नाबाबू जी के कोमल, ध्यानमग्न एवं चेहरे के सुन्दर भाव देखना, साथ ही विशाल भावनात्मक एवं अमूर्त ईश्वरीय तत्व से युक्त उनके संगीत को सुनना एक अलौकिक अनुभव था, जिसके परिणाम स्वरूप प्रथम श्रेणी में बैठे उस्ताद एवं उनके पीछे बड़े पैमाने में उपस्थित श्रोतागण संगीतमय सागर में विचरण करते थे तथा आध्यात्मिक गहराई में संचार किया करते थे।[21]

पंडित पन्नालाल घोष जी के संगीत में दैविकता, विशाल भावनात्मक गहराई एवं आध्यात्मिकता थी।[22] यह रहस्यमयी गुण पन्नाबाबू जी ने अपने गुरू आचार्य अलाउद्दीन खान साहब से ग्रहण किये थे, जिससे उनके संगीत द्वारा श्रोताओं में आध्यात्मिक जागरूकता उत्पन्न होती थी। जैसे ही, पन्नाबाबू जी का बाँसुरीवादन प्रारम्भ होता था, उनका संगीत धीरे–धीरे गहरी एवं द्रवित आत्मा के रूप में श्रोताओं तक पहुंचता था।[23]

पंडित पन्नालाल घोष के शिष्य श्री नित्यानन्द हल्दीपुर के अनुसार, 'बाबा अलाउद्दीन खान साहब से सीखने के बाद पन्नाबाबू जी को एक निश्चित राह मिली। बाबा से मिलने से पहले पन्नाबाबू जी अपनी कल्पनाओं को जिस भी रूप में चाहते थे, साकार रूप प्रदान करते थे परन्तु बाबा के संरक्षण में उन्होंने यह महसूस किया कि सुंदरता की सही अभिव्यक्ति तभी संभव है, जब उसे उचित कैनवास में रूपान्तरित किया जाए।[24]

इस प्रकार पन्नाबाबू जी ने बाँसुरी की वादनशैली को उच्चतम स्तर पर स्थापित किया, जिसके सभी बाँसुरीवादक अनुयायी बने एवं उसे सीखकर तथा उसके महत्वपूर्ण तत्व एवं गुणों को ग्रहण कर अपने वादन को उचित रूप प्रदान किया और एक गुणी एवं सफल कलाकार के रूप में स्थापित हुए।

आपकी इस परम्परा को आपके दामाद श्री देवेन्द्र मुर्देश्वर जी ने बड़ी कुशलता के साथ आगे बढ़ाया तथा आप इस पीढ़ी के सबसे प्रमुख बाँसुरीवादक रहे। श्री देवेन्द्र मुर्देश्वर जी के अतिरिक्त पन्नाबाबू जी ने अपनी संगीत विरासत अपने कुशल शिष्यों जैसे स्वर्गीय श्री हरिपद चौधरी, श्री निरंजन हल्दीपुर, श्री नित्यानंद हल्दीपुर, पंडित वी.जी. कारनाड, श्री गौर गोस्वामी, श्री रासबिहारी देसाई, श्री सूरजनारायण पुरोहित, श्री मोहन डी. नाडकर्णी, श्री आर.एम. कुम्टाकर, श्री प्रभाकर नाचणे, श्री के.डी. देसाई, श्री हरि के. छाबड़िया, श्री महेश मस्तफकीर, श्री फकीरचंद सामन्ता, श्री शरद माहोले, श्री रमाप्रसाद मुखर्जी, श्री सुरेश बसरूरकर, श्री त्रिभुवन गोंदकर तथा विदेश में श्री अमीन–उर–रहमान (ढाका), जिन्हें मिंटू दा भी कहते थे, के योग्य हाथों में सौंपी।[25]

कृतित्व-रागों का निर्माण

पंडित पन्नालाल घोष जी एक महान् कलाकार के साथ–साथ महान् व्यक्ति भी थे। पन्नाबाबू जी ने इस बात पर कभी ध्यान नहीं दिया कि उन्होंने संगीत से क्या प्राप्त किया, वरन् वह सदैव इस सोच के साथ प्रयासरत रहे कि उन्हें संगीत के लिये क्या करना है। इस सोच का ही परिणाम था कि उन्होंने शास्त्रीय, उपशास्त्रीय एवं फिल्मी संगीत में अपना विशेष योगदान दिया, साथ ही बाँसुरी वाद्य को अपने अथाह प्रयास एवं विशेष परिवर्तनों द्वारा विकसित किया और एक पूर्ण एवं सक्षम वाद्य के रूप में स्थापित किया।

बाँसुरी के क्षेत्र में नवीन प्रयोग एवं योगदान

पंडित पन्नालाल घोष जी ने बाँसुरी के क्षेत्र में कई नये प्रयोग किये तथा अपने योगदानों द्वारा इस अत्यधिक सरल ग्राम वाद्य को एक पूर्ण एवं सक्षम वाद्य के रूप में स्थापित किया, साथ ही इसे संगीत कार्यक्रम के मंच पर भी मान्यता दिलाई।

यह आपका ही प्रयास था कि बीन, सितार, सरोद एवं सारंगी जैसे पारम्परिक वाद्यों की तरह बाँसुरी भी विकसित रूप में स्थापित हो सकी तथा

इस वाद्य पर सभी संगीतमय कल्पनाएं साकार होने लगी। पन्नाबाबू जी ने बाँस से निर्मित बड़ी बाँसुरी के निर्माण के साथ–साथ अपने अथाह प्रयास द्वारा इसे एक नई दिशा प्रदान की।[26]

बाँसुरी के निर्माण में कौन सा पदार्थ सर्वश्रेष्ठ रहेगा, इसके लिये भी पन्नाबाबू जी ने अनेक प्रयोग किये। एक प्रस्तुति के दौरान उन्हें एक बड़ी बाँसुरी की आवश्यकता हुई जिसका स्वर स्केल (पिच) एवं सुरीलापन शास्त्रीय व सुगम संगीत दोनों में ही उपयुक्त हो। इसके लिए वे अपने एक पुराने खिलौने विक्रेता से मिले, जो बाँसुरी बनाने में निपुण था। उसकी सहायता से पन्नालाल जी ने धातु और अन्य कई प्रकार की लकड़ियों के साथ प्रयोग किये, परन्तु अंत में यह निश्चय किया की बाँस अभी भी सर्वश्रेष्ठ साधन है, जिसके प्रयोग से बाँसुरी से श्रेष्ठ एवं उत्तम ध्वनि उत्पन्न होती है।[27]

पंडित पन्नालाल घोष जी ने बाँस से निर्मित बड़ी बाँसुरी क्रमशः 32 इंच एवं 42 इंच (मंद्र बाँसुरी) का निर्माण किया। पंडित पन्नालाल घोष अधिकांशतः 32 इंच की बाँसुरी का प्रयोग करते थे, जो कि 'काली 2' के 'सा' के अनुरूप थी। चूंकि इस बड़े आकार की बाँसुरी से अभी तक सभी अनजान थे अतः यह अफवाह उड़ी की पन्नालाल जी ने अपनी अंगुलियों के बीच की झिल्ली को कटवाने हेतु शल्यक्रिया करवाई है, जिससे वाद्य (बाँसुरी) पर दूर–दूर स्थित छिद्रों तक उनकी अंगुलियाँ आसानी से पहुंच सके। निस्सन्देह, उन्होंने कोई शल्यक्रिया नहीं करवाई थी, अपितु अपने समर्पित रियाज़ से ही इस वृहद् वाद्य को बजाने की तकनीक ईज़ाद की और उसमें निपुणता प्राप्त की।[28]

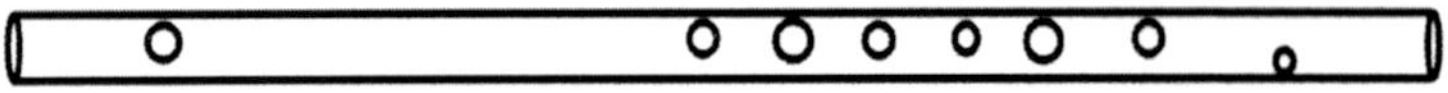

32 इंच लम्बी व सात छिद्र युक्त बाँस द्वारा निर्मित बड़ी बाँसुरी

सामान्य बाँसुरी पर मंद्र सप्तक के अति मंद्र स्वरों को उत्पन्न करना सम्भव नहीं था अतः आपने चार छिद्रों वाली "मंद्र बाँसुरी" का निर्माण किया जिससे मंद्र पंचम से अति मंद्र षड्ज तक स्वर विस्तार संभव हो सका। इस बाँसुरी की लम्बाई 42 इंच थी। इस प्रकार बाँसुरी पर दरबारी कान्हड़ा, मियां की मल्हार, मलुहा केदार, पूरिया धनाश्री, पूरिया जैसी गंभीर रागों में मंद्र सप्तक में भी विस्तार सम्भव हो सका, जो कि इन रागों में अत्यन्त आवश्यक

था। इस प्रकार पंडित पन्नालाल घोष जी द्वारा 'मंद्र बाँसुरी की खोज' संगीत जगत के लिए बहुत बड़ा योगदान सिद्ध हुआ।[29]

42 इंच लम्बी व चार छिद्र युक्त बाँस द्वारा निर्मित बड़ी बाँसुरी

पन्नाबाबू जी ने अपने अथक प्रयास व रियाज़ द्वारा बाँसुरी पर मुखरित संगीत में महारथ हासिल की। इस समय उन्हें मध्यम स्वर से निशाद तक की मींड़ और धैवत स्वर श्रुतियों की बिहाग, यमन, बागेश्री आदि रागों में आवश्यकता महसूस हुई अतः उन्होंने मंद्र सप्तक के तीव्र मध्यम स्वर के लिए सातवें छिद्र का आविष्कार एवं प्रयोग किया। पन्नाबाबू जी के शिष्य श्री प्रभाकर नाचणे जी ने इस छिद्र को 'ध्रुव मध्यम' नाम दिया तथा इस सातवें छिद्र से दरबारी, यमन, केदार, तोड़ी, पूरिया, पूरिया धनाश्री, श्री आदि कई रागों को सही रूप में प्रस्तुत किया जाना संभव हो सका, साथ ही खरज के तीव्र मध्यम से मध्य सप्तक के मध्यम तक एवं मध्य सप्तक के मध्यम से तार सप्तक के मध्यम तक के सभी स्वरों तक मींड़ लेना भी संभव हुआ।[30]

पन्नाबाबू जी ने कई परिवर्तनों के बाद बाँसुरी को एक नया रूप प्रदान किया। इस पूर्ण वाद्य पर ध्रुपद–धमार तथा राग संगीत की सभी विशेषताओं का रूपान्तरण सम्भव हो सका। आपने सातवें छिद्र को स्थापित कर एक नया स्वर स्थापित किया, साथ ही बाँसुरी की सक्षमताओं को विस्तृत रूप प्रदान किया। अपने नियमित एवं कठोर रियाज़ द्वारा आपने बाँसुरी पर पूर्ण अधिकार प्राप्त किया तथा बाँसुरी एवं संगीत में नये–नये आयाम स्थापित किये।

सन् 1935–36 में जब किसी ने भी इस अत्यन्त सरल वाद्य 'बाँसुरी' में निहित असीमित सम्भावनाओं की कल्पना भी नहीं की थी, सिर्फ पन्नाबाबू जी ही थे जिन्होंने अपनी दूरदर्शिता से इस तथ्य को महसूस किया कि इस वाद्य पर शास्त्रीय संगीत की सभी मधुरतम कल्पनाएं सम्भव हैं और इन कल्पनाओं को साकार रूप देने के लिये वे निरन्तर प्रयासरत रहे, जिसका ही परिणाम है कि वर्तमान में बाँसुरी एक पूर्ण वाद्य के रूप में विद्यमान है।

बाँसुरी के नाद की उत्कृष्ट गुणवत्ता, तीनों सप्तक में इसके प्रयोग तथा कल्पनाओं के विकट प्रकारों से सभी श्रोतागण चकाचौंध थे। शास्त्रीय संगीत के सभी तत्वों एवं गले की सभी सम्भावनाओं का श्रेष्ठतम रूपान्तरण बाँसुरी पर सम्भव हुआ।[31] वर्तमान में पारम्परिक वाद्ययंत्रों जैसे सितार, वीणा, सरोद

Wife Parul Ghosh admires the large and special bass-flute what Panna Babu had invented to reach the lowest registers in his Alaaps

आदि के समतुल्य बाँसुरी के नाद में भी गहराई, ध्वनि एवं सभी सक्षमताएं निहित हैं। पन्नाबाबू जी ने बाँसुरी पर मींड़ एवं पूरे तीन सप्तक का कुशल प्रयोग किया।

अपनी मूलभूत विशेषताओं के साथ–साथ शास्त्रीय संगीत के दोनों अंग 'गायकी एवं तंत्रकारी' तथा संगीत की सभी शैलियों का बाँसुरी पर श्रेष्ठतम एवं सहज रूपान्तरण तथा प्रस्तुतिकरण संभव हो सका, जिसका सम्पूर्ण श्रेय इस सदी के महान् संगीतकार पंडित पन्नालाल घोष जी को ही जाता है।

पन्नाबाबू जी ने ऐसी तकनीकियों को खोजा जिससे आभोगी, अड़ाना, बागेश्री, बहार, बसंत, भैरवी, भीमपलासी, भैरव, भूप, भूपाल तोड़ी, बिहाग, चन्द्रमौली, दरबारी, देस, देसी, देशकार, गौड़सारंग, जौनपुरी, काफी, केदार, खमाज, ललित, मालकौंस, मारवा, पीलू, मियाँ मल्हार, पहाड़ी, पूरिया, पूरिया धनाश्री, पूरिया कल्याण, सारंग, शंकरा, श्री, शुद्ध बसंत, शुद्ध भैरवी, सिंदुरा, तिलंग, तोड़ी, यमन आदि गंभीर, कठिन एवं व्यापक रागों को शास्त्र ध्यान में रखते हुए सरलता एवं सुन्दरता से प्रस्तुत करना संभव हो सका।[32]

वास्तव में जोड़, झाला,गतकारी (वाद्य रचना) और तंत्रकारी अंग के बाँसुरी पर प्रस्तुतिकरण के लिए उन्होंने वाद्य यंत्र की तकनीकियों पर अधिकार कर उन्हें बाँसुरी में प्रयुक्त किया। यह अपने आप में एक सरल वाद्य (बाँसुरी) के लिए बहुत बड़ी उपलब्धि एवं भारतीय वाद्य संगीत के क्षेत्र में एक बड़ा आयाम सिद्ध हुआ।

पंडित पन्नालाल घोष जी ने शास्त्रीय संगीतज्ञ के साथ–साथ भारतीय फिल्मी संगीत में भी अपना महत्वपूर्ण योगदान दिया। आपने कई रिकॉर्डिंग्स एवं रचनाओं में बाँसुरी का कुशलतम प्रयोग किया तथा इसके उपयोग क्षेत्र को विस्तृत रूप प्रदान किया। आपने शास्त्रीय, उपशास्त्रीय, सुगम एवं फिल्मी संगीत की कई रचनाओं में ऊँचे स्वरों के लिए छोटी बाँसुरी का भी प्रयोग किया, जिसे पन्नाबाबू जी अधिकांशतः अपनी जेब में रखा करते थे।[33]

वैदिककाल से लेकर वर्तमान समय तक जैसे–जैसे बाँसुरी में परिवर्तन होते गए, उसकी सक्षमताएं भी बढ़ती गई एवं साथ ही उपयोग क्षेत्र भी

विस्तृत होता गया। वैदिककाल या भगवान् श्री कृष्ण के समय बाँसुरी सिर्फ ग्राम संगीत या लोक संगीत तक ही सीमित थी, परन्तु पन्नालाल जी के अथक प्रयासों के बाद यह संगीत के सभी क्षेत्रों में प्रयुक्त होने लगी। पन्नाबाबू जी द्वारा किये गये विशेष परिवर्तनों का ही परिणाम है कि आज बाँसुरी लोक संगीत के स्तर से उठकर शास्त्रीय संगीत के मंच पर आसीन हो चुकी है तथा विश्व में अपनी एक अनूठी, पूर्ण एवं सक्षम वाद्य के रूप में पहचान बना सकी।

यह पन्नाबाबू जी का ही प्रयास था कि बाँसुरी पर 'राग संगीत' संभव हो सका। शास्त्रीय संगीत के साथ–साथ उपशास्त्रीय एवं सुगम संगीत की सभी कल्पनाओं का रूपान्तरण भी बाँसुरी पर संभव हुआ। वर्तमान में, राग संगीत के साथ–साथ ठुमरी, दादरा, चैती, कजरी, भटियाली, बाउल, कीर्तन, मांड तथा फिल्मी संगीत आदि सभी में बाँसुरी प्रयुक्त होती है।[34]

एकल प्रस्तुति के साथ–साथ बाँसुरी पर संगत का भी प्रचलन शुरू हुआ। शास्त्रीय संगीत में भी बाँसुरी पर संगत की जाने लगी, उदाहरणार्थ पन्नाबाबू जी ने कई विख्यात गायक जैसे औंकारनाथ ठाकुर, फैयाज़ खान साहब आदि के साथ कार्यक्रम में बाँसुरी पर संगत की।[35]

फिल्मी संगीत में भी बाँसुरी के कुशलतम प्रयोग का साक्षात् उदाहरण पुराने गीतों से मिलता है। पुलिस, अंजान, नन्दकिशोर, मुगल–ए–आज़म जैसी सफलतम फिल्मों से लेकर वर्तमान की सभी फिल्मों में बाँसुरी का श्रेष्ठ प्रयोग मिलता है। फिल्मों में पार्श्व संगीत के साथ–साथ गीतों में भी बाँसुरी का कुशल प्रयोग किया जाता है।[36]

इस प्रकार वर्तमान में संगीत का कोई भी क्षेत्र या आयाम बाँसुरी से अछूता नहीं है और यह पंडित पन्नालाल घोष जी के अथक प्रयास, नवीन प्रयोग एवं योगदानों से ही संभव हो सका। आपने अपने अथक प्रयास द्वारा बाँसुरी के प्रयोग एवं उपयोग क्षेत्र को विस्तृत रूप प्रदान कर, इसे विशिष्ट स्थान प्रदान किया।

आपने कई नवीन राग निर्मित करने के साथ–साथ कई नई, अप्रचलित, मिश्र एवं कर्नाटक रागों को उत्तर भारतीय संगीत में भी प्रचलित किया।

आपके द्वारा निर्मित रागों में प्रमुख हैं–दीपावली, नुपुरध्वनि, चन्द्रमौली, जयंत, कुमारी, पंचवटी (राग माला), रत्नपुष्पिका, शुक्लपलासी। इनके अतिरिक्त आपने कई अप्रचलित रागों को अपनी प्रस्तुतियों के माध्यम से प्रचलित किया, जैसे–हंसनारायणी, बसंतमुखारी, मियाँ की सारंग, शिवेन्द्रमध्यम, पुष्पचन्द्रिका (श्री हिमाँशु दत्त, कलकत्ता द्वारा निर्मित) आदि। इसके साथ–साथ अपने कई प्रचलित रागों में उच्च श्रेणी की विलम्बित एवं द्रुत रचनाएं भी निर्मित की।[37]

पन्नाबाबू जी ने 6 तारों का तानपुरा निर्मित करने में भी अपना विशेष योगदान दिया, जिसे बाद में उस्ताद अमीर खान और हाल ही के पंडित भीमसेन जोशी जैसे दिग्गज़ कलाकारों ने स्वीकार तथा प्रयुक्त किया। ऊँचे स्केल की तानपुरी एवं सुरपेटी या श्रुति बॉक्स (उत्तर भारतीय संगीत में) भी भारतीय संगीत में आपका ही प्रस्ताव था। इसके साथ–साथ 'D' शार्प और 'E' स्वर स्केल के लिए ऊँचे स्वर स्केल का तबला भी आपके ही विचारों का परिणाम है।[38]

प्रारम्भ में चार तार का तानपुरा प्रचलित था तथा कार्यक्रम में दो तानपुरे ले जाए जाते थे अतः 6 तार का तानपुरा पन्नाबाबू जी का ही विचार था, जिसे आभा साहब मिरजकर जी द्वारा बनवाया गया एवं प्रयुक्त किया गया। इस प्रकार एक तानपुरे द्वारा ही कार्यक्रम में पूर्णता मिली, जिसे यात्रा में लेकर जाना भी सरल हुआ। ऊँचे स्वर स्केल की तानपुरी भी भारतीय संगीत में पन्नाबाबू जी द्वारा ही प्रस्तावित की गई।[39]

सुरपेटी या श्रुति बॉक्स को प्रारम्भ में दक्षिण भारतीय (कर्नाटक) संगीत में प्रयुक्त किया जाता था, जिसे पन्नाबाबू जी के प्रस्ताव के बाद ही उत्तर भारतीय संगीत में भी प्रयुक्त किया जाना प्रारम्भ हुआ। 'D' शार्प और 'E' स्वर स्केल के लिए ऊँचे स्वर स्केल का तबला भी पन्नाबाबू जी का ही प्रस्ताव था। इससे पहले एक स्वर स्केल नीचे के तबले पर संगत की जाती थी अतः पन्नाबाबू जी के विचार एवं प्रस्ताव के बाद ही इस ओर कदम उठाया गया और 'D' शार्प और 'E' स्वर स्केल का तबला निर्मित किया गया, जिसके परिणाम स्वरूप समान स्वर स्केल में तबलावादन प्रारम्भ हुआ जो कि अत्यधिक कर्णप्रिय सिद्ध हुआ।[40]

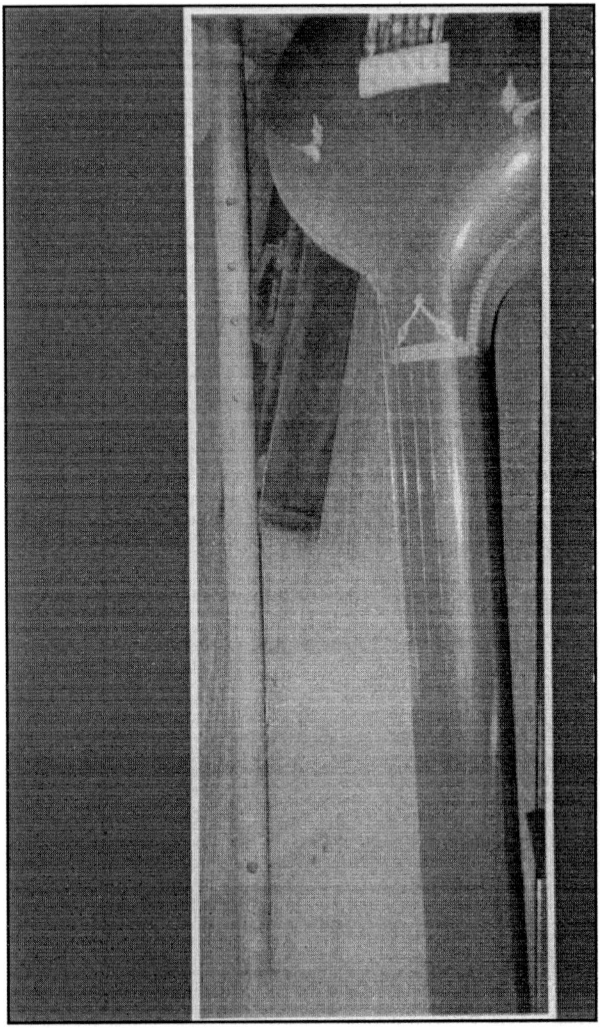

6 stringed Taanpura and Base flute 'Mandra Bansuri', introduced and created By Pannababuji

Panna Babu, wife Parul Ghosh and disciples with Panna Babu's invention, the high-pitched Tanpuri

साहित्य

पंडित पन्नालाल घोष जी ने कई नवीन रागों का निर्माण किया तथा भारतीय शास्त्रीय संगीत के साहित्य में अपना महत्वपूर्ण योगदान दिया। आपके द्वारा निर्मित नवीन राग इस प्रकार हैं–राग दीपावली, चन्द्रमौली, जयन्त, कुमारी, नुपुरध्वनि, रत्नपुष्पिका, शुक्लपलासी तथा पंचवटी।

1. राग दीपावली

इस राग की उत्पत्ति राग ललित में रिषभ व धैवत शुद्ध करने से हुई है। राग ललित की तरह इस राग में भी 'नि रे ग म म म' यह स्वर समुदाय प्रमुख रूप से प्रयुक्त किया जाता है। यह भी माना जाता है कि राग पूरिया कल्याण के पंचम को षड्ज मानकर गाने से भी इस राग की उत्पत्ति हुई है। (पंडित नयन घोष एवं पंडित वी.जी. कारनाड के अनुसार)[41]

2. राग चन्द्रमौली

''इस राग की उत्पत्ति राग भैरव में पंचम स्वर हटाकर की गई है, जिससे मध्यम स्वर प्रबल हो जाता है।''

(पंडित वी.जी. कारनाड एवं श्री प्रभाकर नाचणे के अनुसार)[42]

3. राग जयन्त

''राग जयजयवन्ती में सिर्फ शुद्ध गन्धार का प्रयोग एवं राग देस के चलन का प्रयोग कर इस राग की उत्पत्ति की गई है।''

(पंडित रासबिहारी देसाई के अनुसार)[43]

4. राग कुमारी

''राग श्री में कोमल धैवत को हटाकर इस राग की उत्पत्ति की गई है।''

(पंडित नयन घोष के अनुसार)[44]

5. राग नुपुरध्वनि

''राग हंसध्वनि में शुद्ध गन्धार के स्थान पर कोमल गन्धार के प्रयोग द्वारा इस राग की उत्पत्ति की गई है।''

(पंडित रासबिहारी देसाई के अनुसार)[45]

6. राग रत्नपुष्पिका

"राग पुष्पचन्द्रिका में रिषभ एवं पंचम स्वर को सम्मिलित कर इस राग की उत्पत्ति की गई है। राग पुष्पचन्द्रिका, राग कोमल निषाद रागेश्री के आरोह एवं राग मालकौंस के अवरोह को प्रयुक्त कर निर्मित की गई है।"

(श्री शरद माहोले एवं पंडित रासबिहारी देसाई के अनुसार)[46]

7. राग शुक्लपलासी

"राग भीमपलासी में कोमल गन्धार के स्थान पर शुद्ध गन्धार का प्रयोग कर इस राग का निर्माण किया गया है।"

(पंडित रासबिहारी देसाई के अनुसार)[47]

8. राग पंचवटी

"यह 5 रागों के मिश्रण द्वारा निर्मित एक प्रकार की राग माला है, जिसमें राग बरवा, बसंत, बिहाग, बागेश्री और बहार का प्रयोग किया गया है।"

(श्री शरद माहोले एवं पंडित रासबिहारी देसाई के अनुसार)[48]

इस प्रकार पंडित पन्नालाल घोष जी द्वारा भारतीय शास्त्रीय संगीत के साहित्य में किया गया योगदान अविस्मरणीय है।

पंडित पन्नालाल घोष—भारतीय फिल्म जगत में योगदान

यह प्रमाणिक सत्य है कि पंडित पन्नालाल घोष जी के राग संगीत पर अधिकार से सम्पूर्ण विश्व परिचित था। आपके बाँसुरीवादन से नई पीढ़ी के कलाकार भी इतने प्रभावित हुए कि सभी आपके पदचिन्हों पर अग्रसित हुए तथा आज विख्यात बाँसुरीवादक के रूप में स्थापित हुए।

प्रायः बहुत कम लोग यह जानते हैं कि एक कुशल शास्त्रीय संगीतज्ञ के साथ–साथ पन्नाबाबू जी एक कुशल संगीतकार, रिकॉर्डिंग कलाकार, रचनाकार एवं वाद्यवृंद निर्देशक भी थे। भारतीय फिल्म जगत में आपका योगदान अत्यन्त महत्वपूर्ण एवं अविस्मरणीय रहा। पन्नाबाबू जी एक ऐसे परिवार से सम्बन्धित थे, जहाँ 'संगीत' कई पीढ़ियों तक जीवन का सबसे अभिन्न अंग रहा और वर्तमान में भी है।

पंडित पन्नालाल घोष जी पहले ऐसे शास्त्रीय संगीतज्ञ रहे, जिन्होंने कई रिकॉर्डिंग्स एवं रचनाएं निर्मित कर भारतीय फिल्म जगत में अपना महत्वपूर्ण

योगदान दिया। शास्त्रीय संगीत के साथ–साथ उपशास्त्रीय एवं फिल्मी संगीत में भी आपका इतना प्रभावशाली योगदान रहा कि आन्दोलन, अंजान, बंसत–बहार, दुहाई, मुन्ना, मुगल–ए–आज़म, पुलिस, नन्दकिशोर, मीरा, सवाल एवं बीसवीं सदी जैसी प्रख्यात फिल्मों के साथ आपका नाम जुड़ा।[49]

आपने कई सफलतम फिल्मों में संगीत निर्देशन किया, साथ ही श्री अनिल बिस्वास, श्री सचिन देव बर्मन जैसे अत्यन्त कुशल संगीतकारों के साथ कई रिकॉर्ड्स में भी बाँसुरीवादन किया। इसके साथ–साथ सन् 1945 में गीता प्रोडक्शन द्वारा निर्मित फिल्म 'आधार' में पन्नाबाबू जी ने बतौर फिल्म निर्देशक कार्य कर अपनी असीमित सक्षमताओं का परिचय दिया। इस फिल्म में संगीत निर्देशन श्री एस.एन. त्रिपाठी जी द्वारा किया गया था।[50]

आपकी धुनों को आपकी पत्नी श्रीमती पारूल घोष, नूरजहाँ, सुरैया, गीता दत्त, किशोरी लता मंगेशकर, हेमन्त कुमार तथा मन्ना डे जैसे उच्च कोटि के पार्श्वगायक एवं गायिकाओं ने अपनी आवाज़ दी। श्री आर.सी. बोरल, पंकज मलिक, के.एल. सहगल तथा अनिल बिस्वास जी से लेकर शंकर–जयकिशन तक सभी संगीत निर्माताओं ने पन्नाबाबू जी को अपने कार्य में शामिल किया। श्री के.एल. सहगल के 'एक बंगला बने न्यारा', नौशाद जी के 'मोहे पनघट पे नन्दलाल' और के. आसिफ जी की फिल्म मुगल–ए–आज़म में पन्नाबाबू जी की बाँसुरी एवं ये रचनाएं अमर हो गई।[51]

फिल्म जगत के कई प्रतिष्ठित कलाकार जैसे आशा भौंसले, अशोक कुमार, किशोर कुमार एवं बिमल रॉय जी उनके घनिष्ठ मित्र रहे। श्री ऋषिकेश मुखर्जी, जो बिमल रॉय जी के सहायक रहे, ने पन्नाबाबू जी से बाँसुरी सीखी। कई विख्यात संगीत निर्देशक जैसे एस.डी. बर्मन, रविशंकर, मदन मोहन, एस. एन. त्रिपाठी, रोशन और शंकर–जयकिशन आदि अपने संगीत में पन्नाबाबू जी की बाँसुरी के प्रयोग के लिए सदैव लालायित रहते थे। श्री बिमल रॉय और फणी मजूमदार जी जैसे श्रेष्ठ निर्देशक पन्नाबाबू जी के निकटतम रहे।[52]

यहाँ तक कि सुर साम्राज्ञी लता मंगेशकर जी हमेशा विख्यात संगीत निर्देशकों से प्रार्थना करती थीं कि पन्नाबाबू जी को बुलाएं ताकि उनकी बाँसुरी से उत्पन्न श्रेष्ठ संगीत गीत में प्रयुक्त हो। श्री अनिल बिस्वास (सुविख्यात संगीत निर्माता) पन्नाबाबू जी के घनिष्ठ मित्र थे, साथ ही जिम एवं रेसलिंग में भी उनके साथी रहे। इन दोनों ने संगीत में काफी समय साथ व्यतीत किया। यह मित्रता आगे चलकर एक परिवार के रूप में रूपान्तरित हो गई, जब पंडित पन्नालाल घोष जी ने श्री अनिल बिस्वास जी की बहिन

पारूल बिस्वास जी से शादी की। इस प्रकार यह मित्रता जीवन भर रही और दोनों संगीतकारों की उन्नति में सहायक रही।[53]

सन् 1933 में, पंडित पन्नालाल घोष जी ने आकाशवाणी पर श्री अनिल बिस्वास के पहले प्रसारण 'एमोन कोरे आकुल शुरे बाशुरी श्याम आर बाजियो ना' में बाँसुरी पर संगत की जो कि बाँसुरीवादक पन्नालाल घोष का भी आकाशवाणी द्वारा प्रथम प्रसारण था।[54] इस दौरान आकाशवाणी के मुख्य निर्माता एवं संगीत रचनाकार श्री आर.सी. बोरल व पंकज मलिक 'भारतीय फिल्म के दो स्तम्भ' का पन्नालाल जी पर ध्यान केन्द्रित हुआ। श्री अनिल बिस्वास के साथ–साथ यह दोनों संगीत निर्माता भी पन्नाबाबू जी द्वारा बाँसुरी पर की गई संगत से इतने प्रभावित हुए कि उन्होंने अपनी नई निर्मित ऑर्केस्ट्रा में उन्हें शामिल किया तथा 'न्यू थियेटर' से जोड़ लिया, जो कि किसी भी संगीतकार के लिए बहुत महत्वपूर्ण नौकरी थी।[55] पन्नाबाबू जी को प्रारम्भ में 45 रूपये के मासिक वेतन पर नियुक्त किया गया था जिसे बाबूजी की प्रतिभा एवं प्रसिद्धि के कारण अगले कुछ महीनों में ही बढ़ाकर 100 रूपये कर दिया गया।[56]

न्यू थियेटर उस समय देश की सबसे बड़ी निर्माता कम्पनी थी, जिसका संगीत देश में श्रेष्ठ था तथा आर.सी. बोरल व पंकज मलिक जी लगातार नई एवं सुरीली रचनायें बना रहे थे। इस ऑर्केस्ट्रा में भारत के श्रेष्ठ एवं योग्य कलाकार शामिल थे, साथ ही यहाँ पर निरन्तर नये प्रयोग भी किये जाते थे। इसी दौरान पन्नाबाबू जी ने 'न्यू थियेटर' में रचित कई गीतों में बाँसुरीवादन किया, जो कि उन दिनों के श्रेष्ठतम गीत सिद्ध हुए और आज 'क्लासिक गीतों' के रूप में विस्थापित हो चुके हैं।[57]

उनकी बाँसुरी को श्री के.एल. सहगल, कानन देवी, पंकज मलिक, पहाड़ी सान्याल, के.सी.डे. इत्यादि कलाकारों की आवाज़ के साथ सुना जा सकता था। गाने की सुन्दरता को बढ़ाने के लिए आपने छोटे–छोटे संगीत भराव के साथ–साथ बाँसुरी पर पूरा गाना भी बजाया। इस दौरान पन्नाबाबू जी का सांगीतिक विकास चरम सीमा पर हुआ। 'एक बंगला बने न्यारा' (फिल्मः प्रेसीडेन्ट, 1938 / के.एल. सहगल), 'साँवरिया प्रेम की बंसी सुनाये' (फिल्मः स्ट्रीट सिंगर / कानन देवी), 'सपनों में कोई आता है' (फिल्मः सपेरा / कानन देवी), प्रेम बाँसुरिया बजाओ (फिल्मः आँधी / पंकज मलिक–राधा रानी) आदि रचनाओं से ज्ञात होता है कि सभी रचनाकार पन्नाबाबू जी से प्रेरित थे, साथ ही पन्नाबाबू जी भी उनसे प्रभावित थे और इस प्रकार सभी

ने अपना श्रेष्ठ संगीत दिया। आपकी पत्नी श्रीमती पारूल घोष, जो कि देश की प्रथम पार्श्वगायिका थीं, ने भी उसी स्टुडियों में कई फिल्मों के गानों में अपनी आवाज़ दी।[58]

सन् 1940 के अन्त तक श्री अनिल बिस्वास, जो कि स्वयं को एक सफल संगीत रचनाकार के रूप में स्थापित कर चुके थे, के निमंत्रण पर पन्नाबाबू जी अपनी पत्नी पारूल घोष जी के साथ मुम्बई रवाना हो गये थे। श्री अनिल बिस्वास जी के अनुसार पन्नाबाबू जी के लिये मुम्बई में ज्यादा बड़ा कार्यक्षेत्र था। उसी समय पन्नाबाबू जी के वरिष्ठ शिष्य श्री हरिपद चौधरी जी ने पन्नाबाबू जी से मुम्बई आने के लिए और रिकॉर्डिंग्स में बाँसुरीवादन के लिए आग्रह किया था। पन्नाबाबू जी की पहली फिल्म 'स्नेह वन्दन' (1940) में लोग उनके काम से बहुत प्रभावित हुए और उन्हें बॉम्बे टॉकिज़ से जोड़ने के लिए आमंत्रित किया गया।[59]

उन्होंने 1941 में निर्मित फिल्म 'अंजान' के लिए भी संगीत रचना की। इस बात का सारा श्रेय पन्नाबाबू जी को ही जाता है कि उन्होंने अत्यन्त सरल एवं मधुर धुनें जैसे 'पूनम की चाँदनी', 'प्यारे प्यारे सपने हमारे', 'आयी पश्चिम से घटा', 'साँवरिया रे साँवरिया' आदि निर्मित की। उसी समय कई श्रेष्ठ पार्श्वगायिकाओं जैसे 'अमीरबाई कर्नाटकी' और 'राजकुमारी' जी के लिए भी उन्होंने कई गानें निर्मित किये, उदाहरणार्थ राजकुमारी जी द्वारा अंजान फिल्म में गाया गया गीत 'छलको छलको ना रस की गगरिया'।[60]

पारूल घोष जी ने फिल्म बसंत (1942) में कई गानों को अपनी आवाज़ दी। 'उम्मीद उनसे क्या थी' गाना पति–पत्नी की आपसी समझ का श्रेष्ठ उदाहरण है। इसी दौरान पन्नाबाबू जी ने कई फिल्मों में संगीत दिया, जिसमें प्रमुख रहीं–दुहाई (1943), सवाल, पुलिस (1944), बीसवीं सदी (1945), मीरा (1947), आन्दोलन (1951), नन्दकिशोर (1951), बसंत बहार (1956), मुगल–ए–आज़म (1960)। राग श्री में पन्नाबाबू जी द्वारा निर्मित एवं पारूल घोष जी द्वारा गायी गई रचना प्रभु चरणों में आया पुजारी श्रेष्ठतम रचनाओं में शामिल रही। इस रचना द्वारा पति व पत्नी की संगीतमय जोड़ी की असीम साधना का पता चलता है। यह गाना फिल्म में किसी परिस्थिति के अनुरूप हो सकता है, लेकिन जो कम्पन्न इस रचना से प्राप्त होता है, वह एक साधना के समान है।[61]

संगीत रचना के अतिरिक्त पन्नाबाबू जी उस समय के श्रेष्ठतम संगीत रचनाकारों के साथ भी बाँसुरीवादन करते थे। पन्नाबाबू जी के मुम्बई

आने के बाद, श्री अनिल बिस्वास जी की शायद ही ऐसी रचना हो, जिसमें पन्नाबाबू जी की बाँसुरी का प्रयोग नहीं किया गया हो। उन्होंने फिल्म मिलान, आरजू, अनोखा प्यार, तराना आदि के लिये बाँसुरी पर श्रेष्ठ संगीत परिणीत किया। आँखों में चितचोर समाये (मेहमान), बेईमान तोरे नैनवा (तराना) और मेरा नरम करेजवा डोल गया (आरजू) में पन्नाबाबू जी ने सुर साम्राज्ञी लता मंगेशकर जी की आवाज़ के साथ बाँसुरी का प्रयोग किया, जो कि पन्नाबाबू जी व लता जी के आपसी सामंजस्य का श्रेष्ठ उदाहरण है।[62]

पन्नाबाबू जी के घर पर गायक और रचनाकार अधिकांशतः एकत्रित होते थे। श्री अनिल बिस्वास की चार रागों में निबद्ध रचना 'ऋतु आये ऋतु जाये' के लिए मन्नाडे और लता मंगेशकर जी के साथ पन्नाबाबू जी के मालाड स्थित निवास स्थान पर 13 बार पूर्वाभ्यास किया गया था। नौशाद अली, एस. डी. बर्मन तथा शंकर–जयकिशन जी जैसे उच्च श्रेणी के संगीत निर्माताओं ने भी अपनी रचनाओं में पन्नाबाबू जी के योगदान को सराहा।[63]

कई श्रेष्ठतम पार्श्वगायक व गायिकाओं जैसे गीता रॉय दत्त, लता मंगेशकर, सुरैया, मोहम्मद रफी तथा आशा भौंसले आदि के पन्नाबाबू जी के साथ रिकॉर्डिंग करते हुए कुछ छायाचित्र भी मिलते हैं। कई गीतों जैसे 'मन मोर हुआ मतवाला' (अफ़सर / 1950) और मैं पिया तेरी (बंसत बहार / 1956) में पन्नाबाबू जी द्वारा बजायी गयी कोयल की जैसी मीठी बाँसुरी सुनी जा सकती है। 'मैं पिया तेरी, तू माने या न माने' (बसंत बहार) गानें की रिकॉर्डिंग के समय लता जी ने पन्नाबाबू जी से आग्रह किया कि 'इतनी सुरीली बाँसुरी न बजाएं कि मैं गा ही ना सकूँ।[64]

सन् 1955 के दौरान पन्नाबाबू जी दिल्ली चले गये और आकाशवाणी के लिये रचनाएं निर्मित करने में व्यस्त हो गये। आपकी 'कालिंगड़ा विजय' नामक रचना एच.एम.वी. कम्पनी द्वारा एलबम के रूप में रिलीज़ की गई। आपके दिल्ली जाने के बाद भी कई महत्वपूर्ण रिकॉर्डिंग्स के लिए उन्हें संगीत निर्माताओं द्वारा मुम्बई बुलाया जाता था। उनकी अन्तिम रचना फिल्म 'मुगल–ए–आज़म' में 'मोहे पनघट पे नन्दलाल छेड़ गयो रे' थी, जिसमें नौशाद साहब का संगीत निर्देशन और उनका बाँसुरीवादन था। फिल्म जगत पन्नाबाबू जी जैसे महान् कलाकार का सदैव आभारी रहेगा जिन्होंने के.एल. सहगल जी से लेकर लता जी तक सभी के साथ काम किया और अपने चमत्कारी बाँसुरीवादन द्वारा गीतों को उत्कृष्टता प्रदान की।[65]

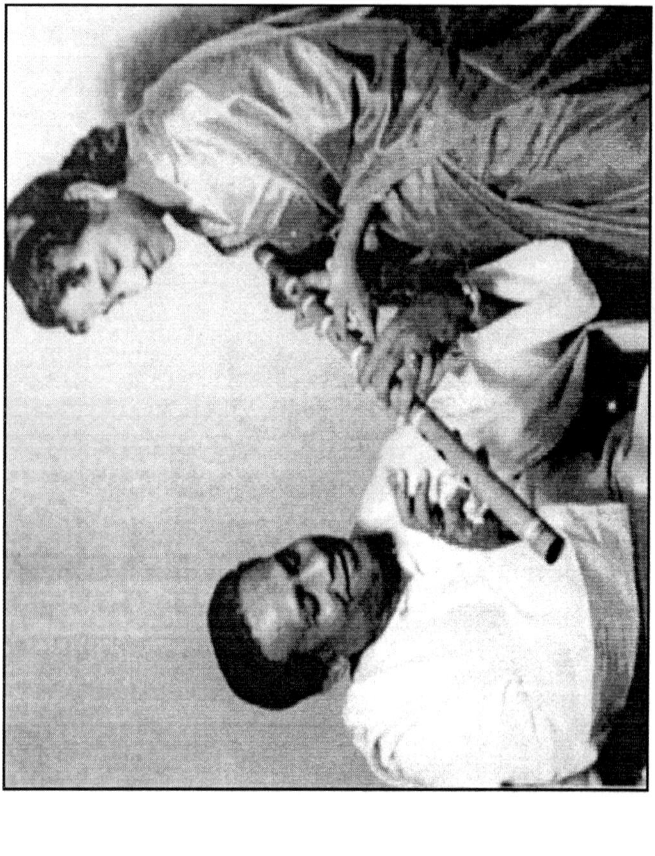

Famed playback singer Geeta Dutt, a fan of Panna Babu trying to grasp the technicalities of the Bansuri

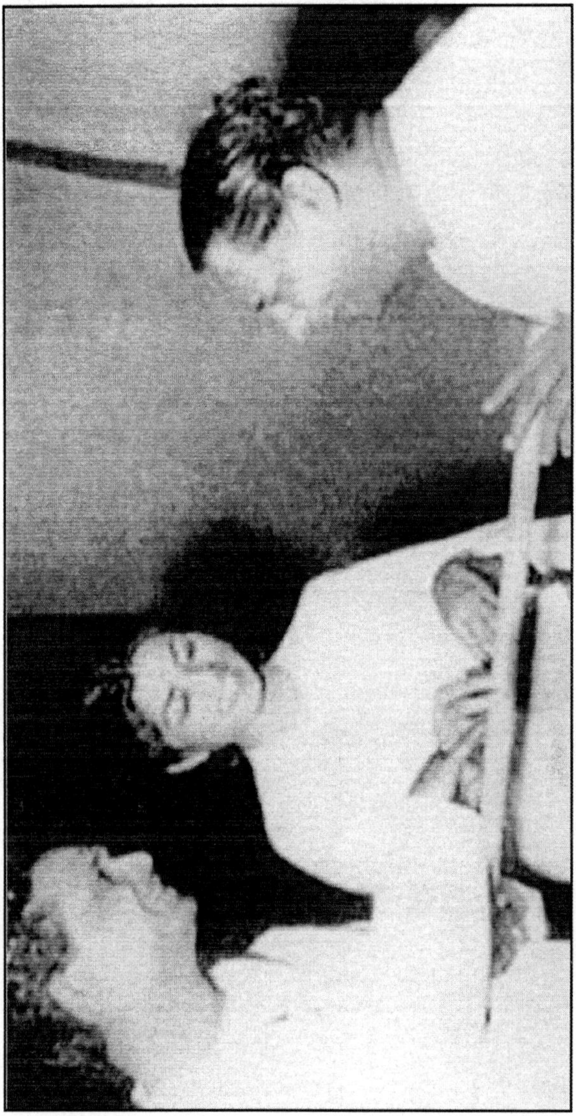

Renowned composer and brother-in-law Anil Biswas and young Lata Mangeshkar were among Panna Babu's ardent admirers

पंडित पन्नालाल घोष—एक संगीत निर्देशक

पंडित पन्नालाल घोष जी ने कई फिल्मों में एक संगीत निर्देशक के रूप में भी अपना योगदान दिया। आपने फिल्म अंजान, बसंत, भलाई, सवाल, पुलिस, बीसवीं सदी तथा आन्दोलन जैसी सफलतम फिल्मों में बतौर संगीत निर्देशक कार्य किया तथा अपने श्रेष्ठ संगीत निर्देशन द्वारा गीतों को उत्कृष्ट बनाया, जिन्हें आज भी श्रोता अत्यधिक पसन्द करते हैं। आपके कुशल संगीत निर्देशन से आपकी प्रतिभा, ज्ञान, गहन सोच एवं सृजनात्मकता का परिलक्षण होता है। पन्नाबाबू जी ने बतौर संगीत निर्देशक निम्न फिल्म एवं गीतों के लिए संगीत निर्देशन किया—

फिल्म	गीत
1. "**अंजान {1941}**	आयी पश्चिम से घटा
(बॉम्बे टॉकिज़)	छलकों ना रस की गगरिया
	खींचों कमान खींचो ओ भारत
	मैं तो तुमसे बंधी रहूँ
	मेरे जीवन के पथ पर
	प्यारे प्यारे सपने हमारे
	साँवरिया रे साँवरिया चल"[66]
2. "**बसंत {1942}**	आया बसंत सखी बिरहा का अन्त
(बॉम्बे टॉकिज़)	बालम धीरे धीरे बोल कोई सुन
	गोरी मोसे गंगा के पार मिलना
	हुआ क्या कसुर जो हमसे हो दूर
	एक छोटी सी दुनिया रे मेरे छोटे से
	एक दुनिया बसा ले मेरे मन
	काँटो लागो रे सजनवा
	तुमको मुबारक हो ऊँचे महल
	उम्मीद थी उनसे क्या"[67]
3. "**भलाई {1943}**	दिन फिरे भाग जागे हमारे
(सिल्वर फिल्म्स)	नींद को नैन से लगा दुनिया
	सोये शिकवा है ना किसी का

सुनो री सखी मोरा सजन अलबेला
टूट गई मन की आस हमारी
उनसे लागी नज़रिया हाँ
क्यों बैठे बिठाये हम ये रोग''[68]

4. **''सवाल {1943}**
(गीतांजली पिक्चर्स)

आज जवाँ आज, आज बीत जायेगी
पान वाले खिला दे कोई रसीला
मेरे सपनों पे छाये अनोखी तरंग
चला चल मुसाफिर ये जग है एक
बीत गया पतझड़ फिर पी शराबी पी
आज पहलु में दर्द सा क्या है
नैनों की नैया बसाओ चले आओ
कैसे छिपाऊँ कैसे बताऊँ
आप से मिलने का अरमान लिये''[69]

5. **''पुलिस {1944}**
(प्रकाश पिक्चर्स)

आजा रे आजा
आता है कौन छुप छुप के
बाज रही किस ओर मुरलिया
चोरी जान गई पहचान गई
हटो जाओ जी जाओ जाओ जी
मन तू किसी का बन जा
लगाये जा तू ज़िन्दगी का दाँव
मेरे संईयाँ सिपासलार
सांझ भई घर आजा
बसाया होगा किसी को दिल में
निशाना ताको न और साहब
मिल जायेंगे मिल जायेंगे''[70]

6. **''बीसवीं सदी {1945}**
(भवानी प्रोडक्शन)

ओ निर्मोही मांग रही हूँ
रे तू प्रान पपीहे
भारत की सन्तान हैं हम
प्यारी दुल्हन को दूल्हा जी ब्याहें
होली का त्यौंहार मना लो

बीसवीं सदी बीसवीं सदी
चली चल री जरा जमुना किनारे
दिखा तो प्यारी अपना ये प्यारा सा
बहुत दिनों के बाद मिला था
आवाज़ आ रही है कहीं बजती बाँसुरियाँ
आँसू ना बहाना
आया है बगिया में कौन निराला"[71]

7. **"आन्दोलन {1951}** (मोटवानी लिमिटेड)

प्रभु चरण में आया पुजारी
राधा ने किया सिंगार क्यों
राम नाम रस पी
सुबह की पहली किरण
तकवन्देमातरम्"[72]

इस प्रकार वर्तमान में संगीत का यह रूप पंडित पन्नालाल घोष द्वारा किये गये श्रेष्ठ कृत्यों का ही परिणाम है। आपके द्वारा किये गये अथक प्रयास एवं योगदानों से संगीत एवं बाँसुरी अपने उच्चतम स्तर पर स्थापित हो सके, जिससे संगीत, बाँसुरी, संगीतज्ञ तथा श्रोता आदि सभी लाभान्वित हुए।

पंडित पन्नालाल घोष जी ने वादनशैली को विकसित रूप प्रदान करने के साथ–साथ संगीत क्षेत्र में कई योगदान दिये, साथ ही देश की इस अनूठी सांस्कृतिक धरोहर के प्रचार–प्रसार एवं संरक्षण में भी असीम योगदान दिया। आपने अपनी कला को सिर्फ अपने तक ही सीमित नहीं रखा अपितु इसे आगे भी बढ़ाया।

पंडित पन्नालाल घोष जी के पास जो भी विद्यार्थी बाँसुरी सीखने के लिए आए, उन सभी को आपने तालीम दी एवं विशाल हृदय के साथ अपनी कला एवं इसकी बारीकियों को उन्हें सिखाया। आपके भारत एवं विदेश में कई शिष्य बने, जो आपके पद्चिन्हों पर गतिमान हुए तथा आपसे बाँसुरी की ठोस तालीम प्राप्त कर एक सफल कलाकार के रूप में स्थापित हुए।

इस प्रकार पंडित पन्नालाल घोष जी ने संगीत सम्मेलनों में प्रस्तुतिकरण, रागों की रिकॉर्डिंग्स एवं कई कुशल शिष्य तैयार कर इस सांस्कृतिक धरोहर का भारत एवं विदेशों में प्रचार–प्रसार किया, साथ ही इसके संरक्षण में भी

अपना महत्वपूर्ण योगदान दिया। संगीत एवं बाँसुरी से जुड़े सभी अवयवों में पन्नाबाबू जी का विशेष योगदान रहा।

सन्दर्भ-सूची

1. Late. Sh. Anand Murdeshwar interview on www.pannalalghosh.com
2. पं. नयन घोष, चर्चा, जयपुर, 22/9/2012, 10 बजे (प्रातः)
3. पं. नयन घोष, चर्चा, जयपुर, 22/9/2012, 10 बजे (प्रातः)
4. वही
5. वही
6. पं. नयन घोष, चर्चा, जयपुर, 22/9/2012, 10 बजे (प्रातः)
7. वही
8. वही
9. वही
10. पं. नयन घोष, चर्चा, जयपुर, 22/9/2012, 10 बजे (प्रातः)
11. वही
12. डॉ. विश्वास कुलकर्णी, चर्चा, मुम्बई, 4/8/2012, 8 बजे (रात्रि)
13. वही
14. डॉ. विश्वास कुलकर्णी, चर्चा, मुम्बई, 4/8/2012, 8 बजे (रात्रि)
15. Flute Stop', The Times of India- Mumbai Mirror, 31 July, 2009. Page No. 44
16. Late. Sh. Anand Murdeshwar interview on www.pannalalghosh.com
17. पं. नयन घोष, चर्चा, जयपुर, 22/9/2012, 10 बजे (प्रातः)
18. Dr. Vishvas M. Kulkarni, India's Great Flute Maestro: Pt. Pannalal Ghosh, Page No. 2
19. वही
20. पं. नयन घोष, चर्चा, मुम्बई, 6/3/2012, 2 बजे (दोपहर)
21. www.pannalalghosh.com
22. www.nityanandhaldipur.com
23. Sh. Mohan D. Nadkarni's Article on www.kamat.com
24. 'A stick full of music', The Times of India-The Crest Edition 17 Sep. 2011. Page No. 21
25. पं. नयन घोष, चर्चा, मुम्बई, 8/3/2012, 10 बजे (प्रातः)

26. www.pannalalghosh.com
27. पं. नयन घोष, चर्चा, मुम्बई, 3/3/2009, 5 बजे (सायं)
28. पं. नयन घोष, चर्चा, मुम्बई, 3/3/2009, 5 बजे (सायं)
29. पं. नयन घोष, चर्चा, मुम्बई, 6/3/2012, 2 बजे (दोपहर)
30. Dr. Vishvas M. Kulkarni, India's Great Flute Maestro: Pt. Pannalal Ghosh, Page No. 3-4
31. Sh. Mohan D. Nadkarni's Article on www.kamat.com
32. Dr. Vishvas M. Kulkarni, India's Great Flute Maestro: Pt. Pannalal Ghosh, Page No. 2
33. पं. नयन घोष, चर्चा, मुम्बई, 6/3/2012, 2 बजे (दोपहर)
34. पं. नयन घोष, चर्चा, मुम्बई, 10/3/2009, 10 बजे (प्रातः)
35. पं. नयन घोष, चर्चा, मुम्बई, 10/3/2009, 10 बजे (प्रातः)
36. वही
37. Dr.Vishvas M. Kulkarni, India's Great Flute Maestro: Pt. Pannalal Ghosh, Page No.2
38. पं. नयन घोष, चर्चा, मुम्बई, 6/3/2012, 2 बजे (दोपहर)
39. पं. नयन घोष, चर्चा, मुम्बई, 18/11/2012, 8 बजे (रात्रि)
40. पं. नयन घोष, चर्चा, मुम्बई, 18/11/2012, 8 बजे (रात्रि)
41. Dr.Vishvas M. Kulkarni, India's Great Flute Maestro: Pt. Pannalal Ghosh, Page No.4
42. Dr. Vishvas M. Kulkarni, India's Great Flute Maestro: Pt. Pannalal Ghosh, Page No.4
43. वही
44. वही
45. वही
46. Dr. Vishvas M. Kulkarni, India's Great Flute Maestro: Pt. Pannalal Ghosh, Page No.4
47. वही
48. वही
49. संगीत महाभारती, मनांजली (2012), पृ.4
50. श्री तुषार भाटिया, चर्चा, मुम्बई, 15/3/2012, 6 बजे (सायं)
51. श्री तुषार भाटिया, चर्चा, मुम्बई, 15/3/2012, 6 बजे (सायं)

52. वही
53. श्री तुषार भाटिया, चर्चा, मुम्बई, 21/5/2011, 5 बजे (सायं)
54. श्री तुषार भाटिया, चर्चा, मुम्बई, 15/3/2012, 6 बजे (सायं)
55. वही
56. Dr. Vishvas M. Kulkarni, India's Great Flute Maestro: Pt. Pannalal Ghosh, Page No.5
57. श्री तुषार भाटिया, चर्चा, मुम्बई, 21/5/2011, 5 बजे (सायं)
58. वही
59. श्री तुषार भाटिया, चर्चा, मुम्बई, 21/5/2011, 5 बजे (सायं)
60. वही
61. श्री तुषार भाटिया, चर्चा, मुम्बई, 21/5/2011, 5 बजे (सायं)
62. वही
63. श्री तुषार भाटिया, चर्चा, मुम्बई, 21/5/2011, 5 बजे (सायं)
64. वही
65. वही
66. www.downmelodylane.com
67. www.downmelodylane.com
68. वही
69. www.downmelodylane.com
70. www.downmelodylane.com
71. वही
72. वही

6

सांस्कृतिक धरोहर का प्रचार–प्रसार एवं संरक्षण

पंडित पन्नालाल घोष जी ने संगीत क्षेत्र एवं बाँसुरी को एक नई दिशा एवं नया रूप प्रदान करने के साथ–साथ इसके प्रचार–प्रसार एवं संरक्षण में भी अपना प्रभावी योगदान दिया। भारत देश वैदिककाल से ही सांस्कृतिक स्तर पर सम्पन्न रहा है। भारत की संस्कृति प्रारम्भ से ही इतनी समृद्ध रही कि भिन्न–भिन्न देशों के लोग यहाँ आए एवं इस अमूल्य धरोहर को ग्रहण करने हेतु प्रयासरत हुये। वास्तव में, भारत अपनी सांस्कृतिक विशेषताओं के कारण ही विश्व में एक अलग पहचान रखता है।

भारत देश की संस्कृति एवं कला अपने आप में अनूठी एवं विरल है तथा कई महान् कलाकारों ने अपने निरन्तर प्रयास द्वारा इसे विस्तृत रूप प्रदान किया। पंडित पन्नालाल घोष जी ऐसे ही एक महान् कलाकार थे, जिन्होंने अपने अथक प्रयास द्वारा भारत की कला एवं संस्कृति में विशेष योगदान दिया। आपने बाँसुरी वाद्य को नवीन रूप प्रदान कर हमारे देश की संस्कृति एवं कला में एक नया पायदान स्थापित किया।

आपने संगीत एवं बाँसुरी के क्षेत्र में नये–नये परिवर्तन कर, इन्हें श्रेष्ठ रूप प्रदान किया। इस प्रकार आपने सभी कल्पनाओं को साकार करने के साथ–साथ भारतीय संगीत के प्रचार–प्रसार एवं संरक्षण में भी अपना विशेष योगदान दिया।[1]

पंडित पन्नालाल घोष जी ने अपने गुरूजनों से जो भी ज्ञान प्राप्त किया, उसे सिर्फ अपने तक सीमित न रखते हुये, आगे योग्य हाथों में हस्तान्तरित

किया। आपने संगीत कार्यक्रमों में निरन्तर प्रस्तुतिकरण द्वारा इस संस्कृति को सम्पूर्ण भारत एवं विश्व में फैलाया।

पंडित पन्नालाल घोष जी के आकाशवाणी द्वारा प्रसारित कार्यक्रम एवं संगीत सम्मेलनों में प्रस्तुतियों से आपने सम्पूर्ण भारत के साथ–साथ विदेश में भी अपनी संस्कृति की छाप छोड़ी। आपके बाँसुरीवादन एवं कलात्मक गुणों से प्रभावित होकर भारतीय एवं विदेशी आपके मार्ग पर अग्रसित हुए। आपने अपनी कला को आगे हस्तान्तरित कर 'गुरू–शिष्य परम्परा' का पूर्ण ज़िम्मेदारी से निर्वाह किया, साथ ही आपने कई शिष्यों को उत्कृष्ट तालीम प्रदान कर उन्हें कुशल बाँसुरीवादक के रूप में स्थापित किया। इसके साथ–साथ आपने कई रिकॉर्ड्स में भी बाँसुरीवादन किया।[2]

इस प्रकार आपने अपने अथक प्रयास द्वारा इस अनमोल एवं अतुलनीय संस्कृति के प्रचार–प्रसार में अपना विशेष योगदान देकर नये–नये आयाम स्थापित किये।

भारतीय विद्यार्थी–विदेशी विद्यार्थी

पंडित पन्नालाल घोष जी सर्वश्रेष्ठ बाँसुरीवादक के साथ एक महान् गुरू भी थे। आपने स्वयं में निहित कलात्मक गुणों को सदैव हस्तान्तरित किया तथा गुरू–शिष्य परम्परा को पूरी ईमानदारी के साथ निभाया। आपने किसी भी व्यक्ति के सीखने की ललक की कभी उपेक्षा नहीं की, अपितु सदैव प्रोत्साहित किया।

पन्नाबाबू जी के बाँसुरीवादन से प्रभावित होकर जब भी कोई विद्यार्थी उनके पास तालीम के लिये आता तो बाबू जी सदैव उसका मार्ग दर्शन करते थे। आपने कई कुशल शिष्य तैयार कर इस कला का विस्तार किया। आप जितने श्रेष्ठ कलाकार थे, उतने ही श्रेष्ठ गुरू भी सिद्ध हुए। आप अपने शिष्यों के प्रति सदैव समर्पित रहे तथा उन्हें उत्कृष्ट तालीम प्रदान कर एक कुशल बाँसुरीवादक के रूप में स्थापित किया।[3]

पन्नाबाबू जी का अपने शिष्यों से सदैव गहरा सम्बन्ध रहा। आप कुशल कलाकार के साथ–साथ बहुत अच्छे इंसान भी थे, यही कारण है कि आप सदैव अपने शिष्यों के प्रति स्नेह रखते थे एवं उन्हें अपने पुत्र के समान स्नेह करते थे। आपने कभी भी अपने शिष्यों पर क्रोध नहीं किया अपितु स्नेहपूर्ण व्यवहार कर उन्हें सदैव प्रोत्साहित किया। पन्नाबाबू जी अपने शिष्यों को

तालीम प्रदान करने के साथ–साथ उन्हें सुअवसर भी प्रदान किए, जिसके परिणाम स्वरूप वे कार्यक्रम में बाबूजी के साथ बाँसुरी पर संगत करते थे।

बाबूजी कार्यक्रम के दौरान अपने शिष्यों को सदैव प्रोत्साहित करते थे। आप उनके (शिष्य) अनुकूल ही रागों का चयन करते थे तथा उन्हें मानसिक बल प्रदान करते थे। इसका जीवन्त उदाहरण इस प्रकार है–

पंडित वी.जी. कारनाड के अनुसार, ''सिक्का नगर में कार्यक्रम के एक दिन पूर्व पन्नाबाबू जी ने मुझे संगत करने के लिए बाँसुरी लाने को कहा। मैंने उन्हें कहा कि मैं सिर्फ 1–2 महीनों से ही 'काली–2' पर अभ्यास कर रहा हूँ लेकिन उन्होंने (पन्नाबाबू जी) मुझ पर दबाव डाला और कहा 'चिन्ता मत करो, मैं तुम्हारे लिए राग यमन ही बजा रहा हूँ।''[4]

बाबूजी ने जो कहा वही अगले दिन कार्यक्रम में प्रस्तुत किया, और कहा कि वह मुझे किसी भी उलझन में नहीं डालेंगे। जब तबले के साथ बजाते हुए उन्हें 2–3 आवर्तन पूरे हुए, तब उन्होंने मेरी तरफ देखा और बाँसुरी बजाने के लिए इशारा किया। इस प्रकार जब श्रोताओं के समक्ष मैंने बजाया और बड़ी कुशलता से 'सम' पर आया तो श्रोताओं के साथ–साथ बाबूजी ने भी मेरी अत्यन्त सराहना की।[5]

इसके उपरान्त उन्होंने राग बिहाग प्रस्तुत कर मुझे चिंतामुक्त किया। कार्यक्रम से वापसी के समय उन्होंने कहा, 'तुमने आज बहुत अच्छा किया, अब तुम हमेशा मेरे साथ बाँसुरी पर संगत किया करो।' इस तरह उन्होंने मेरे अन्दर आत्मविश्वास जागृत किया।[6]

वास्तव में, बाबूजी एक कुशल संगीतज्ञ के साथ–साथ बहुत महान् व्यक्ति भी थे। उनके अन्दर कलात्मक गुणों के साथ–साथ प्रेम, स्नेह, आत्मीयता, दया आदि कई गुण कूट–कूट कर निहित थे। आपने अपने समस्त शिष्यों को अपने परिवार का ही सदस्य ही माना एवं संगीत के साथ–साथ गुरू–शिष्य परम्परा को भी एक नया आयाम एवं रूप प्रदान किया।

पन्नाबाबू जी ने अपनी संगीत विरासत अपने शिष्यों जैसे स्वर्गीय श्री हरिपद चौधरी, श्री देवेन्द्र मुर्देश्वर, श्री निरंजन हल्दीपुर, श्री नित्यानंद हल्दीपुर, पंडित वी.जी. कारनाड, श्री गौर गोस्वामी, श्री रासबिहारी देसाई, श्री सूरजनारायण पुरोहित, श्री मोहन डी. नाडकर्णी, श्री आर.एम. कुम्टाकर, श्री प्रभाकर नाचणे, श्री के.डी. देसाई, श्री हरि के. छाबड़िया, श्री महेश मस्तफकीर, श्री फकीरचंद

सामन्ता, श्री परेशनाथ लाहिरी, श्री शरद माहोले, श्री रमाप्रसाद मुखर्जी, श्री सुरेश बसरूरकर, श्री त्रिभुवन गोंदकर तथा विदेश में श्री अमीन–उर–रहमान (ढाका), जिन्हें मिंटू दा भी कहते थे, के योग्य हाथों में सौंपी।[7]

पन्नाबाबू जी के शिष्यों में जो शिष्य सफल बाँसुरीवादक के रूप में स्थापित हुए तथा जिन्होंने निरन्तर मंच प्रदर्शन द्वारा इस परम्परा का विस्तार किया एवं प्रतिनिधित्व किया, उनमें प्रमुख रहे–श्री हरिपद चौधरी, पंडित देवेन्द्र मुर्देश्वर, पंडित वी.जी. कारनाड, पंडित रासबिहारी देसाई, पंडित नित्यानन्द हल्दीपुर, पंडित सूरजनारायण पुरोहित, उस्ताद अमीन–उर–रहमान (ढाका) आदि।

श्री हरिपद चौधरी

श्री हरिपद चौधरी जी पंडित पन्नालाल घोष जी के निकटतम रहे। आप दोनों समान उम्र के थे तथा बचपन में बरीसाल में साथ खेला करते थे। आप दोनों घनिष्ठ मित्र रहे तथा आपकी मित्रता की शुरूआत बरीसाल से ही हुई। श्री हरिपद जी, आगे चलकर एक ट्रक ड्राईवर बने, साथ ही आप कुश्ती के भी अच्छे जानकार थे।[8]

कुछ समय पश्चात् आपको बाँसुरी से विशेष लगाव हुआ। जब इस बारे में आपने पन्नाबाबू जी को अवगत कराया तो बाबूजी अत्यधिक प्रसन्न हुए एवं आपको बाँसुरी सिखाना प्रारम्भ किया व परस्पर आपसे कुश्ती सीखी। आपने अत्यन्त मेहनत व कठिन परिश्रम द्वारा बाँसुरी पर अधिकार प्राप्त किया व स्वयं को एक श्रेष्ठ कलाकार के रूप में स्थापित किया। आप पन्नाबाबू जी को ही अपना आदर्श मानते थे एवं सदैव उनकी वादनशैली के अनुयायी रहे।[9]

आपके वादन में पन्नाबाबू जी की स्पष्ट छाप दिखाई देती थी। आप समान उम्र के होते हुए भी, एक अच्छे शिष्य की तरह पन्नाबाबू जी के प्रति सदैव समर्पित रहे तथा 'गुरू सेवा' को ही अपना धर्म मानते थे। आप अत्यन्त विनम्र, सहज, सरल एवं नरम स्वभाव के व्यक्ति थे। आप और पन्नाबाबू जी सदैव जुड़वा भाईयों की तरह ही रहे।[10]

आप एक श्रेष्ठ कलाकार के साथ–साथ महान् गुरू भी सिद्ध हुए। आपने कई शिष्यों को तालीम प्रदान की एवं उन्हें कुशल बाँसुरीवादक के रूप में स्थापित किया। आपकी शिष्या डॉ. ललिता राव जी ने भी अत्यधिक ख्याति

प्राप्त की व आपको गौरान्वित किया। आप बरीसाल के बाद मुम्बई में निवास करने लगे, जहाँ कई वर्षों पहले दुर्भाग्यवश आपका देहान्त हो चुका है। इस प्रकार आप पंडित पन्नालाल घोष जी के निकटतम शिष्य एवं मित्र रहे।[11]

पंडित देवेन्द्र मुर्देश्वर

पंडित देवेन्द्र मुर्देश्वर जी, जिनका घर मैसूर राज्य में 'मसूर' नामक स्थान पर था, को प्रारम्भ से ही संगीतमय वातावरण प्राप्त हुआ। आपके पिता संगीत पारखी थे तथा शौकिया तौर पर वॉयलिन, बाँसुरी एवं तबला भी बजाया करते थे, जिसका युवा देवेन्द्र मुर्देश्वर जी पर अत्यधिक प्रभाव हुआ। आपने बाँसुरी एवं तबला सीखा, साथ ही स्टेज साँग्स गाने में भी आपकी अत्यधिक रूची रही।[12]

सन् 1941 में, आपने मुम्बई के लिए प्रस्थान किया जहाँ आपको देश के श्रेष्ठ एवं उत्कृष्ट कलाकारों को सुनने का सुअवसर प्राप्त हुआ। यहाँ तक की जब आप विक्रय प्रतिनिधि के रूप में कार्यरत थे, तब आपने तबले के प्रकाण्ड विद्वान् उस्ताद अमीर हुसैन खान जी से तालीम प्राप्त की, साथ ही मास्टर नवरंग जी से गायन की शिक्षा भी प्राप्त की।[13]

सन् 1947 में जब श्री देवेन्द्र मुर्देश्वर जी ने सर्वश्रेष्ठ बाँसुरीवादक पंडित पन्नालाल घोष जी का बाँसुरीवादन सुना, तब वह पूर्ण रूप से प्रभावित हुए। पन्नाबाबू जी के बाँसुरीवादन का उनके मस्तिष्क पर इतना स्थायी प्रभाव हुआ कि उन्होंने इस महान् कलाकार के मार्गदर्शन में तालीम प्राप्त करने का निश्चय किया और अपनी तालीम प्रारम्भ की। श्री मुर्देश्वर जी दिन–रात अत्यधिक रियाज़ करते थे तथा शीघ्र ही उनका आकाशवाणी से नियमित प्रसारण भी प्रारम्भ हुआ।[14]

पंडित देवेन्द्र मुर्देश्वर जी का भारत के उत्कृष्ट बाँसुरीवादकों में स्थान था। आप असाधारण प्रतिभा के धनी रहे तथा अपनी दृढ़ इच्छा शक्ति के कारण कुशल बाँसुरीवादक बने। आपके वादन से गुरू की तालीम एवं कठिन परिश्रम का सहज परिलक्षण होता था। तकनीकियों पर कुशल नियंत्रण एवं प्रभावी प्रस्तुतिकरण के परिणाम स्वरूप आप एक निपुण एवं सच्चे कलाकार के रूप में स्थापित हुए। कई युवा, विदेशी एवं आपके पुत्र आनंद मुर्देश्वर जी ने आपसे तालीम एवं मार्गदर्शन प्राप्त किया तथा स्वयं को कुशल बाँसुरीवादक के रूप में स्थापित किया।[15]

पंडित देवेन्द्र मुर्देश्वर कुशल बाँसुरीवादक होने के साथ–साथ उच्च कोटि की बाँसुरी का भी निर्माण करते थे। वास्तव में, पन्नाबाबू जी अधिकाशतः देवेन्द्र मुर्देश्वर जी द्वारा निर्मित बाँसुरी को ही प्रयुक्त करते थे। आपके द्वारा निर्मित बाँसुरी स्वरोच्चारण, भाव एवं कार्य में अत्यन्त कुशल होती थी। इसके साथ, आप उस्ताद अमीर हुसैन खान साहब से प्राप्त तालीम के कारण तबले के भी अच्छे जानकार रहे तथा चित्रकारी एवं छायाचित्र के चित्रांकन में भी आपकी अत्यधिक रूचि थी।[16]

सन् 1950 से श्री मुर्देश्वर जी ऑल इण्डिया रेडियो पर कार्यरत थे। भारत के लगभग सभी स्थानों पर होने वाले महत्वपूर्ण संगीत सम्मेलनों में आपने अपनी श्रेष्ठ प्रस्तुतियाँ दी। आपने सरकारी सांस्कृतिक प्रतिनिधि मण्डल के सदस्य के रूप में भी भारत सरकार का प्रतिनिधित्व किया, साथ ही नेपाल, अफगानिस्तान, रूस, जर्मनी, यूगोस्लाविया, बुल्गारिया, मॉरिशस आदि कई देशों में श्रोताओं के विशाल समूह के सामने अपनी कला का प्रदर्शन किया। सन् 1986 में आपने अमेरिका एवं कनाडा की यात्रा की, जहाँ आपके प्रस्तुतिकरण में निहित गायकी अंग के कारण आपकी अत्यधिक प्रशंसा की गई।[17]

आपके स्वर्गवास से पूर्व आपने अपनी कला को कई योग्य एवं सुरक्षित हाथों में हस्तान्तरित किया, जिसमें प्रमुख हैं–श्री आनंद मुर्देश्वर (पुत्र), पंडित नित्यानंद हल्दीपुर, विजय कबिनित्तल, रवि सामन्त, केदार कुलकर्णी, नरेश कुम्टा, हरिशचन्द्र कोकरे, मि. लियॉन लीफर और कई अन्य।[18]

पंडित वी.जी. कारनाड

पंडित वेंकटसुब्राव गणेश कारनाड जी का जन्म 22 सितम्बर, 1925 को कर्नाटक में हुआ था। आप ऐसे वातावरण में पले–बढ़े, जहाँ दक्षिण भारत के संत कवि श्री पुरंदरदास जी के भावपूर्ण गीत गाये जाते थे। आप दक्षिण भारत के कुशल बाँसुरीवादक श्री पल्लडम संजीव राव से अत्यंत प्रेरित थे, जो उनके बाँसुरी के प्रति आकर्षण के प्रमुख कारण रहे। चूंकि उनकी बेलनाकार बाँसुरी बजाने की प्रबल इच्छा थी, अतः उन्होंने स्वयं ने ही एक अपरिष्कृत प्रतिमान के रूप में बाँसुरी का निर्माण किया।[19]

कुछ समय पश्चात् कारनाड जी की एक अच्छी नौकरी लगी, जिसके कारण वह मुम्बई में रहने लगे। मुम्बई पहुँचने के बाद उन्हें सुअवसर प्राप्त

हुए तथा वे गुरू की खोज में और अधिक प्रवृत्त हुए। फरवरी, 1949 में पथप्रदर्शक एवं महान् संगीतज्ञ पंडित पन्नालाल घोष जी, जिन्होंने हाल में शिक्षण कार्य आरम्भ किया था, से लाभप्रद मुलाकात के बाद ही उनकी यह खोज समाप्त हुई।[20]

उत्कृष्ट शिक्षा, निरन्तर कठिन रियाज़ एवं गुरू के प्रति श्रद्धा आदि गुणों के परिमाण स्वरूप श्री कारनाड जी एक निपुण कलाकार के रूप में स्थापित हुए। उनकी अंगुलियों द्वारा बाँसुरी से उत्पन्न संगीत प्रचुर मात्रा में श्रेष्ठ एवं भावपूर्ण था। आप सन् 1954 से रेडियो के कलाकार थे तथा 1958 में सुर सिंगार संसद द्वारा आयोजित स्वामी हरिदास संगीत सम्मेलन में आलोचक एवं कला–मर्मज्ञों द्वारा आपकी प्रस्तुति को अत्यधिक सराहा गया। संगीत कार्यक्रमों एवं टेलीविज़न से कारनाड जी का गहरा सम्बन्ध रहा।[21]

सन् 1960 में आपने यूरोप के कई देशों में अपनी प्रस्तुतियाँ दी। इसके अतिरिक्त सन् 1982 में आपने यूनाइटेड किंगडम एवं यू.एस.ए. की यात्रा के दौरान 45 प्रस्तुतियाँ दी, जिन्हें संगीत पारखी एवं श्रोताओं द्वारा अत्यन्त सराहा गया।[22]

सन् 1986 में गुरू पंडित पन्नालाल घोष जी के 75वें जन्मदिन के उपलक्ष्य में आयोजित कार्यक्रम में कारनाड जी को उनके वरिष्ठ गुरू भाई द्वारा बाँसुरीवादन के लिये ढाका, बांग्लादेश आमंत्रित किया गया, जहाँ कारनाड जी ने महान् बाँसुरीवादक पंडित पन्नालाल घोष जी के सुयोग्य शिष्य के रूप में अत्यधिक प्रशंसा एवं सम्मान प्राप्त किया। इसी दौरान बांग्लादेश के कुछ बाँसुरीवादक उनके शिष्य बने तथा लगातार भारत आकर उनसे तालीम प्राप्त करने लगे।[23]

सन् 1987 एवं 1992 में श्री कारनाड जी ने पुनः बांग्लादेश की यात्रा तथा ढाका की कुछ सांस्कृतिक संस्थाओं एवं चित्तागोंग व राजशाही में अपने श्रेष्ठ प्रस्तुतिकरण द्वारा संगीत प्रेमियों को मंत्रमुग्ध किया। पंडित वी.जी. कारनाड जी, आज भी पूना में रहकर उन सभी विद्यार्थियों को, जो बाँसुरी का एक लक्ष्य के रूप में चयन करते हैं, तालीम देते हैं और इसके लिये वह कोई फीस भी नहीं लेते हैं। इस प्रकार कारनाड जी गुरू जी द्वारा प्राप्त ज्ञान का भली–भाँति विस्तार कर रहे हैं।[24]

पंडित रासबिहारी देसाई

पंडित रासबिहारी देसाई जी का जन्म 14 अक्टूबर, 1926 के दिन बड़ौदा (गुजरात) में हुआ था। संगीत आपको अपने माता–पिता से विरासत के रूप में प्राप्त हुआ। आपके पिताजी दिलरूबा एवं तबला बजाते थे तथा आपकी माताजी गायन में दक्ष थीं। आपका बचपन से ही बाँसुरी के प्रति अत्यधिक लगाव रहा। बाँसुरी की प्रारम्भिक शिक्षा आपने अपने बड़े भाई से प्राप्त की तथा बाद में आपने अहमदाबाद के सी.एन. उच्च विद्यालय में श्री शंकर राव गडरे जी के सानिध्य में भारतीय संगीत एवं बाँसुरी की बारीकियाँ सीखी।[25]

पंडित रासबिहारी जी भाग्यशाली रहे कि आपको पंडित ओंकारनाथ ठाकुर जी के समक्ष प्रस्तुति देने का सुअवसर प्राप्त हुआ, जहाँ आपने राग सोहनी में श्रेष्ठ प्रस्तुति दी। पंडित जी उनसे इतने प्रभावित हुए कि उन्होंने श्री रासबिहारी जी से कहा, 'यदि तुम वास्तव में बाँसुरी सीखना चाहते हो तो, तुम्हें मुम्बई जाना चाहिए और श्री पन्नालाल घोष जी से तालीम प्राप्त करनी चाहिए।'[26]

इस तरह रासबिहारी जी मुम्बई आये और इतने महान् गुरू पंडित पन्नालाल घोष जी से उनकी संगीत की एवं धार्मिक शिक्षा प्रारम्भ हुई। उन्होंने 'सेनी घराने' की शैली की शिक्षा प्राप्त की। उनकी गुरूजी से पहली मुलाकात जुलाई, 1948 में आकाशवाणी केन्द्र, मुम्बई पर हुई थी। इस प्रकार वह पन्नाबाबू जी के शिष्य बने एवं सन् 1960 में हुई बाबूजी की मृत्यु तक उनसे तालीम प्राप्त करते रहे।[27]

"मेरा गुरूजी के साथ तालमेल धार्मिक स्तर पर अधिक था, जहाँ हम बिना सामान्य बातचीत के भी एक–दूसरे को समझ सकते थे", श्री रासबिहारी जी के अनुसार।[28]

पंडित रासबिहारी जी ने आकाशवाणी के कई कार्यक्रमों में गुरूजी के साथ बाँसुरी पर संगत की। आपने स्वामी हरिदास सम्मेलन में भी संगत की थी, जहाँ पंडित निखिल घोष जी ने तबलावादन किया था। गुरूजी मुम्बई में बाँसुरी विद्यापीठ में बिना फीस के बाँसुरी सिखाया करते थे। उनकी मृत्यु के 3 वर्ष बाद तक, श्री रासबिहारी जी ने भी वहाँ बाँसुरी की कक्षाएं संचालित की। इसके अतिरिक्त रासबिहारी जी ने भिन्न–भिन्न स्वर स्केल की 12 बाँसुरियों के साथ वाद्यवृंद का निर्माण किया एवं संचालन भी किया। 'यह गुरूजी की व्यक्तिगत इच्छा थी, जिसको मैं पूरी कर सका', श्री रासबिहारी देसाई जी के अनुसार।[29]

श्री रासबिहारी जी कहते हैं, 'गुरूजी इतने महान व्यक्ति थे कि शब्दों के द्वारा उनकी महानता का वर्णन करना असंभव था, न सिर्फ बाँसुरीवादक के रूप में अपितु एक श्रेष्ठ व्यक्ति के रूप में भी।' उदाहरणार्थ उन्होंने एक दृष्टांत का वर्णन किया कि जब गुरूजी ने आकाशवाणी संगीत सम्मेलन में प्रस्तुति दी तो कार्यक्रम के बाद श्री अरविंद पारीख जी, जो कि उस्ताद विलायत खान साहब के शिष्य है एवं सितार के जाने–माने कलाकार हैं, गुरूजी के पास आए और प्रशंसा करते हुए बोले, 'बाबूजी, ये राग की गत बहुत अच्छी है।' गुरूजी ने अपना हाथ रासबिहारी जी के कंधे पर रखा और उन्हें कहा,'इसने कम्पोज़ की है।[30]

पन्नाबाबूजी श्री रामकृष्ण परमहंस जी के प्रबल अनुयायी रहे। काफी समय से रासबिहारी जी, बड़ौदा (गुजरात) में रहते थे परन्तु वर्तमान में आप मुम्बई में रहकर अपनी साधना में लीन हैं। उन्होंने कई शिष्यों को तालीम दी तथा वर्तमान में भी कई शिष्य आपसे तालीम प्राप्त कर रहे हैं, जिनसे आप अपने गुरूजी की तरह कोई फीस नहीं लेते हैं।[31]

पंडित नित्यानंद हल्दीपुर

पंडित नित्यानंद हल्दीपुर, वर्तमान में देश के श्रेष्ठ बाँसुरीवादकों में से एक हैं, जिन्होंने 7 वर्ष की आयु में पंडित पन्नालाल घोष जी से तालीम प्राप्त की तथा बाँसुरी की तकनीकियों को सीखा। आपने सर्वप्रथम राग यमन में पलटे (अलंकार) एवं आलाप सीखे, साथ ही विद्यालय में प्रस्तुति के लिए बाबूजी ने आपको 'गुरू बिन ज्ञान नहीं पावे' बंदिश एवं आलाप सिखाये। आपके द्वारा कम उम्र में ही अत्यधिक तेज गति में अलंकार बजाने के लिए बाबूजी ने आपको अपनी स्वयं की बाँसुरियों में से एक बाँसुरी आशीर्वाद स्वरूप दी। इसके साथ ही आपने माँ अन्नपूर्णा देवी जी से भी गहन तालीम प्राप्त की।[32]

आपका जन्म मुम्बई में, एक धार्मिक परिवार में हुआ था, जहाँ भाग्यवश आपको अपने सांगीतिक विकास के लिए अनुकूल वातावरण प्राप्त हुआ। आपकी प्रारम्भिक शिक्षा अपने पिता श्री निरंजन हल्दीपुर जी से हुई थी, जो कि पंडित पन्नालाल घोष जी के वरिष्ठ शिष्य थे तथा उन्हीं से आपने बाँसुरीवादन की तकनीकियाँ एवं सिद्धांत सीखे। श्री नित्यानंद जी बड़े ही सहज रूप में बाँसुरी की तरफ आकर्षित हुए।[33]

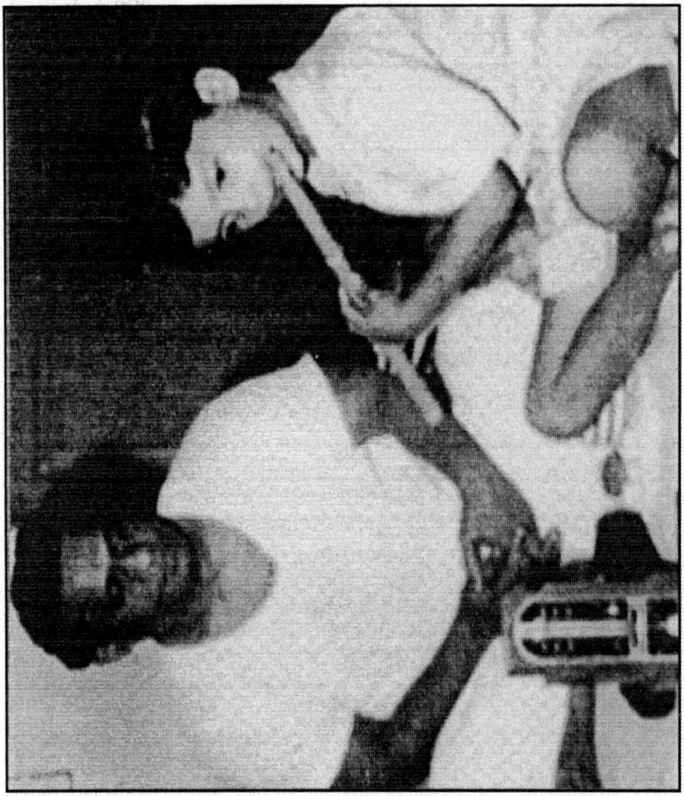

Young Nityanand with Panna Babu

अगले दो दशक तक, आपने स्वर्गीय पंडित चिदानंद नागरकर जी एवं पंडित देवेन्द्र मुर्देश्वर जो कि पंडित पन्नालाल घोष जी के वरिष्ठ शिष्य थे, से तालीम प्राप्त की। इसके बाद सन् 1986 में, बाबा अलाउद्दीन खान साहब की बेटी माँ अन्नापूर्णा देवी जी ने नित्यानंद जी को अपने शिष्य के रूप में स्वीकार किया और इस प्रकार नित्यानंद जी की प्रतिभा एवं संगीतज्ञता का उत्तरोत्तर विकास होता गया तथा उनके वादन में गहराई, परिपक्वता एवं नये आयाम स्थापित हुए।[34]

परिष्कृत ध्वनि सौंदर्य, लयबद्ध रमणीयता और गहराई के साथ–साथ 'भाव' की सुबोधगम्यता नित्यांनद जी के वादन की विशेषताएँ हैं। सेनिया–मैहर घराने की गूढ़ तालीम एवं निरन्तर घण्टों के रियाज़ के परिणाम स्वरूप आपने इस घराने की परम्परा का बखूबी निर्वाह किया। उक्त घराने की गहन तालीम के साथ–साथ कठिन परिश्रम, समर्पण एवं रियाज़ द्वारा आपने पाण्डित्यपूर्ण प्रस्तुतिकरण पर अधिकार प्राप्त किया।[35]

आपने हिन्दुस्तानी शास्त्रीय संगीत की शुद्धता, सौंदर्य तत्व एवं श्रेष्ठता के साथ–साथ आपने व्याकरण, अनुशासन एवं बारीकियों को भी अपने संगीत में समाहित किया। आपके वादन में विलम्बित रचनाओं में ध्रुपद अंग के अलाप एवं जोड़ के सुस्पष्ट प्रारूप अत्यन्त निरभ्र, ध्यानशील एवं आकर्षक प्रतीत होते हैं, वहीं द्रुत रचनाओं में विभिन्न प्रकार के लययुक्त प्रारूप आपके वादन को श्रेष्ठता प्रदान करते हैं।[36]

श्री नित्यानंद हल्दीपुर जी ने 'सार्क महोत्सव' एवं 'अपना उत्सव श्रृंखला' के साथ–साथ कई संगीत सम्मेलनों में प्रस्तुतियाँ दी। भारत एवं विदेशों में समान रूप से संगीत प्रेमी एवं आलोचक, आपके द्वारा रागों में प्रस्तुत की गई कल्पनाशील एवं अविस्मरणीय रचनाओं की अत्यधिक प्रशंसा करते हैं। आपकी प्रस्तुतियाँ अप्रत्याशित, मधुर एवं असाधारण उपज से परिपूर्ण हैं। पंडित नित्यानन्द हल्दीपुर जी एक चयनशील संगीतज्ञ होने के बाद भी सभी संस्कृतियों एवं शैलियों को समान रूप से सम्मान देते हैं।[37]

आपके बाँसुरीवादन का ऑल इण्डिया रेडियो, मुम्बई से नियमित प्रसारण किया जाता है। ऑल इण्डिया रेडियो संगीत सम्मेलन के साथ–साथ सभी महत्वपूर्ण राष्ट्रीय एवं अन्तर्राष्ट्रीय कार्यक्रमों में आपने अपनी प्रस्तुतियाँ दी।

कई बड़ी रिकॉर्ड्स कम्पनियों द्वारा आपकी सी.डी. एवं एलबम रिलीज़ किये गये हैं। आपके द्वारा भारतीय संगीत के क्षेत्र में किए गए विशेष योगदानों के लिये आपको 'संगीत नाटक अकादमी सम्मान' से भी सम्मानित किया गया है। वर्तमान में आप मुम्बई में निवास कर रहे हैं एवं अपनी साधना के साथ–साथ संगीत की हर प्रकार से सेवा कर रहे हैं।[38]

पंडित सूरजनारायण पुरोहित

पंडित सूरजनारायण पुरोहित जी ने 'गुरू–शिष्य परम्परा' के अन्तर्गत पंडित पन्नालाल घोष जी से तालीम प्राप्त की। आप पन्नाबाबू जी के वरिष्ठ एवं प्रतिनिधित्व करने वाले शिष्यों में से एक हैं, जिन्होंने बाबूजी के महान योगदानों को एवं बाँसुरी के प्रति उनके संदेश को जीवित रखा। पंडित सूरजनारायण पुरोहित जी ने विज्ञान विषय में स्नातक की डिग्री प्राप्त की तथा पन्नाबाबू जी के आखिरी क्षण तक उनके चरणों में रहकर शिक्षा प्राप्त की।[39]

श्री सूरजनारायण पुरोहित जी की रचनाओं में मंद्र स्वरों का विशेष प्रयोग, तीनों सप्तक में स्वर रचना आदि गुण सहज एवं स्वाभाविक रूप से महसूस किये जा सकते हैं। वह ख्याल एवं ठुमरी दोनों ही समान अधिकार से प्रस्तुत करते हैं तथा आपने लोक संगीत में भी महारथ हासिल की। आपका ऑल इण्डिया रेडियो से नियमित प्रसारण होता है, साथ ही सम्पूर्ण भारत के सभी महत्वपूर्ण संगीत सम्मेलन एवं गोष्ठियों जैसे सुर सिंगार संसद, संगीत महफिल, संगीत नाटक अकादमी, उस्ताद अमीर खान संगीत महोत्सव, रागेश्री आदि में आपने प्रस्तुतियाँ दी एवं अपने श्रेष्ठ प्रस्तुतिकरण द्वारा सभी को मंत्रमुग्ध किया।[40]

आपने संगीत के माध्यम से यूरोप की यात्रा की तथा स्वीडन एवं फ्रांस में अपनी कई प्रस्तुतियाँ दी। आपने वहाँ राष्ट्रीय स्तर के कार्यक्रमों में प्रस्तुतियाँ दी तथा संगीत कार्यक्रमों के अतिरिक्त, स्वीडन एवं फ्रांस की राष्ट्रीय प्रसारण संस्था द्वारा आयोजित रेडियो एवं दूरदर्शन के कार्यक्रमों में भी प्रस्तुतियाँ दी। सन् 1994 में आपको 'राजस्थान संगीत नाटक अकादमी सम्मान' से भी सम्मानित किया गया तथा पिछले 15 वर्षों से आप जयनारायण व्यास विश्वविद्यालय, जोधपुर में संगीत परीक्षक के पैनल में रहकर भी अपनी सेवाएं दे रहे हैं।[41]

A photograph taken in a studio at Mangalore (1955). From left V.G. Karnad, Pannababujee, Devendra Murdeshwar and Surajnarain Purohit

उस्ताद अमीन-उर-रहमान (ढाका)

उस्ताद अमीन–उर–रहमान, पंडित पन्नालाल घोष जी के वरिष्ठ शिष्य थे, जो कि ढाका में रहते थे। आपने पन्नाबाबू जी के साथ–साथ उस्ताद दाबिर खान साहब (बीनकार) से भी शिक्षा ग्रहण की थी। आप पंडित पन्नालाल घोष जी के प्रति पूर्ण रूप से समर्पित रहे तथा सभी आपको प्यार से मिंटू दा कहकर पुकारते थे। आपका बाबूजी से विशेष प्रेम रहा तथा आपने उनसे संगीत एवं बाँसुरी की सभी बारीकियाँ सीखीं।[42]

आपका बाँसुरीवादन उत्कृष्ट एवं उच्चस्तरीय था, जिसमें बाबूजी की स्पष्ट छाप दिखाई देती थी। आपने संगीत गोष्ठियों एवं कार्यक्रमों में श्रेष्ठ प्रस्तुतियों द्वारा सभी को मंत्रमुग्ध किया, साथ ही आपने स्वयं ने भी पन्नाबाबू जी के स्मरण में ढाका में कई कार्यक्रम आयोजित किए, जिसमें आपने अपने गुरू भाई श्री वी.जी. कारनाड जी आदि को बाँसुरीवादन के लिये भारत से आमंत्रित किया। आप अत्यन्त सहज एवं सरल व्यक्ति थे तथा संगीत, बाँसुरी एवं पन्नाबाबू जी के प्रति पूर्णरूप से समर्पित रहे।[43]

आपके घर में कई श्रेष्ठ कलाकार जैसे–श्री देवेन्द्र मुर्देश्वर, श्री वी.जी. कारनाड, डागर ब्रदर्स, उस्ताद असद अली खाँ, पंडित श्रीराम तिवारी एवं अन्य कई विद्वान् नियमित रूप से आते थे, इस प्रकार उस्ताद अमीन–उर–रहमान जी का घर श्रेष्ठ संगीतमय वातावरण से ओत–प्रोत था।[44]

पंडित पन्नालाल घोष जी ने अपनी कला को कुशल हाथों में हस्तान्तरित किया तथा सांस्कृतिक धरोहर का प्रचार–प्रसार किया। आपके सभी शिष्य कुशल एवं योग्य थे, जिन्होंने आपसे प्राप्त तालीम का आगे विस्तार कर आपकी परम्परा का निर्वाह किया। आपके प्रयास एवं योगदानों द्वारा भारतीय संगीत एवं बाँसुरी का सम्पूर्ण भारत व विश्व में प्रचार–प्रसार हुआ।[45]

कार्यक्रमों की प्रस्तुतियाँ

पंडित पन्नालाल घोष जी ने अपने जीवनकाल में अनगिनत प्रस्तुतियाँ दी। वास्तविकता यह है कि वे सर्वश्रेष्ठ बाँसुरी वादक थे तथा उनका बाँसुरीवादन उत्कृष्ट एवं अतुलनीय था, अतः समस्त आयोजक पन्नाबाबू जी के कार्यक्रम के लिए सदैव तत्पर रहते थे, साथ ही श्रोता भी बाबूजी का कार्यक्रम सुनने

के लिए व्याकुल रहते थे। यह उनकी महानता एवं विद्वत्ता ही थी कि कोई भी संगीत सम्मेलन पन्नाबाबू जी के बाँसुरीवादन के बिना संभव नहीं था।

आपने सम्पूर्ण भारत के साथ–साथ यूरोप में भी अपनी कला का प्रदर्शन किया तथा श्रोताओं को मंत्रमुग्ध किया। आपके द्वारा दी गई नियमित प्रस्तुतियों से भारतीय संगीत का प्रचार–प्रसार सम्पूर्ण विश्व में हो सका।

पन्नाबाबू जी का बाँसुरीवादन कलकत्ता, दिल्ली, मुम्बई तथा अन्य स्थानों पर स्थित आकाशवाणी केन्द्रों से प्रसारित होता था। सन् 1933 में पन्नाबाबू जी ने अनिल बिस्वास के साथ गीत 'एमोन कोरे आकुल शुरे बाँशुरी श्याम आर बाजियो ना' किया था, जो ऑल इण्डिया रेडियो पर उनका पहला प्रसारण था।[46] पन्नाबाबू जी ने नियमित रूप से ऑल इण्डिया रेडियो द्वारा अपने प्रसारण एवं सन् 1938 में भारत एवं यूरोप में संगीत समारोहों में अपनी जीवन्त प्रस्तुतियों के माध्यम से ख्याति अर्जित की।

पन्नाबाबू जी के ऑल इण्डिया रेडियो द्वारा कई कार्यक्रम प्रसारित किए गए। सितम्बर, 1959 (शनिवार) में ऑल इण्डिया रेडियो से पन्नाबाबू जी का राष्ट्रीय कार्यक्रम प्रस्तुत किया गया। इस प्रकार देश में उपस्थित सभी प्रमुख आकाशवाणी केन्द्रों से पन्नाबाबू जी का बाँसुरीवादन प्रसारित हुआ। बाबूजी के समय में आकाशवाणी में रिकॉर्डिंग्स की सुविधा नहीं होती थी, अतः कार्यक्रम का सीधा प्रसारण किया जाता था।[47]

पन्नाबाबू जी को उनके बाँसुरीवादन के लिए पूरे भारतवर्ष में बुलाया जा रहा था। सन् 1948 में, पन्नाबाबू जी ने रामकृष्ण मिशन परिसर, मुम्बई में आयोजित समारोह में अपने बाँसुरीवादन द्वारा श्रोताओं को मंत्रमुग्ध किया, जिसमें पंडित निखिल घोष जी ने तबले पर संगत की।[48]

13 फरवरी, 1949 (शनिवार) के दिन ऑपेरा हाउस स्थित थियोसोफिकल सोसायटी के हॉल में पन्नाबाबू जी का कार्यक्रम आयोजित किया गया था। कार्यक्रम से पूर्व शिकागो से पधारे रामकृष्ण मिशन के स्वामी श्री निखिलानन्द जी का व्याख्यान हुआ, तत्पश्चात् पन्नाबाबू जी के सुमधुर बाँसुरीवादन से सभी श्रोतागण आनन्दित एवं भाव–विभोर हुए।[49]

एक बार, पंडित बृजनारायण जी ने भी पन्नाबाबू जी का कार्यक्रम आयोजित किया था। यह कार्यक्रम मुम्बई में मेट्रो थियेटर के सामने स्थित

आज़ाद मैदान में आयोजित किया गया था, जिसमें विशाल टेन्ट लगाकर श्रोताओं के लिए बैठक की व्यवस्था की गई थी।[50]

मद्रास में 'रसिक–रंजन' सभा के अन्तर्गत भी पन्नाबाबू जी को बाँसुरीवादन के लिए आमंत्रित किया गया था। इस कार्यक्रम में पन्नाबाबू जी के अतिरिक्त उनकी पत्नी श्रीमती पारूल घोष जी, पंडित निखिल घोष जी (जिन्होंने तबले पर संगत की) तथा मोहन डी. नाडकर्णी, श्री देवेन्द्र मुर्देश्वर एवं श्री वी.जी. कारनाड जी आदि शिष्य संगतकार के रूप में साथ गये। इस कार्यक्रम में कर्नाटक संगीत के सुप्रसिद्ध बाँसुरीवादक श्री स्वामीनाथन् पिल्लई जी भी उपस्थित थे। इस प्रकार यह बहुत बड़ा आयोजन था, जिसमें पन्नाबाबू जी के श्रेष्ठ बाँसुरीवादन द्वारा सभी श्रोतागण एवं कलाकार मंत्रमुग्ध हुए।[51]

अप्रैल या मई माह में, सिक्कानगर में किराना घराने के श्री यशवन्तराव पुरोहित जी ने पन्नाबाबू जी का कार्यक्रम आयोजित किया था। दूसरी बार बाबूजी का कार्यक्रम फिर से मई, 1955 में मैंगलोर में आयोजित था, जिसकी व्यवस्था संगीत कलोपासक संस्था ने की थी तथा जिसके आयोजक श्री रत्नाकर भाट गुलवेदी, उनके भाई तथा हम्पनकट्टा के बाल्को स्टूडियो के श्री बाल गोपाल थे।[52]

पन्नाबाबू जी का कार्यक्रम मन्नागुड्डे में कनारा हाई स्कूल में भी आयोजित किया गया था। इस कार्यक्रम में पंडित निखिल घोष जी उपलब्ध नहीं थे अतः पंडित तारानाथ राव जी को तबले पर संगत के लिए बुलाया गया था। इस कार्यक्रम में, श्री देवेन्द्र मुर्देश्वर जी ने बाँसुरी पर पन्नाबाबू का साथ दिया तथा सूरजनारायण पुरोहित एवं वी.जी. कारनाड जी ने तानपुरे पर संगत की थी।[53]

सन् 1956 में पन्नाबाबू जी ने मुम्बई में आयोजित प्रथम राज्य संगीत–नृत्य महोत्सव में प्रस्तुति दी। आपने शंकरलाल संगीत महोत्सव (दिल्ली) में भी अपनी प्रस्तुतियों से श्रोताओं को मंत्रमुग्ध किया, साथ ही शिबपुर इंजीनियरिंग महाविद्यालय, बंगाल में भी आपने बाँसुरीवादन किया।[54]

सन् 1957 में सुर सिंगार संसद द्वारा आयोजित स्वामी हरिदास सम्मेलन में भी पन्नाबाबू जी ने अपनी प्रस्तुति से सभी को आनन्दित किया।

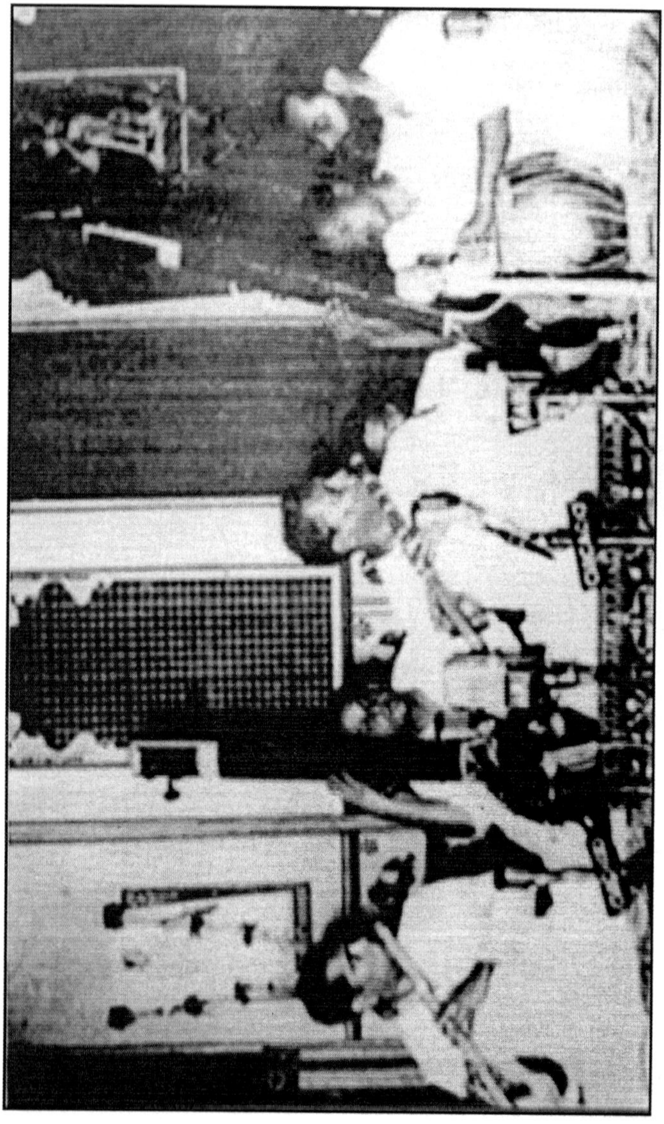

Pannababuji performing in Swami Haridas Sangeet Sammelan of Sur Singar Samsad, Bombay (1957), Flute accompaniment by his senior disciple V.G. Karnads

सितम्बर, 1959 में, पन्नाबाबू जी के बाँसुरीवादन का कार्यक्रम मुम्बई के पोद्दार महाविद्यालय के हॉल में सांय 5 बजे होना निश्चित था। यह कार्यक्रम दक्षिण भारत की एक संगीत संस्था 'भारतीय आर्ट म्युज़िक सोसायटी' द्वारा आयोजित किया गया था।[55]

एक 'सुर सिंगार संसद संगीत समारोह', जो कि कोवासजी जहाँगीर हॉल में आयोजित हुआ था, में पन्नाबाबू जी ने सुरश्री केसरबाई केरकर जी से पहले बाँसुरीवादन किया था।[56]

इस प्रकार पन्नाबाबू जी ने महाराष्ट्र, पश्चिमी बंगाल, दिल्ली, पंजाब, बैंगलोर, हैदराबाद, भुवनेश्वर, आसाम, उड़ीसा, लखनऊ, सिक्का नगर, राजस्थान, आदि सभी स्थानों पर प्रस्तुतियाँ दी। सम्पूर्ण भारतवर्ष में आपकी प्रस्तुति से श्रोता संगीतमय आनन्द से अविभूत हुए। आपने सम्पूर्ण भारत में तो प्रस्तुति दी ही, साथ ही विदेश में भी अपनी कला का प्रदर्शन किया तथा श्रोताओं को अपने बाँसुरीवादन से मंत्रमुग्ध किया।[57]

सन् 1938 में, श्री पन्नालाल घोष जी 'सराय कैला' की राजधानी के सुविख्यात 'छाऊ नृत्य' समूह के संगीत निर्देशक के रूप में यूरोप गये एवं प्रस्तुतिकरण किया, इस प्रकार आप शास्त्रीय संगीत के उन पहले कलाकारों में शामिल हुए जिन्होंने भारत के बाहर जाकर भी अपनी प्रस्तुतियाँ दी। इस प्रकार पन्नाबाबू जी ने स्वदेश के साथ–साथ विदेश में भी अपनी अतुलनीय प्रस्तुति से ख्याति अर्जित की।[58]

पंडित पन्नालाल घोष जी की प्रस्तुतियों के दौरान उनके भाई पंडित निखिल घोष जी के अतिरिक्त कई अन्य तबलावादकों ने भी बाबूजी के साथ संगत की, जिनमें प्रमुख रहे–उस्ताद अहमदजान थिरकवा, उस्ताद अमीर हुसैन खान, उस्ताद हबीबुद्दीन खान, पंडित लाल जी गोखले, पंडित अनोखेलाल जी, पंडित चतुरलाल जी, पंडित सामता प्रसाद जी, पंडित तारानाथ राव, उस्ताद शमसुद्दीन खान, पंडित प्रेम वल्लभ और अन्य कई। आप सभी पन्नाबाबू जी के बाँसुरीवादन से अत्यधिक प्रभावित थे, साथ ही 'ताल पर नियंत्रण', 'कुशल लयकारियाँ' तथा स्वतंत्र एवं उपयुक्त तिहाईयों के प्रयोग' आदि गुणों के लिए आपकी अत्यधिक प्रशंसा करते थे।[59]

पंडित लाल जी गोखले (उस्ताद अहमदजान थिरकवा जी के शिष्य) के अनुसार, 'यह असंभव था कि पन्नाबाबू जी ताल में कोई गलती करें।'[60]

इस प्रकार पंडित पन्नालाल घोष जी ने सम्पूर्ण भारत एवं विदेश में अपनी अद्वितीय वादन शैली एवं सांगीतिक ज्ञान का प्रदर्शन किया तथा भारतीय संगीत एवं धरोहर के सम्पूर्ण विश्व में प्रचार–प्रसार में अपना विशेष योगदान दिया।

अन्य (स्वयं की वेबसाइट, सीडी, विडियो क्लिप्स एवं साहित्य)

पंडित पन्नालाल घोष जी ने भारतीय सांस्कृतिक धरोहर के प्रचार–प्रसार के साथ–साथ इसके संरक्षण में भी अपना प्रभावी योगदान दिया। आपने कार्यक्रमों में प्रस्तुतिकरण तथा कुशल शिष्यों को तैयार करने के अतिरिक्त कई रिकॉर्ड्स कम्पनियों के लिये भी बाँसुरीवादन किया। पंडित पन्नालाल घोष जी की कई रागों में सी.डी. रिलीज़ हुई, जिससे आपका संगीत संरक्षित हो सका एवं आगे आने वाली पीढ़ियों के लिए लाभप्रद सिद्ध हुआ।

वेबसाइट

वर्तमान में पंडित पन्नालाल घोष जी की दो प्रमुख वेबसाइट्स हैं, जिन पर आपसे सम्बन्धित कुछ जानकारियाँ भी उपलब्ध हैं। आपकी दोनों वेबसाइट्स इस प्रकार हैं–

(1) www.pannalalghosh.info

(2) www.pannalalghosh.com[61]

सी.डी.

पंडित पन्नालाल घोष जी के रिकॉर्ड्स कई बड़ी कम्पनियों द्वारा रिलीज़ किए गए हैं। आपके कई रागों में रिकॉर्ड्स (एल.पी. एवं सी.डी.) भारत एवं विदेशों में रिलीज़ हुए जिनसे सभी कलाकार एवं विद्यार्थी अत्यधिक लाभान्वित हुए। इन रिकॉर्ड्स का वर्णन निम्न प्रकार है–

1			
Pannalal Ghosh - FLUTE, accd by TABLA, TANBURA.			
Recording Info :	HMV 7EPE 1226	INDIA	1961
Tracks:			
1. RAGA MARWA - Vilambit Gat **2.** RAGA MARWA - Drut Gat			
Reissued as:	ODEON MOAE 5006	INDIA	1968

2				
Pannalal Ghosh - FLUTE, accd by TABLA, TANBURA.				
Recording Info :		HMV 7EPE 1233	INDIA	1961
Tracks:				
1. RAGA BHAIRAVI = THUMRI **2.** BHATIALI = DHUN				
Tracks :		**Reissued as:**		
Track 1.		ODEON MOAE 5006	INDIA	1968
Track 2.		ODEON MOAE 5006	INDIA	USA
Track 2.	**'RAGA RANG'**	HMV ECSD 2773	INDIA	1976

3				
Pannalal Ghosh - FLUTE, accd by TABLA, TANBURA.				
Recording Info :		HMV 7EPE 1240	INDIA	1961
Tracks:				
1. RAGA SHUDH BHAIRAVI - Gat **2.** RAGA SARANG - Gat				
Tracks :		**Reissued as:**		
Tracks 1, 2		ODEON MOAE 5006	INDIA	1968
Tracks 1, 2		ODEON MOAE 5006	INDIA	USA
Track 2	**'Classical Music of India'**	ODEON MOCE 2008	INDIA	1972
Track 2	**'Classical Music of India'**	ODEON MOCE 2008	INDIA	USA

1. Above Discography have been taken from www.davidphilipson.com

4			
Pannalal Ghosh - FLUTE, accd by TABLA, TANBURA.			
Recording Info :	HMV EALP 1252	INDIA	1960
	ODEON MOAE 102	INDIA	USA
Tracks:			
1. RAGA YAMAN - Gat (ZOOMRA TAAL and TEENTAAL) **2.** RAGA SHRI - Alap, Gat (TILWADA TAAL and TEENTAAL)			

5			
Pannalal Ghosh - FLUTE, accd. by TABLA, TANBURA.			
Recording Info :	HMV [10"LP] E?????	INDIA	1963
Tracks:			
1. Raga Chandramauli [Vilambit, Drut]	**2.** Raga Hansanarayani		
3. Raga Deepawali [Vilambit, Drut]	**4.** Raga Basant Mukhari		
5. Raga Bhupal Todi	**6.** (Raga) Khamaj Thumri		
7. Raga Piloo Thumri	**8.** Kajri		
Reissued as a 12" LP :	HMV EALP 1354	INDIA	1971
Reissued as a 12" LP with these additional Tracks:	ODEON EALP 1354	INDIA	1971
9. Raga Hansadwani	**10.** Dadra		

'Kalingra Vijay'	composed by **Pannalal Ghosh** for the **National Orchestra**	HMV 7LPE 4003	INDIA	1974

1. Above Discography have been taken from www.davidphilipson.com

6			
'Magic Flute of Pannalal Ghosh'	**Pannalal Ghosh** - FLUTE, accd. by TABLA, TANBURA.		
Recording Info :	ODEON MOAE 5006	INDIA	1968
	ODEON MOAE 5006	INDIA	USA
Tracks :			
1. Raga Marwa - Bilampat Gat, Drut Gat			
3. Raga Sarang			
5. Bhatiali Dhun			
2. Bhairavi Thumri			
4. Raga Shudh Bhairavi			

Tracks :		**Originally released as**		
1.		HMV 7EPE 1226	INDIA	1961
2., 5.		HMV 7EPE 1233	INDIA	1961
3., 4		HMV 7EPE 1240	INDIA	1961
		Also released on :		
3.	**'Classical Music of India'**	ODEON MOCE 2008	INDIA	1972
		ODEON MOCE 2008	INDIA	USA
5.	**'Raga Rang'**	HMV ECSD 2773	INDIA	1976

7				
'Great Master - Great Music'	**Pannalal Ghosh** - FLUTE, accd. by TABLA, TANBURA.			
Recording Info		HMV EALP 1367	INDIA	1971
Tracks :	**1.** Raga Pilu	**2.** Bhairavi Thumri	**3.** Raga Darbari - vilambit and drut gats	
Track 1. reissued on:	**'Morning and Evening Ragas'**	EMI EMSE 101	INDIA	1982

1. Above Discography have been taken from www.davidphilipson.com

8				
'Morning and Evening Ragas'	**Pannalal Ghosh** - FLUTE, accd by TABLA, TANBURA.			
Recording Info	(Record Three, Side Two)	EMI EMSE 101	INDIA	1982
Track:	**3. Raga Darbari -** vilambit and drut gats			
Originally released on:	**'Great Master - Great Music'**	HMV EALP 1367	INDIA	1971

Flute Pioneer by Pandit Pannalal Ghosh

1. Above Discography have been taken from www.davidphilipson.com
2. Above C.D. 'Flute Pioneer' detail has been taken from www.junglee.com

Great Maestros by Pandit Pannalal Ghosh

His Maters's Voice by Late Pandit Pannalal Ghosh

1. Above C.D. details have been taken from www.junglee.com

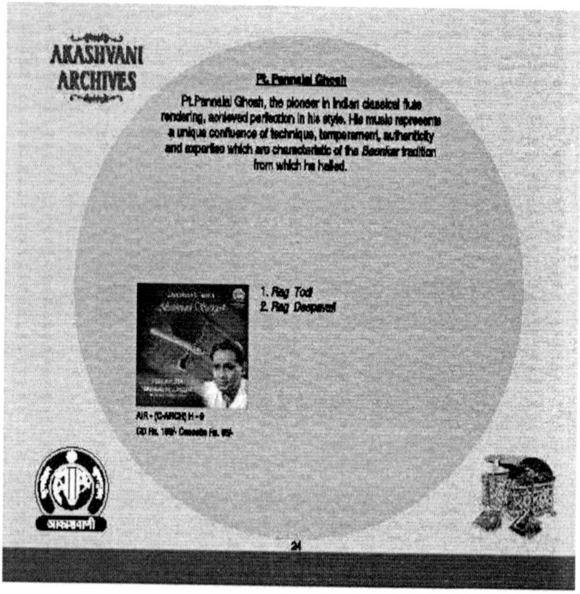

Akashvani Archives on Pandit Pannalal Ghosh

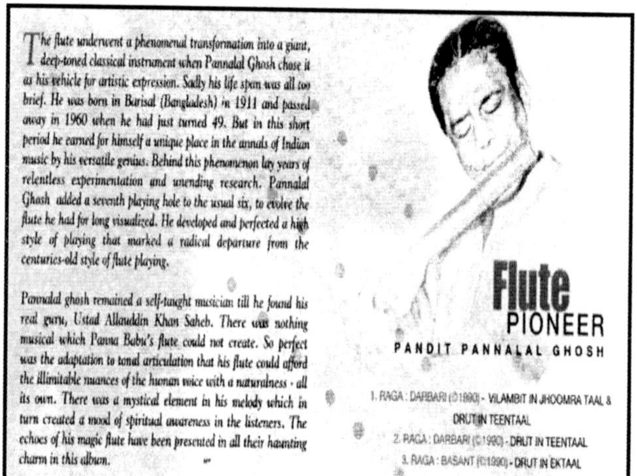

The flute underwent a phenomenal transformation into a giant, deep-toned classical instrument when Pannalal Ghosh chose it as his vehicle for artistic expression. Sadly his life span was all too brief. He was born in Barisal (Bangladesh) in 1911 and passed away in 1960 when he had just turned 49. But in this short period he earned for himself a unique place in the annals of Indian music by his versatile genius. Behind this phenomenon lay years of relentless experimentation and unending research. Pannalal Ghosh added a seventh playing hole to the usual six, to evolve the flute he had for long visualized. He developed and perfected a high style of playing that marked a radical departure from the centuries-old style of flute playing.

Pannalal ghosh remained a self-taught musician till he found his real guru, Ustad Allauddin Khan Saheb. There was nothing musical which Panna Babu's flute could not create. So perfect was the adaptation to tonal articulation that his flute could afford the illimitable nuances of the human voice with a naturalness - all its own. There was a mystical element in his melody which in turn created a mood of spiritual awareness in the listeners. The echoes of his magic flute have been presented in all their haunting charm in this album.

Flute
PIONEER
PANDIT PANNALAL GHOSH

1. RAGA : DARBARI (C1990) - VILAMBIT IN JHOOMRA TAAL & DRUT IN TEENTAAL
2. RAGA : DARBARI (C1990) - DRUT IN TEENTAAL
3. RAGA : BASANT (C1990) - DRUT IN EKTAAL

Flute Pioneer by Pandit Pannalal Ghosh

1. Above Akashvani Archives & C.D. details have been taken from www.junglee.com

The Unparalleled by Pandit Pannalal Ghosh

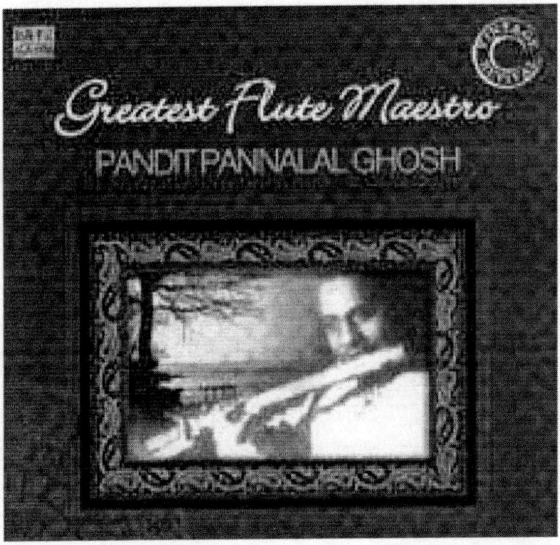

Great Flute Maestro by Pandit Pannalal Ghosh

1. Above C.D. details have been taken from www.junglee.com

इस प्रकार पंडित पन्नालाल घोष जी के रिकॉर्ड्स द्वारा सभी का मार्गदर्शन हुआ, साथ ही आने वाली समस्त पीढ़ियाँ भी लाभान्वित हुई। आपके रिकॉर्ड्स के माध्यम से भारतीय संगीत का प्रचार–प्रसार एवं संरक्षण श्रेष्ठ रूप में हुआ।

विडियो क्लिप्स

पंडित पन्नालाल घोष जी ने अपने जीवनकाल में अनेक प्रस्तुतियाँ दी, जिनमें से कुछ प्रस्तुतियों के विडियो क्लिप्स की एक सी.डी. बनाकर इस शोध प्रबन्ध के अन्त में संलग्न की गयी है। इस सी.डी. में पंडित पन्नालाल घोष जी द्वारा प्रस्तुत किए गए राग दीपावली, चन्द्रमौली, हंसनारायणी, यमन, बसंत, श्री, हंसध्वनि, दरबारी, पीलू, ठुमरी (राग भैरवी पर आधारित), दादरा, कजरी आदि के विडियो क्लिप्स को सम्मिलित किया गया है, जिन्हें सुनकर पन्नाबाबू जी की सांगीतिक विद्वत्ता एवं महानताएं स्पष्ट रूप से परिलक्षित होती हैं। इस प्रकार आपके विडियो क्लिप्स से गहन तालीम, चिन्तन, अभ्यास एवं दिव्यता के दर्शन होते हैं।

साहित्य

पंडित पन्नालाल घोष जी ने कई नवीन रागों का निर्माण किया तथा भारतीय शास्त्रीय संगीत के साहित्य में अपना महत्वपूर्ण योगदान दिया। आपके द्वारा निर्मित नवीन राग इस प्रकार हैं–राग दीपावली, चन्द्रमौली, जयन्त, कुमारी, नुपुरध्वनि, रत्नपुष्पिका, शुक्लपलासी तथा पंचवटी।

1. राग दीपावली

"इस राग की उत्पत्ति राग ललित में रिषभ व धैवत शुद्ध करने से हुई है। राग ललित की तरह इस राग में भी 'नि रे ग म म म' यह स्वर समुदाय प्रमुख रूप से प्रयुक्त किया जाता है। यह भी माना जाता है कि राग पूरिया कल्याण के पंचम को षड्ज मानकर गाने से भी इस राग की उत्पत्ति हुई है।" (पंडित नयन घोष एवं पंडित वी.जी. कारनाड के अनुसार)[62]

2. राग चन्द्रमौली

"इस राग की उत्पत्ति राग भैरव में पंचम स्वर हटाकर की गई है, जिससे मध्यम स्वर प्रबल हो जाता है।"

(पंडित वी.जी. कारनाड एवं श्री प्रभाकर नाचणे के अनुसार)[63]

3. राग जयन्त

"राग जयजयवन्ती में सिर्फ शुद्ध गन्धार का प्रयोग एवं राग देस के चलन का प्रयोग कर इस राग की उत्पत्ति की गई है।"

(पंडित रासबिहारी देसाई के अनुसार)[64]

4. राग कुमारी

"राग श्री में कोमल धैवत को हटाकर इस राग की उत्पत्ति की गई है।"

(पंडित नयन घोष के अनुसार)[65]

5. राग नुपुरध्वनि

"राग हंसध्वनि में शुद्ध गन्धार के स्थान पर कोमल गन्धार के प्रयोग द्वारा इस राग की उत्पत्ति की गई है।" (पंडित रासबिहारी देसाई के अनुसार)[66]

6. राग रत्नपुष्पिका

"राग पुष्पचन्द्रिका में रिषभ एवं पंचम स्वर को सम्मिलित कर इस राग की उत्पत्ति की गई है। राग पुष्पचन्द्रिका, राग कोमल निषाद रागेश्री के आरोह एवं राग मालकौंस के अवरोह को प्रयुक्त कर निर्मित की गई है।"

(श्री शरद माहोले एवं पंडित रासबिहारी देसाई के अनुसार)[67]

7. राग शुक्लपलासी

"राग भीमपलासी में कोमल गन्धार के स्थान पर शुद्ध गन्धार का प्रयोग कर इस राग का निर्माण किया गया है।"

(पंडित रासबिहारी देसाई के अनुसार)[68]

8. राग पंचवटी

"यह 5 रागों के मिश्रण द्वारा निर्मित एक प्रकार की राग माला है, जिसमें राग बरवा, बसंत, बिहाग, बागेश्री और बहार का प्रयोग किया गया है।"

(श्री शरद माहोले एवं पंडित रासबिहारी देसाई के अनुसार)[69]

इस प्रकार पंडित पन्नालाल घोष जी द्वारा भारतीय शास्त्रीय संगीत के साहित्य में किया गया योगदान अविस्मरणीय है।

इस प्रकार पंडित पन्नालाल घोष जी ने भिन्न–भिन्न माध्यमों द्वारा संगीत का प्रचार–प्रसार किया, साथ ही इसके संरक्षण में भी अपना महत्वपूर्ण योगदान दिया।

पंडित पन्नालाल घोष जी जितने महान् व्यक्ति थे, उतना ही आपने सादगी पूर्ण जीवन व्यतीत किया। आप सदैव बाह्म आडम्बरों से दूर रहे तथा अध्यात्म के निकट रहे। आपने अत्यन्त सरल जीवन व्यतीत किया तथा बाँसुरी के क्षेत्र में नवीन प्रयोगों द्वारा इस ग्राम वाद्य को एक उत्कृष्ट रूप प्रदान किया।

सर्वश्रेष्ठ बाँसुरीवादक होने के बाद भी आपका स्वभाव तथा रहन–सहन अत्यन्त सहज एवं सामान्य रहा। संगीत के अतिरिक्त आपके जीवन में कई आदर्श, मौलिक चिन्तन एवं मान्यताएँ रहीं, साथ ही कई रोचक स्मरण भी रहे। अतः इन सभी बिन्दुओं पर आगे प्रकाश डाला गया है, जिससे बाबूजी का सभी महानताओं के साथ एक पूर्ण व्यक्तित्व परिलक्षित होता है।

सन्दर्भ-सूची

1. पं. नयन घोष, चर्चा, मुम्बई, 20/11/2012, 7 बजे (सायं)
2. पं. नयन घोष, चर्चा, मुम्बई, 20/11/2012, 7 बजे (सायं)
3. पं. नयन घोष, चर्चा, मुम्बई, 20/11/2012, 7 बजे (सायं)
4. www.pannalalghosh.com
5. वही
6. वही
7. पं. नयन घोष, चर्चा, मुम्बई, 8/3/2012, 10 बजे (प्रातः)
8. पं. नयन घोष, चर्चा, मुम्बई, 20/11/2012, 7 बजे (सायं)
9. वही
10. वही
11. पं. नयन घोष, चर्चा, मुम्बई, 20/11/2012, 7 बजे (सायं)
12. Pt. Devendra Murdeshwar's Profile on www.pannalalghosh.com
13. वही
14. Pt. Devendra Murdeshwar's Profile on www.pannalalghosh.com
15. वही
16. Pt. Devendra Murdeshwar's Profile on www.pannalalghosh.com
17. वही
18. वही
19. Pt. V.G.Karnad's Profile on www.pannalalghosh.com

20. वही
21. वही
22. Pt. V.G. Karnad's Profile on www.pannalalghosh.com
23. वही
24. वही
25. Pt. Ras Bihari Desai's Profile on www.pannalalghosh.com
26. वही
27. Pt. Ras Bihari Desai's Profile on www.pannalalghosh.com
28. वही
29. वही
30. Pt. Ras Bihari Desai's Profile on www.pannalalghosh.com
31. वही
32. पं. नित्यानंद हल्दीपुर, चर्चा, मुम्बई, 25/11/2012, 6 बजे (सायं)
33. www.nityanandhaldipur.com
34. वही
35. वही
36. www.nityanandhaldipur.com
37. वही
38. www.nityanandhaldipur.com
39. Pt. Suraj Narayan Purohit's Profile on www.pannalalghosh.com
40. वही
41. Pt. Suraj Narayan Purohit's Profile on www.pannalalghosh.com
42. www.worldmusiccentral.org
43. www.worldmusiccentral.org
44. वही
45. वही
46. श्री तुषार भाटिया, चर्चा, मुम्बई, 15/3/2012, 6 बजे (सायं)
47. संगीत महाभारती, मनांजली (2012), पृ.40
48. पं. नयन घोष, चर्चा, मुम्बई, 5/2/2010, 11 बजे (प्रातः)
49. Pt. V.G. Karnad's Interview on www.pannalalghosh.com

50. वही
51. Pt. V.G. Karnad's Interview on www.pannalalghosh.com
52. संगीत महाभारती, मनांजली (2012), पृ.40
53. वही
54. पं. नयन घोष, चर्चा, मुम्बई, 5/2/2010, 11 बजे (प्रातः)
55. संगीत महाभारती, मनांजली (2012), पृ.40
56. वही
57. पं. नयन घोष, चर्चा, मुम्बई, 6/3/2012, 2 बजे (दोपहर)
58. पं. नयन घोष, चर्चा, मुम्बई, 6/3/2012, 2 बजे (दोपहर)
59. पं. नयन घोष, चर्चा, मुम्बई, 20/11/2012, 7 बजे (सायं)
60. Dr. Vishvas M. Kulkarni, India's Great Flute Maestro: Pt. Pannalal Ghosh, Page No. 27
61. इंटरनेट
62. Dr. Vishvas M. Kulkarni, India's Great Flute Maestro: Pt. Pannalal Ghosh, Page No.4
63. वही
64. वही
65. वही
66. Dr. Vishvas M. Kulkarni, India's Great Flute Maestro: Pt. Pannalal Ghosh, Page No.4
67. वही
68. वही
69. वही

7

व्यक्तित्व एवं कृतित्व

स्वभाव एवं रहन-सहन

संगीत क्षेत्र में समस्त उपलब्धियाँ प्राप्त कर सर्वश्रेष्ठ एवं सफल कलाकार के रूप में स्थापित होने के लिए यह अत्यन्त आवश्यक है कि कलाकार में कलात्मक गुणों के साथ–साथ व्यवहारिक गुण भी निहित हों। 'कलाकार' जब कलात्मक श्रेष्ठताओं के साथ–साथ स्वभाव में भी श्रेष्ठ होता हैं, तभी वह आमजन में प्रिय एवं स्वीकार्य होता है।

पंडित पन्नालाल घोष जी ऐसे ही व्यक्तित्व के धनी थे। आप में ये सभी गुण भलीभाँति निहित थे, और यही कारण रहा कि आप संगीतकारों के साथ–साथ आम जन में भी अत्यधिक प्रिय एवं सम्माननीय व्यक्ति रहे। आपके सहज एवं सरल स्वभाव के कारण, सभी के द्वारा आपकी अत्यधिक प्रशंसा की गयी और इस तरह आपने समस्त ऊँचाइयों को प्राप्त कर स्वयं को सर्वश्रेष्ठ बाँसुरीवादक के रूप में स्थापित किया, साथ ही सदैव सादगीपूर्ण जीवन व्यतीत किया।[1]

पंडित पन्नालाल घोष जी विशाल हृदय, उदार, जोशीले, दयालु तथा विनोदी स्वभाव के व्यक्ति थे। आपने सदैव एक सामान्य व्यक्ति की तरह ही जीवन निर्वाह किया। पन्नाबाबू जी कलात्मक महानताओं के साथ अपने विनम्र एवं सहायक व्यवहार के कारण अत्यधिक प्रसिद्ध हुए, साथ ही संगीत पारखी एवं गुणी संगीतकारों में काफी प्रिय रहे।[2]

पंडित पन्नालाल घोष जी की मंच पर चेहरे के शालीन भावों के साथ–साथ सौम्य एवं ध्यान मग्न छवि अभिव्यक्त होती थी, जो कि आपके अध्यात्म से

जुड़ाव होने के कारण ही संभव हुई। विशाल शारीरिक सरंचना के साथ–साथ बाबूजी विशाल हृदय के भी व्यक्ति थे। वह जितने उच्चकोटि के संगीतकार थे, उतने ही सरल व्यक्तित्व के धनी रहे।

पन्नाबाबू जी पुण्यशील संगीत, 'नाद ब्रह्म' के सिद्वान्तों की दृढ़ता के साथ अत्यधिक सरल व्यक्ति थे। वह सदैव एक संत की तरह संगीत के उपासक रहे अतः प्रथम स्वर 'षड्ज' उत्पन्न करने से पहले सदैव ईश्वर का नाम स्मरण करते थे और अपना संगीत एवं अपनी रचनायें सदैव ईश्वर को समर्पित करते थे। इस बात का सत्यापन उनके रिकॉर्ड्स से होता है, जिनमें आपके द्वारा उच्चारित ईश्वर का नाम भली–भाँति सुना जा सकता है। इस प्रकार आपका संगीत आज भी अनमोल है।[3]

पन्नाबाबू जी अत्यधिक महान् व्यक्ति थे। वह कभी भी किसी दूसरे व्यक्ति या कलाकार के प्रति बैर भाव नहीं रखते थे और ना ही किसी की आलोचना करते थे। उनका अपने क्रोध पर सदैव नियंत्रण एवं संयम रहा, यहाँ तक कि उन्होंने अपने शिष्यों पर भी कभी क्रोध नहीं किया, वरन् उन्हें अपने पुत्र की तरह ही स्नेह किया।[4]

पंडित वी.जी. कारनाड कहते हैं, 'छोटा मुँह बड़ी बात' मैं इतना ही कह सकता हूँ कि उनके समान गुण और अपने शिष्यों एवं साथी कलाकारों के प्रति ऐसी भावना रखने वाला दूसरा व्यक्ति मैंने कहीं नहीं देखा। वह कभी भी किसी अन्य कलाकार के लिए आलोचनात्मक शब्दों का प्रयोग नहीं करते थे। जो भी उनके घर आता, उनको बड़े अच्छे से सुनते, उत्साहवर्धन एवं विचार विमर्श करते और आगन्तुक के आग्रह पर बाँसुरी भी सुना देते थे अन्यथा वह स्वयं कभी प्रारम्भ में बाँसुरी नहीं बजाते थे। किसी भी उम्र, अनुभव या नाम का व्यक्ति हो, पन्नाबाबू जी सभी को सम्मान दिया करते थे।'[5]

पन्नाबाबू जी इतने अच्छे व्यक्ति थे कि कोई भी व्यक्ति जब उनके पास कार्यक्रम की बात करने आता और उनसे पूछता कि आपको कितना पारिश्रमिक भुगतान स्वरूप देना होगा तो पन्नाबाबू जी पूछते कि तुम कितना भुगतान कर सकते हो, उत्तर में जब वह व्यक्ति जवाब देता कि हमारी संगीत संस्था गरीब है, तो पन्नाबाबू जी कहते 'अच्छा जो भुगतान कर सकते हो कर देना' और इस प्रकार कार्यक्रम की स्वीकृति देते थे।[6]

पंडित पन्नालाल घोष जी अपने शिष्यों के प्रति सदैव एक पिता की तरह स्नेह रखते थे और उन्हें उत्साहित करते थे कि वे उनके (पन्नाबाबू जी) साथ

कार्यक्रम में संगत करें, साथ ही पन्नाबाबू जी कभी भी मंच पर वे स्वयं गुरू है, इसका दिखावा नहीं करते थे। इस प्रकार यह उनकी उत्कृष्ट भावना ही थी कि वह अपने शिष्यों के साथ जुगलबंदी करते थे। पन्नाबाबू जी ने अपने शिष्यों को कभी भी डाँटा या फटकारा नहीं अपितु सदैव उन्हें प्रेम वे स्नेह किया। अपने शिष्यों के प्रति पन्नाबाबू जी की उदारता एवं दयालुता को इस घटना से महसूस किया जा सकता है–

पंडित वी.जी. कारनाड के अनुसार, 'सिक्का नगर में कार्यक्रम के एक दिन पूर्व पन्नाबाबू जी ने मुझे संगत करने के लिए बाँसुरी के साथ आने को कहा। मैंने उन्हें कहा कि मैं सिर्फ 1–2 महीनों से ही 'काली–2' पर अभ्यास कर रहा हूँ लेकिन उन्होंने (पन्नाबाबू जी) मुझ पर दबाव डाला और कहा, चिन्ता मत करो मैं तुम्हारे लिए राग यमन ही बजा रहा हूँ।[7]

उन्होंने मुझे आश्वासन दिया कि वे मुझे किसी भी उलझन में नहीं डालेंगे और अगले दिन उन्होंने कार्यक्रम में राग यमन ही प्रस्तुत किया। जब तबले के साथ बजाते हुए उन्हें 2–3 आवर्तन पूरे हुए, तब उन्होंने मेरी तरफ देखा और तबले के साथ बजाने के लिए इशारा किया। श्रोताओं के समक्ष जब मैंने बजाया और सम पर आया तो श्रोताओं के साथ–साथ बाबूजी ने भी मेरी सराहना की।[8]

इस प्रकार उन्होंने मेरे अन्दर आत्मविश्वास जागृत किया। इसके उपरान्त उन्होंने राग बिहाग प्रस्तुत कर मुझे पुनः चिंतामुक्त किया। कार्यक्रम स्थल से वापसी के समय उन्होंने कहा, 'तुमने आज बहुत अच्छा किया, अब तुम हमेशा मेरे साथ बाँसुरी पर संगत किया करो।[9]

पन्नाबाबू जी के द्वारा संगीत एवं बाँसुरी के क्षेत्र में किए गए योगदानों से ज्ञात होता है कि वह अत्यन्त चिंतनशील व्यक्ति थे। अपने निरंतर चिन्तन एवं प्रयास के परिणाम स्वरूप ही उन्होंने संगीत एवं बाँसुरी के क्षेत्र में नये–नये आयाम स्थापित किए।[10]

इसके साथ–साथ पन्नाबाबू जी का अध्यात्म से भी गहरा सम्बन्ध रहा जो कि आपके संगीत एवं चेहरे के ओज व तेज़ से भली–भाँति अवगत होता था। आपके जीवन में अध्यात्म अत्यधिक प्रबल रहा, जिसका प्रभाव आपके संगीत, विचार एवं सम्पूर्ण जीवन में रहा।[11]

पंडित पन्नालाल घोष जी बड़ी अंगुलियों वाले भारी एवं दमदार व्यक्ति थे। उन्होंने प्रारम्भ से ही शारीरिक कलाओं एवं व्यायाम पर ध्यान दिया।

पन्नाबाबू जी अपने परिवारजनों में भी अत्यधिक प्रिय एवं सम्माननीय व्यक्ति रहे। आपकी पत्नी श्रीमती पारूल घोष, बेटी श्रीमती शाँति सुधा घोष एवं समस्त भाई–बहिन आपसे अत्यधिक प्रेम करते थे तथा आप भी अपने परिवार के प्रति सदैव समर्पित रहे।[12]

पन्नाबाबू जी एक कर्मप्रधान व्यक्ति रहे तथा उन्होंने जीवन पर्यन्त एक परिश्रमी व्यक्ति की तरह ही जीवन निर्वाह किया। आप प्रतिदिन नियमित रूप से रियाज़ करते थे तथा सम्पूर्ण भारत एवं विश्व में ख्याति प्राप्त करने के बाद भी आप निरन्तर तपस्यारत रहे। यह आपका दृढ़ निश्चय ही था कि आपने स्वयं की समस्त कल्पनाओं को साकार किया। पन्नाबाबू जी ने जिस भी कार्य को प्रारम्भ किया, उसे सदैव पूर्ण रूप प्रदान किया। आपके द्वारा की गई खोज, योगदान एवं नई दिशा आपके दृढ़ निश्चय का ही परिणाम है।[13]

सन् 1928 में हुए स्वतंत्रता आंदोलन में जिस प्रकार आपने भाग लिया और देश सेवा की उससे भली–भाँति यह अवगत होता है कि आप में 'स्वदेश–प्रेम' का भाव भी कूट–कूट कर निहित था, साथ ही यह भी अवगत होता है कि आप निडर एवं निर्भीक व्यक्ति थे तथा आपको किसी भी प्रकार का भय नहीं रहा।[14]

पंडित पन्नालाल घोष जी सभी के सहायक रहे। आपके पास यदि कोई भी संगीत से संबंधित या अन्य किसी भी प्रकार की सहायता के लिए आता था, तो आप सदैव उसकी मदद करते थे। आप संगीतज्ञों, परिवारजनों, शिष्यों एवं अन्य सभी के प्रति पूर्ण रूप से समर्पित थे।[15]

पन्नाबाबू जी अत्यधिक दयावान व्यक्ति भी थे। आपने आर्थिक संघर्ष के दिनों में भी गरीब एवं अनाथ बच्चों की भरपूर मदद की, साथ ही ज़रूरतमंद व्यक्तियों का सदैव साथ दिया। आप उन्हें अपने परिवार के समान ही प्रेम करते थे तथा उनकी हर सम्भव सहायता का प्रयास करते थे।[16]

आप अपने संघर्ष के दिनों में भी, कभी मार्ग से नहीं भटके वरन् सदैव निष्ठापूर्वक गतिमान रहे। यह आपका ईश्वर में प्रबल विश्वास ही था कि समस्त कठिनाई एवं परेशानियों के दौरान भी आपने सदैव धैर्य एवं संयम रखा और निरन्तर कर्तव्य परायण रहकर स्वयं को एक सफल कलाकार के रूप में स्थापित किया।[17]

आपकी दूरदर्शिता का पता इस बात से लगता है कि जब किसी ने सोचा भी नहीं था, तभी आपने बाँसुरी में निहित क्षमताओं की कल्पना की और

एक दिन अपने अथाह प्रयास एवं चिंतन द्वारा इन सभी कल्पनाओं को साकार कर बाँसुरी को एक पूर्ण वाद्य के रूप में स्थापित किया, साथ ही अपनी कल्पनाओं के साकार होने तक धैर्य एवं संयम रखा।[18]

इस प्रकार पंडित पन्नालाल घोष जी समस्त कलात्मक महानताओं के साथ अत्यधिक सहज, सरल, दूरदर्शी, सद्भावी, परिश्रमी, निडर, धैर्यवान, संयमी, चिंतनशील, मधुर, सहायक, सादगीपूर्ण, उदार, जोशीले, दयावान, विशाल ह्दय, सौम्य, दमदार, निष्ठावान, स्वदेश–प्रेमी, कर्मप्रधान एवं आध्यात्मिक गुणों से पूर्ण व्यक्ति रहे।

पंडित पन्नालाल घोष जी का जीवन एवं रहन–सहन सादगी से पूर्ण था। आप सदैव 'सादा जीवन उच्च विचार' के पथ पर अग्रसित हुए। एक समय, जब पन्नालाल जी स्वयं को एक सफल कलाकार के रूप में स्थापित कर चुके थे एवं आर्थिक संघर्ष भी समाप्त हो चुके थे, तब भी उन्होंने सदैव सरल एवं सादगीपूर्ण जीवन को ही पसन्द किया जिसमें बाह्य आडम्बर एवं दिखावे के लिए कोई स्थान नहीं था।[19]

पन्नाबाबू जी का ध्यान सदैव अपने संगीत पर ही रहा तथा अपनी साधना में वह इतने लीन रहे कि उनके मन–मस्तिष्क में सिर्फ संगीत ही व्याप्त था। वह जीवन पर्यन्त अपनी कल्पनाओं को पूर्ण रूप प्रदान करने में प्रयासरत रहे तथा आप ही के योगदानों द्वारा संगीत एवं बाँसुरी के क्षेत्र में नये–नये स्तम्भ स्थापित हो सके।

वास्तव में, पन्नाबाबू जी के विचारों में संगीतमय कल्पनाएं ही गतिमान रहती थीं अतः उनका ध्यान कभी भी भोग–विलास पर नहीं गया। पन्नाबाबू जी के घर में मूलभूत एवं ज़रूरत के समस्त साधन उपलब्ध थे परन्तु भोग–विलास तथा उपभोग के अत्यधिक महंगे एवं आधुनिक साधनों से वे सदैव दूर रहे। पन्नाबाबू जी के साथ–साथ उनके परिवार के समस्त सदस्यों ने भी इसी सोच के साथ सादगीपूर्ण जीवन का निर्वाह किया एवं यह घोष परिवार की मुख्य विशेषता बनी।[20]

पन्नाबाबू जी अधिकांशतः सूती का सफेद धोती–कुर्ता ही पहना करते थे, साथ ही उन्हें शॉल भी अत्यधिक प्रिय था। आप कार्यक्रमों में कभी–कभी सिल्क का हल्के सफेद रंग का बिना कसीदे का कुर्ता भी पहनते थे। उन्होंने कभी भी अन्य रंग के या कशीदा किये हुए कुर्ते को महत्व नहीं दिया तथा

Pt. Pannalal Ghosh

ऐसा बहुत कम होता था कि पन्नाबाबू जी कार्यक्रम में अन्य रंग का कुर्ता या शेरवानी पहने।[21]

पंडित पन्नालाल घोष जी आकाशवाणी में राष्ट्रीय वाद्यवृंद के निर्देशक पद पर भी कार्यरत रहे अतः जब भी पंडित जवाहर लाल नेहरू जी एवं उनके साथ दूसरे देशों के प्रतिनिधि तथा अन्य महत्वपूर्ण व्यक्ति राष्ट्रीय वाद्यवृंद सुनने के लिये आते थे, तब पन्नालाल जी शेरवानी एवं चूड़ीदार पायज़ामा पहना करते थे। उनकी पत्नी श्रीमती पारूल घोष जी एक उत्कृष्ट पार्श्व गायिका थीं और अपनी अत्यन्त मधुर और ख़नकदार आवाज़ के लिए जानी जाती थीं। वह भी पन्नाबाबू जी की तरह सिर्फ संगीत के लिए ही समर्पित थीं तथा बाह्य आडम्बरों से सदैव दूर रही। वह अधिकाशतः सूती की लाल बॉर्डर वाली सफेद साड़ी, जिसे बंगाली महिलाएं अधिकतर पहनती हैं, पहना करती थीं।[22]

पन्नाबाबू जी ने सदैव सरल जीवन का निर्वाह किया तथा आपका पहनावा भी अत्यधिक साधारण रहा, परन्तु उन्होंने बाँसुरी रखने के कवर को ज़रूर सुसज्जित किया था। आपने बाँसुरी के कवर पर गहरे नीले रंग का मखमल का कपड़ा चढ़ाया एवं उस पर सुनहरे रंग का कशीदा करा कर उसे अत्यधिक सुन्दर रूप प्रदान किया। उनकी सोच अत्यधिक महान् थी कि यह शरीर तो एक दिन ज़रूर नष्ट हो जायेगा परन्तु यह बाँसुरी सदैव अमर रहेगी अतः इस शरीर के स्थान पर बाँसुरी को ही सुसज्जित किया जाना चाहिए।[23]

पन्नाबाबू जी सदैव पहलवानी, कुश्ती, तलवारबाजी, मुक्केबाजी, शारीरिक व्यायाम एवं भार उठाने की कला का अभ्यास करते थे अतः उनका खान–पान भी पहलवानों जैसा था, जो उनके शरीर के लिये अत्यन्त आवश्यक भी था। उनकी भोजन ग्रहण करने की क्षमता काफी अच्छी थी, साथ ही उनका खान–पान भी काफी गरिष्ठ था। पन्नाबाबू जी सदैव उन भोज्य पदार्थों को महत्व देते थे, जिनसे शारीरिक बल एवं ऊर्जा में अधिक वृद्धि होती हैं। आप शाकाहारी एवं माँसाहारी दोनों प्रकार का भोजन ग्रहण करते थे। दाल, रोटी, सब्जी, चावल के साथ–साथ आप मछली एवं माँस आदि का भी सेवन किया करते थे। चूंकि वे बंगाली थे अतः उन्हें दाल–भात, मछली–चावल इत्यादि अत्यधिक पसंद थे।[24]

इस प्रकार पन्नाबाबू जी के मन–मस्तिष्क एवं सम्पूर्ण जीवन में संगीत की गहरी छाप थी अतः वह सांसारिक मोह–माया एवं भोग–विलास आदि से

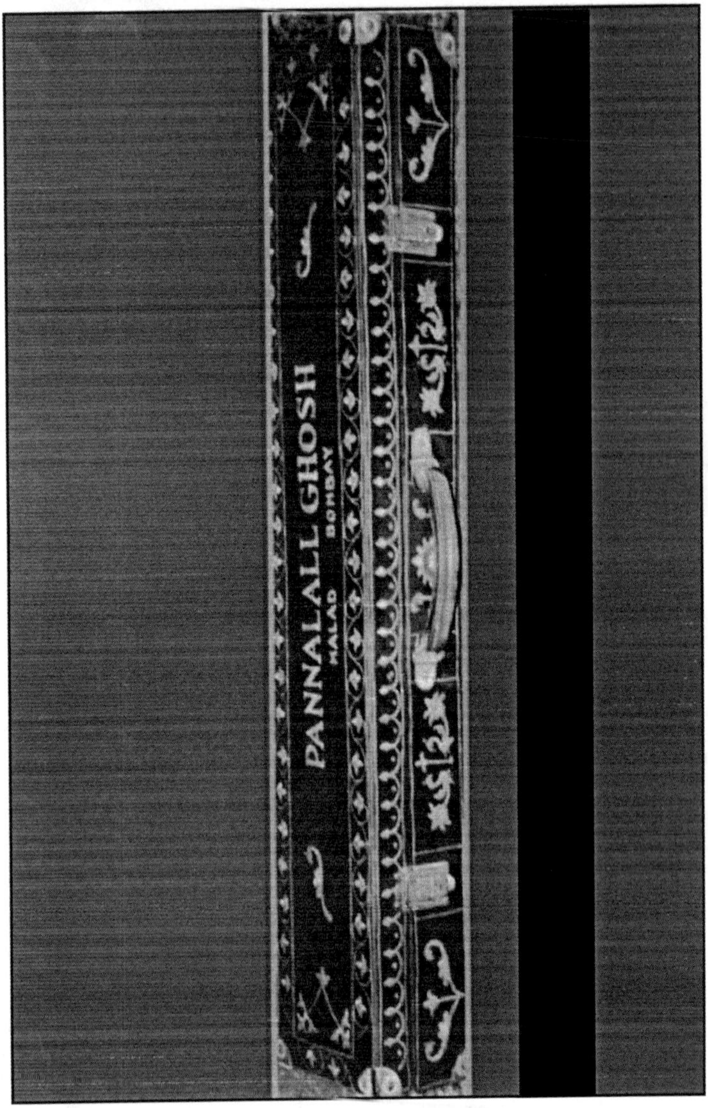

Flute Box Beautifully designed by Pannababuji

अत्यधिक दूर रहे एवं एक सामान्य व्यक्ति के समान सादगीपूर्ण जीवन का निर्वाह करते हुए सदैव अपनी संगीतमय साधना में लीन रहे।

जीवन दर्शन-मौलिक चिन्तन एवं मान्यताएं

पंडित पन्नालाल घोष जी अत्यधिक निष्ठावान एवं धार्मिक प्रवृत्ति के व्यक्ति थे। आप प्रतिदिन ध्यान किया करते थे और गुरूवार के दिन मौन धारण करते थे, साथ ही गुरूवार के दिन आप माँसाहारी भोजन भी ग्रहण नहीं करते थे। पन्नाबाबू जी श्री रामकृष्ण परमहंस एवं स्वामी विवेकानन्द जी के परम् भक्त थे तथा प्रतिदिन घण्टों ध्यान लगाया करते थे।[25]

पन्नाबाबू जी के जीवन पर ठाकुर रविन्द्रनाथ टैगोर जी एवं काज़ी नज़रूल ईस्लाम जी का अत्यधिक प्रभाव रहा। आप दोनों स्वंतत्रता आन्दोलन में तो सक्रिय थे ही, साथ ही बंगाल के काव्य एवं संगीत के पुनर्जागरण में भी आप दोनों का विशेष योगदान रहा।[26]

पन्नाबाबू जी अत्यधिक चिंतनशील व्यक्ति थे तथा अध्यात्म से आपका गहरा जुड़ाव रहा। पन्नाबाबू जी ईश्वर में अत्यधिक विश्वास एवं श्रद्धा रखते थे तथा पूर्ण रूप से ईश्वर के प्रति समर्पित रहे। आप सदैव धर्म के मार्ग पर अग्रसित हुए एवं इंसानियत को ही आपने महत्व दिया।[27]

पन्नाबाबू जी अत्यधिक दयालु व्यक्ति थे तथा दूसरों की परेशानियों से वह भी प्रभावित होते थे। आप सदैव दीन–गरीबों की सहायता करते थे। आपने कई अनाथ बच्चों, गरीबों एवं ज़रूरतमंदों को अपने परिवार के सदस्य की तरह समझा एवं हर संभव प्रयास द्वारा उनकी परेशानियों को दूर किया।[28]

पंडित पन्नालाल घोष जी ने स्वामी विरजानन्द जी महाराज, जो कि स्वामी विवेकानन्द जी के शिष्य थे, से मंत्र दीक्षा ली थी। निरन्तर एवं अत्यधिक आध्यात्मिक अनुशीलन से दिन–प्रतिदिन पन्नाबाबू जी का जीवन के प्रति मोह कम होने लगा और उन्होंने सन्यास लेने का निश्चय किया।[29]

जब उन्होंने अपने गुरू स्वामी विरजानन्द जी महाराज के समक्ष अपनी इच्छा व्यक्त कि तो स्वामी जी ने कहा कि उन्हें (पन्नाबाबू जी) संगीत से ही मोक्ष मिलेगा, अतः उन्हें संगीत का अभ्यास भी उतनी ही निष्ठा से करना चाहिए, जिस प्रकार अध्यात्म का अभ्यास करते हैं। इस प्रकार पंडित पन्नालाल घोष जी के संगीत में आध्यात्मिकता, सरलता एवं शुद्धता की अभिव्यक्ति होती है।[30]

पंडित पन्नालाल घोष जी का संगीत दैविकता, भावनात्मक गहराई, दिव्यता, आध्यात्मिकता एवं भाव–रस की प्रधानता आदि गुणों से परिपूर्ण था और सदैव रहेगा।

रोचक स्मरण

पंडित पन्नालाल घोष जी के जीवन में कई रोचक स्मरण घटित हुए। इन स्मरणों से पन्नाबाबू जी की विद्वता एवं महानता का परिलक्षण होता है। आपके जीवन में घटित यह स्मरण आपके शिष्यों एवं आने वाली समस्त पीढ़ियों के लिए प्रेरणा स्त्रोत बने।

एक बार श्री हरिहरण, जो कि दक्षिण भारतीय थे तथा संगीत पर लेख लिखा करते थे, पन्नाबाबू जी का साक्षात्कार लेने के लिये उनके घर आये। उस दिन आसमान बादलों से रहित था तथा काफी धूप भी थी। साक्षात्कार में सारे प्रश्न पूछने के बाद उन्होंने बाबूजी से बाँसुरी बजाने के लिए आग्रह किया। उनके आग्रह पर बाबूजी ने राग मियाँ मल्हार बजाना शुरू किया तथा मात्र 5–10 मिनट में ही आसमान में काले घने बादल छा गये एवं तेज़ बारिश शुरू हो गयी। हम सभी शिष्यों को स्टेशन पहुँचने के लिए बाबूजी से छाता लेना पड़ा।

श्री हरिहरण जी ने इस वृतान्त का उल्लेख अपने लेख में भी किया और कहा कि उन्होंने सिर्फ सुना था कि मियाँ तानसेन जी के गाने से वर्षा हो जाती थी, परन्तु यह मियाँ मल्हार एवं इसका प्रभाव उनके लिये वास्तविक एवं साक्षात् अनुभव रहा। यह मेरा पहला अनुभव था, पंडित वी.जी. कारनाड के अनुसार।[31]

दूसरी बार बाबूजी का कार्यक्रम मई माह में मैंगलौर शहर में आयोजित किया गया था। इस कार्यक्रम का आयोजन संगीत कलोपासक मण्डल द्वारा किया गया था, जिसमें तबले पर संगत पंडित तारानाथ राव जी द्वारा की गई थी। उस दिन कनारा उच्च विद्यालय का कार्यक्रम भवन श्रोताओं से पूरी तरह भरा हुआ था, यहाँ तक कि श्रोताओं का एक बड़ा समूह कार्यक्रम भवन के बाहर खड़ा होकर पन्नाबाबू जी का बाँसुरीवादन सुन रहा था।

कार्यक्रग के प्रारम्भ में प्रथम राग के प्रस्तुतिकरण के बाद जैसे ही बाबूजी ने राग मियाँ मल्हार प्रारम्भ किया तो पुनः ज़ोरदार वर्षा शुरू हो गई तथा बाहर खड़े सभी श्रोता कार्यक्रम भवन के अन्दर आने के लिये दौड़ने लगे,

पंडित वी.जी. कारनाड के अनुसार। इस प्रकार बाबूजी का बाँसुरीवादन अत्यधिक प्रभावशाली एवं चमत्कारिक था, जिसमें ईश्वर की कृपा पूर्ण रूप से व्याप्त थी।[32]

पन्नाबाबू जी के दामाद एवं शिष्य श्री देवेन्द्र मुर्देश्वर जी ने अन्य शिष्यों के साथ मिलकर बाबूजी की परीक्षा लेनी चाही। वे सभी शिष्य चाहते थे कि बाबूजी कार्यक्रम में राग 'श्री' प्रस्तुत करें, साथ ही वे यह भी देखना चाहते थे कि क्या बाबूजी बिना कहे ही अपने शिष्यों के मन की बात को महसूस कर पायेगें। राग श्री में तानपुरा ट्यून करने के बाद सभी शिष्य असमंजस की स्थिति में बाबूजी का इंतज़ार करने लगे। थोड़ी देर बाद ही पन्नाबाबू जी अपने कमरे से बाहर आये। इस समय उनकी आँखें एकदम लाल थीं और उन्होंने ज़ोर से कहा कि आज कार्यक्रम में वह राग श्री प्रस्तुत करेंगे।

यह उनकी दिव्य शक्ति ही थी कि बिना कहे ही उन्होंने अपने शिष्यों के मन के भेद को जान लिया। इस घटना के बाद सभी शिष्य पन्नाबाबू जी की महानता से अत्यधिक आश्चर्यचकित हुए तथा उनकी प्रशंसा एवं सराहना के साथ अवाक् रह गए, श्री आनन्द मुर्देश्वर के अनुसार।[33]

एक और कहानी उस्ताद बड़े गुलाम अली खान साहब और श्री पन्नालाल घोष जी से सम्बन्धित है। एक बार उस्ताद बड़े गुलाम अली खान साहब एक कार्यक्रम में गाने की प्रस्तुती दे रहे थे, तभी पन्नालाल जी ने कार्यक्रम भवन में प्रवेश किया, जिन्हें उस्ताद जी 'बंगाल का शेर' कहकर पुकारा करते थे।

उस्ताद जी कठिन ताल में एक रचना प्रस्तुत कर रहे थे तथा वहाँ उपस्थित सभी श्रोता एवं कलाकार 'सम' और 'खाली' को पहचान नहीं पा रहे थे। बाबूजी ने कार्यक्रम भवन में प्रवेश करते ही ताल को पहचान लिया तथा उनकी हथेली एवं अंगुलियाँ ताल एवं मात्रा के अनुसार एकदम सही क्रियान्वित हुईं, जिसे देखकर उस्ताद बड़े गुलाम अली खान जी तुरंत बोले कि इसी कारण से वह पन्नाबाबू को 'बंगाल का शेर' कहते हैं, जो वह वास्तव में थे, श्री आनन्द मुर्देश्वर के अनुसार।[34]

इसी तरह, एक बार श्री बी.वी. केसकर जी, जो उस समय सूचना एवं प्रसारण मंत्री थे, पन्नाबाबू जी के घर पधारे। पन्नाबाबू जी ने उनके सत्कार में कुछ मिठाईयाँ परोसीं, परन्तु यह लज्जाजनक क्षण भी था क्योंकि घर में चाय खत्म हो चुकी थी और उसे खरीदने के लिए पैसे भी नहीं थे, तभी पन्नाबाबू ने कहा कि चाय आधे घण्टे बाद परोसी जायेगी।

इसी दौरान श्री केसकर जी ने पन्नाबाबू जी को अवगत कराया कि उनका (पन्नाबाबू जी) दिल्ली में राष्ट्रीय वाद्य वृंद के निर्देशक के पद के लिये चयन किया गया है, साथ ही उन्हें 10,000 रूपये की टोकन राशि भी प्रदान की। इस कठिन समय में यह एक दिव्य हस्तक्षेप था, इस प्रकार चाय तुरंत खरीदी गयी तथा सभी को परोसी गयी, श्री आनन्द मुर्देश्वर के अनुसार।[35]

पंडित रासबिहारी देसाई जी के अनुसार, एक बार गुरू बहिन डॉ. ललिता राव जी ने श्री रासबिहारी जी को पन्नालाल मेमोरियल सोसायटी से सारी पूंजी रामकृष्ण मिशन को हस्तान्तरित करने के लिये कहा। श्री रासबिहारी जी इस निर्णय से अत्यधिक प्रसन्न हुए तथा उन्होंने कहा कि मैं पूरे आत्मविश्वास से यह कह सकता हूँ कि गुरूजी भी इस निर्णय से अत्यंत खुश होंगे क्योंकि एक बार उन्होंने मुझे काफी गहराई में इस संस्थान के बारे में बताया था और इससे जुड़ने की इच्छा भी प्रकट की थी। मुझे गुरूजी के साथ हुई वार्ता पूरी तरह याद है, जिसका वर्णन करते हुए मैं अत्यंत गौरान्वित महसूस करूँगा।[36]

यह गुरू–शिष्य के वार्तालाप के समय की बात है। गुरूजी उनकी मनपसन्द प्रातःकालीन राग मियाँ की तोड़ी बजाकर चुके ही थे कि उन्होंने बाँसुरी को अपनी गोद में रखा तथा आँखें बन्द करके ध्यानमग्न हो गये। थोड़ी देर बाद जब पन्नाबाबू जी ने आँखे खोली और प्रबुद्ध रूप में मेरी तरफ देखा, तब मैंने अचानक ही बड़े सहज रूप में उनसे एक प्रश्न पूछा, जो शायद व्यक्तिगत प्रश्न भी था। मैं थोड़ा भयभीत भी हुआ, परन्तु गुरूजी चूंकि मुझे अपने बेटे की तरह ही मानते थे अतः मैं यह प्रश्न पूछ सका।

मैंने पूछा, 'गुरूजी आप कई वर्षों से बाँसुरी बजा रहे हैं परन्तु मैं यह जानने को उत्सुक हूँ कि आपको क्या लगता है कि आप कब तक इसे जारी रख पायेंगे।' इस प्रश्न को सुनने के बाद गुरूजी ने पुनः अपनी आँखें बन्द की और भाव समाधि की अवस्था में चले गये।[37]

कुछ क्षण बाद उन्होंने आँखें खोली और कहा, 'रासबिहारी मैंने पहले ही निर्णय कर लिया है कि एक दिन मैं सन्यासी बन जाऊँगा और रामकृष्ण मिशन में रहकर अपनी सेवाएं अर्पित करूँगा। यह भली–भाँति जानते हुए कि एक सन्यासी को अपनी सम्पत्ति एवं सभी चीज़ों का त्याग करना होता है, मैंने स्वामी सम्बुद्धानन्द जी से सम्पर्क किया था तथा उन्हें अपनी इच्छा से अवगत कराया और यह भी बताया कि मैं वहाँ अकेला रहूँगा, चाहें मुझे बाँसुरी का

भी त्याग करना पड़े। यह सुनने के बाद स्वामी जी ने तुरंत जवाब दिया कि पन्नाबाबू आप सन्यासी बन सकते हैं, साथ ही अपने परिवार के साथ रामकृष्ण मिशन में रह सकते हैं और इसके लिये आपको बाँसुरी का त्याग करने की भी आवश्यकता नहीं है।'[38]

उन्होंने (पन्नाबाबू जी) कहा कि यह विशेष सौभाग्य मुझे श्री रामकृष्ण परमहंस जी के आशीर्वाद से ही प्राप्त हुआ। इस प्रकार श्री रामकृष्ण परमहंस जी के प्रति उनका पूर्ण सम्पर्ण इस बात से प्रतीत होता है कि वह (पन्नाबाबू जी) उनके लिये अपना जीवन, अपनी बाँसुरी (जिसमें उनके प्राण थे) आदि सब कुछ त्याग कर अपनी इच्छा पूर्ण करना एवं सेवा करना चाहते थे।[39]

बाल्यकाल में घटित दो घटनाओं का भी पन्नालाल जी के जीवन पर प्रभावशाली असर पड़ा। सबसे पहले, 9 वर्ष की आयु में वे एक छड़ी ढूंढ रहे थे, तभी पन्नालाल जी ने एक बाँसुरी कीर्तनखोला नदी (बरीसाल, बांग्लादेश) में तैरती हुई पाई। उन्होंने वहीं से यह वाद्य लिया और तभी बाँसुरी के साथ उनका आजीवन सम्बन्ध प्रारम्भ हुआ।[40]

दो वर्ष बाद, 11 वर्ष की आयु में पन्नालाल जी एक साधु से मिले, जिनके पास एक शंख और एक बाँसुरी थी। जब साधु ने पन्नालाल जी से पूछा कि क्या वे उनके (साधु) लिए बाँसुरी बजा सकते हैं, तो पन्नालाल जी ने उनका आभार व्यक्त किया और बाँसुरी बजायी। इस प्रकार साधु ने पन्नाबाबू जी से कहा कि उन्हें संगीत से ही मोक्ष की प्राप्ति होगी।[41]

एक बार, श्री पन्नालाल घोष जी शिबपुर इंजीनियरिंग महाविद्यालय, बंगाल में अपना प्रदर्शन दे रहे थे, तब उनके शारीरिक व्यायाम के गुरू बड़का दा ने उन्हें सुना और शारीरिक कला के साथ–साथ संगीत क्षेत्र से जुड़ने, इसमें नये–नये आयाम स्थापित करने एवं बाँसुरी को विकसित एवं श्रेष्ठ रूप प्रदान करने के लिए उनकी अत्यधिक प्रशंसा की।[42]

इस प्रकार पन्नाबाबू जी के जीवन के कई रोचक स्मरण रहे, जिनसे यह अवगत होता है कि वे सर्वश्रेष्ठ बाँसुरीवादक के साथ एक महान् व्यक्ति भी थे। आपके जीवन में घटित इन समस्त स्मरणों से आपकी कलात्मक महानताओं के साथ–साथ व्यक्तिगत महानताएं भी परिलक्षित होती है, जिनसे आने वाली समस्त पीढ़ियाँ प्रेरित होती हैं।

अन्य रूचियाँ

पंडित पन्नालाल घोष जी के जीवन में संगीत के साथ–साथ कुछ अन्य रूचियाँ भी रही तथा आपने अपनी समस्त रूचियों को पूर्ण करते हुए जीवन का पूर्ण आनन्द लिया। पन्नाबाबू जी को शारीरिक कलाओं का बहुत शौक था तथा इसके लिये आपने बरीसाल में दो भाईयों क्रमशः बड़का दा एवं तुका दा से प्रशिक्षण भी प्राप्त किया था।

सन् 1928 में जब चारों ओर राजनीतिक अशान्ति का माहौल था और देश का प्रत्येक युवा स्वंत्रता आन्दोलन में सम्मलित था, पन्नालाल जी भी इस स्वंत्रता आन्दोलन में शामिल हो गये। उन्होंने एक व्यायामशाला में नामांकन करा लिया था, जहाँ उन्होंने मार्शल आर्ट, मुक्केबाजी, लाठी चलाना तथा शरीर सौष्ठव का अभ्यास किया, साथ ही आप व्यायामशाला के उत्कृष्ट छात्र तथा विजेता भी रहे।

पंडित पन्नालाल घोष जी मुक्केबाजी में विजेता थे और अखिल बंगाल प्रतियोगिता के मुक्केबाज विजेता और विशेषज्ञ के रूप में उन्होंने एक एथलेटिक क्लब में कोच के रूप में नौकरी भी की।[43]

पन्नालाल जी कुछ समय के लिये मुक्केबाजी के कोच भी रहे तथा जापानीयों से उन्होंने उनकी आत्मरक्षा की कला 'जु–जित्सु' सिखी। आप 'जु–जित्सु' में ब्लेक बेल्ट थे, साथ ही तलवारबाज़ी एवं भार उठाने की कला में भी निपुण थे। पंडित पन्नालाल घोष जी एक कुशल मुक्केबाज एवं कुश्तीबाज भी रहे, इस प्रकार आपने प्रारम्भ से ही शारीरिक कलाओं, सौष्ठव एवं व्यायाम पर ध्यान दिया।[44]

एक अस्थाई पड़ाव के दौरान पन्नाबाबू जी संथाल जाति के संपर्क में आये जिन्हें उन्होंने शारीरिक कलाएं सिखाई और परस्पर उनसे धनुर्विधा सीखी, इस प्रकार उन्होंने धनुर्विद्या में महारथ प्राप्त की। वास्तव में, पन्नाबाबू जी की शारीरिक दृढ़ता एवं सक्षमता, बड़े आकार की बाँसुरी जिसमें फूँक मारने में असीम शक्ति की आवश्यकता होती है, पर अधिकार प्राप्त करने में काफी सहायक रही।[45]

पन्नाबाबू जी को साईकिल चलाना काफी पसन्द था। वह प्रतिदिन दफ्तर भी अपनी साईकिल से जाया करते थे। इस प्रकार पंडित पन्नालाल घोष जी के जीवन में संगीत के साथ–साथ कुछ अन्य रुचियाँ भी रही,

जिनको पूर्ण करते हुए उन्होंने जीवन का सम्पूर्ण आनन्द लिया। आप संगीत के प्रति पूर्ण रूप से समर्पित रहे, साथ ही अपनी समस्त इच्छाओं को भी पूर्ण किया।[46]

सन्दर्भ-सूची

1. पं. नयन घोष, चर्चा, जयपुर, 22/9/2012, 10 बजे (प्रातः)
2. पं. नयन घोष, चर्चा, जयपुर, 22/9/2012, 10 बजे (प्रातः)
3. Late. Sh. Anand Murdeshwar interview on www.pannalalghosh.com
4. पं. नयन घोष, चर्चा, जयपुर, 22/9/2012, 10 बजे (प्रातः)
5. Pt. V.G. Karnad's Interview on www.pannalalghosh.com
6. वही
7. Pt. V.G. Karnad's Interview on www.pannalalghosh.com
8. वही
9. Pt. V.G. Karnad's Interview on www.pannalalghosh.com
10. पं. नयन घोष, चर्चा, मुम्बई, 20/11/2012, 7 बजे (सायं)
11. वही
12. वही
13. पं. नयन घोष, चर्चा, मुम्बई, 20/11/2012, 7 बजे (सायं)
14. वही
15. वही
16. वही
17. पं. नयन घोष, चर्चा, मुम्बई, 20/11/2012, 7 बजे (सायं)
18. वही
19. पं. नयन घोष, चर्चा, मुम्बई, 20/11/2012, 7 बजे (सायं)
20. वही
21. पं. नयन घोष, चर्चा, मुम्बई, 20/11/2012, 7 बजे (सायं)
22. वही
23. वही
24. पं. नयन घोष, चर्चा, मुम्बई, 20/11/2012, 7 बजे (सायं)
25. पं. नयन घोष, चर्चा, मुम्बई, 6/3/2012, 2 बजे (दोपहर)

26. वही
27. वही
28. पं. नयन घोष, चर्चा, मुम्बई, 20/11/2012, 7 बजे (सायं)
29. पं. नयन घोष, चर्चा, मुम्बई, 6/3/2012, 2 बजे (दोपहर)
30. वही
31. संगीत महाभारती, मनांजली (2012), पृ.40
32. संगीत महाभारती, मनांजली (2012), पृ.40
33. www.pannalalghosh.com
34. www.pannalalghosh.com
35. www.pannalalghosh.com
36. वही
37. www.pannalalghosh.com
38. वही
39. वही
40. www.pannalalghosh.info
41. वही
42. Late. Sh. Anand Murdeshwar interview on www.pannalalghosh.com
43. पं. नयन घोष, चर्चा, मुम्बई, 3/3/2009, 5 बजे (सायं)
44. पं. नयन घोष, चर्चा, मुम्बई, 3/3/2009, 5 बजे (सायं)
45. वही
46. वही

उपसंहार

कई वर्षों के सतत् प्रयास एवं अपने मन–मस्तिष्क में व्याप्त सभी जिज्ञासाओं की पूर्ति के बाद, मैं 'पंडित पन्नालाल घोष–विश्व रत्न' को जानने में सफल हुआ। क्या कोई व्यक्ति इतना महान् भी हो सकता है? क्या कोई व्यक्ति अकेले ही इतने महान् कार्य कर सकता है? क्या कोई व्यक्ति सम्पूर्ण संगीत जगत के लिए वरदान सिद्ध हो सकता है? ऐसे कई प्रश्नों के जवाब मुझे इस शोध कार्य के पूर्ण होने पर स्वतः प्राप्त हुए, जिसका साक्षात् एवं प्रत्यक्ष उदाहरण है–'बाँसुरीवादक स्वर्गीय पंडित पन्नालाल घोष'।

आप में निहित असीमित सक्षमताएं, दृढ़ इच्छा शक्ति, चिन्तन एवं अथक् प्रयास के कारण ही आपने संगीत एवं बाँसुरी के क्षेत्र में नये–नये स्तम्भ स्थापित किए। शायद, स्वयं बाँसुरी 'एक अत्यन्त सरल ग्राम वाद्य' ने भी यह कल्पना नहीं की होगी कि वह एक दिन इतने विस्तृत रूप में स्थापित हो सकेगी। आपने न सिर्फ बाँसुरी अपितु सम्पूर्ण संगीत जगत को एक नई दिशा प्रदान की तथा संगीत एवं बाँसुरी के लिए एक वरदान सिद्ध हुए। आपके विशेष प्रयासों से सभी कलाकार एवं आने वाली समस्त पीढ़ियाँ लाभान्वित हुई।

बाँस से निर्मित बड़ी बाँसुरी (32 इंच व 42 इंच/मंद्र बाँसुरी), 6 तार का तानपुरा, ऊँचे स्वर की तानपुरी, सुरपेटी या श्रुति बॉक्स, 'D' शार्प एवं 'E' स्वर स्केल का तबला, नवीन रागों का निर्माण, अप्रचलित एवं कई दक्षिण भारतीय रागों का प्रचलन, नवीन रचनाओं का निर्माण, भारतीय संगीत का सम्पूर्ण विश्व में प्रचार–प्रसार, कुशल शिष्य, शैलियों का श्रेष्ठ प्रस्तुतिकरण, उपशास्त्रीय, सुगम एवं फिल्मी संगीत में बाँसुरी का कुशल प्रयोग आदि कई ऐसे महान् कार्य एवं योगदान हैं जो पन्नाबाबू जी की दूरदर्शिता, कठिन परिश्रम एवं चिन्तन के परिणाम स्वरूप ही संभव हो सके।

आपने इन समस्त महान् कार्य एवं योगदानों के माध्यम से सम्पूर्ण विश्व में अपनी अमिट छाप स्थापित की तथा नये–नये आयाम भी स्थापित किए। पंडित पन्नालाल घोष जी सभी के लिए एक विशिष्ट उदाहरण हैं एवं प्रेरणा के महान् स्त्रोत हैं। मैं अपने शोध कार्य के माध्यम से यह भी जान सका कि किस प्रकार एक कलाकार अपनी कला एवं अन्य रूचियों के मध्य कुशल सामंजस्य स्थापित कर सकता है। पहलवानी, कुश्ती, तलवारबाज़ी, व्यायाम, भार उठाने की कला, शारीरिक सौष्ठव एवं संगीत एक समुद्र के दो अलग–अलग किनारे हैं, परन्तु फिर भी आपने अपनी संगीत साधना के साथ–साथ इन सभी रूचियों को भी पूर्ण किया एवं व्यवस्थित जीवन व्यतीत किया।

पंडित पन्नालाल घोष जी, जिन्हें प्रायः 'पन्नाबाबू जी' कहकर भी सम्बोधित किया जाता है, इतने महान् कलाकार होने के बाद भी अत्यन्त सरल एवं सहज व्यक्ति रहे। आप सदैव बाह्य आडम्बरों से दूर रहे तथा अध्यात्म के मार्ग पर अग्रसित हुए। आप इतने भावुक व्यक्ति थे कि दूसरों की परेशानियों से स्वयं व्याकुल हो जाते थे तथा अपने आर्थिक संघर्ष के दौरान भी आपने गरीब, दीन एवं ज़रूरतमंदों की सदैव सहायता की एवं उन्हें अपने परिवार की तरह ही स्नेह किया। आप में स्वदेश–प्रेम की भावना भी कूट–कूट कर व्याप्त थी जिसका साक्षात् प्रमाण सन् 1928 में घटित स्वतंत्रता आन्दोलन में आपकी सक्रिय भूमिका से प्राप्त होता है।

अपने शोध कार्य के अन्तर्गत, मैं विभिन्न माध्यमों से अपनी समस्त जिज्ञासाओं को पूर्ण कर सका और इस शोध कार्य के माध्यम से पन्नाबाबू जी की जीवन शैली, सांगीतिक जीवन, व्यक्तित्व एवं अन्य सभी विशेषताओं, प्रमुखताओं एवं महानताओं को जान सका।

मेरे मन, मस्तिष्क एवं शरीर में सदैव इस प्रश्न के साथ एक सिरहन सी उत्पन्न होती है कि क्या कोई व्यक्ति इतना महान् भी हो सकता है परन्तु यह यथार्थ सत्य है कि पंडित पन्नालाल घोष जी वास्तव में इतने महान् व्यक्ति ही थे और इन समस्त कलात्मक महानताओं के साथ अत्यन्त सरल, सहज एवं सादगी पसन्द व्यक्ति थे। आप सदैव 'सादा जीवन–उच्च विचार' के मार्ग पर गतिमान रहे एवं सादगी पूर्ण जीवन व्यतीत करते हुए अपनी समस्त कल्पनाओं को साकार किया।

मैंने अपनी शोध निर्देशिका डॉ. (श्रीमती) निशि माथुर जी की सहायता से इस शोध कार्य को सात अध्यायों में वर्गीकृत किया है तथा पंडित पन्नालाल

घोष जी के जीवन, व्यक्तित्व, कृतित्व एवं सांगीतिक महानताओं से सम्बन्धित सभी जानकारियाँ सम्मिलित करने का पूर्ण प्रयास किया है।

प्रथम अध्याय, 'पंडित पन्नालाल घोष' के माध्यम से मैं आपके बाल्यकाल से लेकर अंत तक की विभिन्न गतिविधियों, परिस्थितियों एवं आपके दिव्य संगीत से अवगत हो सका। इस अध्याय के माध्यम से मुझे ज्ञात हुआ कि मात्र 7 वर्ष की आयु में ही आपका संगीत से जुड़ाव हुआ। आपके परिवार में अधिकांशतः सभी संगीतज्ञ रहे जिसके परिणाम स्वरूप आपकी प्रारम्भिक तालीम अपने घर से ही प्रारम्भ हुई। आपकी बाल्यावस्था में घटित कुछ घटनाओं के बाद आपका बाँसुरी से गहरा सम्बन्ध स्थापित हुआ तथा आपके विशेष एवं सतत् प्रयासों के फलस्वरूप 'बाँसुरी' अपने श्रेष्ठ रूप में स्थापित हो सकी। वर्तमान में बाँसुरी का यह उत्कृष्ट रूप पंडित पन्नालाल घोष जी के प्रयासों का ही परिणाम है।

इस अध्याय द्वारा पंडित पन्नालाल घोष जी के जीवन की अधिकांशतः सभी गतिविधियां उजागर हुई तथा आपके समस्त परिवारजन एवं उनके सांगीतिक जुड़ाव से परिचित हुआ। पंडित पन्नालाल घोष जी ने अपने जीवन में कई आर्थिक संघर्षों का सामना किया परन्तु अन्त में वह एक सफल एवं सक्षम कलाकार के रूप में स्थापित हुए। आपका सम्पूर्ण जीवन संगीत एवं बाँसुरी के प्रति समर्पित रहा, साथ ही आप एक आध्यात्मिक एवं सरल व्यक्ति थे जो सदैव संगीत की सेवा करते रहे।

द्वितीय अध्याय, 'बाँसुरी वाद्य' के अन्तर्गत मैं बाँसुरी वाद्य से सम्बन्धित अधिकांशतः सभी जानकारियाँ प्राप्त कर सका। इस अध्याय द्वारा बाँसुरी के प्रारब्द्ध से अवगत हुआ, साथ ही इसके आकार एवं विभिन्न प्रकारों को भी उजागर कर सका। इसके अतिरिक्त बाँसुरीवादन की तकनीक, अंगुलियों के प्रयोग तथा गायकी एवं तंत्रकारी अंग को भी स्पष्ट रूप से जान सका। बाँसुरी में मैहर घराना या मैहर सेनिया घराना व्याप्त है अतः बाँसुरी एवं मैहर घराने के सम्बन्ध एवं बाँसुरी पर इस घराने के विशेष प्रभाव से अवगत हुआ, साथ ही उन समस्त बाँसुरीवादकों से भी अवगत हुआ जो बाँसुरी के प्रति सदैव समर्पित रहे या वर्तमान में भी अपनी साधना में लीन है।

तृतीय अध्याय, 'बाँसुरी सम्बन्धी शिक्षा' के माध्यम से मैं, बाबूजी की किस प्रकार सांगीतिक तालीम हुई, किन–किन कलाकारों से बाबूजी अत्यधिक प्रभावित रहे तथा किस घराने व शैली से बाबूजी का सम्बन्ध रहा इत्यादि

महत्वपूर्ण जानकारियाँ प्राप्त कर सका तथा पन्नाबाबू जी की अपने गुरू एवं तालीम के प्रति विशेष श्रद्धा भाव से यह भी जान सका कि एक श्रेष्ठ एवं योग्य कलाकार के रूप में स्थापित होने के लिए गूढ़ तालीम अत्यधिक आवश्यक एवं महत्वपूर्ण है।

पन्नाबाबू जी मैहर घराने से सम्बद्ध रहे तथा आपकी प्रारम्भिक शिक्षा आपके परिवार से ही प्रारम्भ हुई। इसके बाद आपने उस्ताद खुशी मोहम्मद खान साहब, श्री गिरिजाशंकर चक्रवर्ती जी एवं आचार्य उस्ताद अलाउद्दीन खान साहब से गहन तालीम प्राप्त की। जिसके परिणाम स्वरूप आपके वादन में एक उत्कृष्ट बाँसुरीवादक के सभी गुण समाहित हुए। इसके अतिरिक्त आप किराना घराने के उस्ताद अमीर खान साहब एवं अन्य श्रेष्ठ कलाकारों से प्रभावित हुए, जिसका प्रभाव आपके वादन में भी स्पष्ट रूप से परिलक्षित होता है।

चतुर्थ अध्याय, 'बाँसुरीवादन के कार्यक्रम एवं सम्मान' के अंतर्गत मैंने बाबूजी के सभी कार्यक्रम एवं सम्मान पर प्रकाश डाला है। इस प्रकार, इस अध्याय द्वारा मैं बाबूजी की प्रस्तुतियाँ (भारत व विदेश) एवं उनके विशिष्ट प्रयासों द्वारा अर्जित समस्त उपलब्धियों से पूर्ण रूप से अवगत हो सका।

पन्नाबाबू जी ने भारत के सभी महत्वपूर्ण संगीत सम्मेलन एवं गोष्ठियों में अपनी प्रस्तुतियाँ दी एवं श्रोताओं को अपनी अतुलनीय कलात्मक महानताओं से भाव–विभोर किया। इसके साथ–साथ सन् 1938 में आपने यूरोप की भी यात्रा की एवं अपने कलात्मक गुणों के प्रदर्शन द्वारा भारतीय संगीत का श्रेष्ठ रूप में प्रचार–प्रसार किया।

पंचम् अध्याय, 'पंडित जी की वादनशैली एवं कृतित्व' के माध्यम से मैंने बाबूजी की वादनशैली का गहन अध्ययन किया जिसके परिणाम स्वरूप आपकी वादनशैली में निहित दिव्यता एवं समस्त विशेषताओं से परिचित हो सका। इस विशिष्ट वादनशैली के कारण ही संगीत का ऐसा कोई सम्मेलन या कार्यक्रम नहीं था, जो पन्नाबाबू जी के बाँसुरीवादन के बिना सम्भव हो सके। इसके साथ–साथ बाबूजी द्वारा किये गये विशेष योगदानों से भी मैं पूर्ण रूप से अवगत हुआ।

आपकी वादनशैली में गायकी एवं तंत्रकारी दोनों अंगों का कुशल समावेश था तथा इनसे सम्बन्धित सभी गुण निहित थे। इसके अतिरिक्त सातवें छिद्र एवं मींड़ का विशेष प्रयोग आपके वादन को उत्कृष्टता प्रदान करता था।

आपने शास्त्रीय संगीत के साथ–साथ उपशास्त्रीय, सुगम एवं लोक संगीत आदि समस्त शैलियों का श्रेष्ठ प्रस्तुतिकरण किया। ठुमरी, दादरा, कजरी, भटियाली, बाउल, कीर्तन, मांड आदि के श्रेष्ठ प्रस्तुतिकरण द्वारा आपकी एक विशेष छवि स्थापित हुई, जिसके परिणाम स्वरूप आपने अनगिनत उपलब्धियाँ भी अर्जित की।

आपने बाँस से निर्मित बाँसुरी (32 इंच व 42 इंच/मंद्र बाँसुरी) के निर्माण के साथ–साथ 6 तार का तानपुरा, ऊँचे स्वर स्केल की तानपुरी, सुरपेटी या श्रुति बॉक्स (उत्तर भारतीय संगीत में), 'D' शार्प एवं 'E' स्वर स्केल का तबला आदि के निर्माण एवं प्रयोग में भी आपका प्रभावी योगदान रहा। बाँसुरी पर सातवें छिद्र की स्थापना भी आपका ही प्रयास था।

आपने कई नवीन रागों का निर्माण किया, साथ ही कई रागों को उत्तर भारतीय शास्त्रीय संगीत में प्रचलित भी किया। इसके अतिरिक्त आपने कई प्रचलित रागों में श्रेष्ठ रचनाएं भी निर्मित की। बाँसुरी का शास्त्रीय संगीत एवं उपशास्त्रीय संगीत के साथ–साथ फिल्मी संगीत में भी प्रयोग हुआ, जिसका सम्पूर्ण श्रेय पंडित पन्नालाल घोष जी को ही जाता है। आपने कई फिल्मों में संगीत निर्देशन कर अपनी असीमित सक्षमताओं का परिचय दिया, इस प्रकार आपके विशिष्ट प्रयास भारतीय संगीत एवं बाँसुरी के लिए वरदान सिद्ध हुए।

षष्टम् अध्याय, 'सांस्कृतिक धरोहर का प्रचार–प्रसार एवं संरक्षण' के माध्यम से मुझे यह ज्ञात हुआ कि बाबूजी ने विभिन्न माध्यमों द्वारा सांस्कृतिक धरोहर का सम्पूर्ण विश्व में प्रचार–प्रसार किया। पन्नाबाबू जी ने अपने शिष्य, कार्यक्रमों की प्रस्तुति, सी.डी. (रिकॉर्डस), विडियो क्लिप्स एवं साहित्य द्वारा न सिर्फ भारतीय संस्कृति का प्रचार–प्रसार किया अपितु इसका श्रेष्ठ संरक्षण भी किया।

पंडित पन्नालाल घोष जी ने कई कुशल शिष्य तैयार किए जिन्होंने आपकी सांगीतिक परम्परा का बाखूबी निर्वाह किया, जैसे स्वर्गीय श्री हरिपद चौधरी, श्री देवेन्द्र मुर्देश्वर, श्री निरंजन हल्दीपुर, श्री नत्यानंद हल्दीपुर, पंडित वी.जी. कारनाड, श्री गौर गोस्वामी, श्री रास बिहारी देसाई, श्री सूरजनारायण पुरोहित, श्री मोहन डी. नाडकर्णी, श्री आर.एम. उम्टाकर, श्री प्रभाकर नाचणे, श्री के.डी. देसाई, श्री हरि के. छाबड़िया, श्री महेश मस्तफकीर, श्री फकीरचंद सामन्ता, श्री शरद माहोले, श्री रमाप्रसाद मुखर्जी, श्री सुरेश बसरूरकर, श्री त्रिभुवन गोंदकर तथा विदेश में श्री अमीन–उर–रहमान (ढाका)।

पन्नाबाबू जी ने अपनी प्रस्तुतियों, कई रिकॉर्ड्स कम्पनियों द्वारा रिलीज़ किए गए रिकॉर्ड्स एवं कई नवीन रागों के निर्माण द्वारा इस धरोहर को विस्तृत रूप प्रदान किया तथा इसके प्रचार–प्रसार एवं संरक्षण में भी अपना महत्वपूर्ण योगदान दिया।

सप्तम् अध्याय, 'व्यक्तित्व, रोचक स्मरण एवं अन्य रूचियाँ' के माध्यम से मैं पन्नाबाबू जी के रहन–सहन, जीवन दर्शन, मौलिक चिन्तन एवं मान्यताएं, रोचक स्मरण तथा साथ ही आपकी समस्त रूचियों से परिचित हुआ।

पंडित पन्नालाल घोष जी जितने महान् कलाकार थे उतने ही सरल एवं सहज व्यक्ति थे। आपका ध्यान संगीत में ही केन्द्रित रहा अतः आप बाह्य आडम्बरों से सदैव दूर रहे। आपने जीवन की मूलभूत आवश्यकताएं अवश्य पूरी की परन्तु दिखावे से सदैव दूर रहे। आप 'सादा जीवन–उच्च विचार' के मार्ग पर ही गतिमान रहे अतः आपका एवं आपके परिवार का जीवन सदैव सादगी से परिपूर्ण रहा। आप श्री रामकृष्ण परमहंस जी के प्रबल अनुयायी थे, साथ ही पंडित रविन्द्र नाथ टैगोर जी एवं काज़ी नज़रूल ईस्लाम जी से भी अत्यधिक प्रभावित रहे। आपके जीवन में कई रोचक एवं अविस्मरणीय स्मरण रहे। पंडित पन्नालाल घोष जी ने अपने जीवन में इतना कुशल सामंजस्य स्थापित किया की आपने अपनी सभी रूचियाँ जैसे शारीरिक सौष्ठव, तलवारबाज़ी, कुश्ती, जु–जित्सु, पहलवानी, भार उठाने की कला, धनुर्विद्या एवं साईकिल चलाना आदि भी पूर्ण की।

'पंडित पन्नालाल घोष' सर्वश्रेष्ठ बाँसुरीवादक होने के साथ–साथ एक साधक, चिन्तक, मार्गदर्शक एवं श्रेष्ठ गुरू भी थे। आप में कलात्मक महानताओं के साथ–साथ दूरदर्शिता, निडरता, कठिन परिश्रम, चिन्तन, सहजता, सरलता, दृढ़ संकल्प, सहायक व्यवहार, विशाल एवं नरम हृदय, जोश, करूणा आदि समस्त गुण कूट–कूट कर निहित थे। मैं जब भी आपके जीवन पर चिन्तन करता हूँ तो मेरे मन, मस्तिष्क एवं शरीर में एक विशेष कम्पन्न उत्पन्न होता है।

आप वास्तव में एक महान् कलाकार एवं व्यक्ति थे। आप अपने सद्भावी एवं सहायक व्यवहार के कारण कलाकार, आम जन एवं अपने परिवार में सदैव प्रिय रहे। पंडित पन्नालाल घोष जी ने अत्यधिक सम्माननीय तथा सर्वश्रेष्ठ कलाकार होने के बाद भी सदैव सहज, सरल एवं सादगी पूर्ण जीवन व्यतीत किया। आप सदैव धर्म एवं अध्यात्म के मार्ग पर प्रशस्त हुए एवं बाह्य आडम्बरों से दूर रहे।

मैं ईश्वर का अत्यन्त आभारी हूँ कि आपके आशीर्वाद एवं मेरी शोध निर्देशिका डॉ. (श्रीमती) निशि माथुर जी के श्रेष्ठ मार्गदर्शन के परिणाम स्वरूप मुझे यह सौभाग्य प्राप्त हुआ कि मैं पंडित पन्नालाल घोष जी के व्यक्तित्व एवं कृतित्व पर अपना शोध कार्य कर सका एवं उसे उत्कृष्ट रूप प्रदान करने में सफल हुआ।

आपके व्यक्तित्व एवं कृतित्व पर शोध कार्य करने के बाद मैं यही प्रार्थना कर सकता हूँ कि ईश्वर की कृपा से आप जैसे 'युग पुरूष' का निरंतर अभ्युदय हो, जिससे संगीत, शास्त्र, साहित्य, कलाकार एवं आने वाली समस्त पीढ़ियाँ लाभान्वित हो तथा नई दिशा एवं विशुद्ध ज्ञान प्राप्त कर सकें। पंडित पन्नालाल घोष के साथ–साथ यदि आपको 'संत पन्नालाल घोष' भी कहकर सम्बोधित किया जाए तो कोई अतिशयोक्ति नहीं होगी।

अंत में, आपके चरणों में मेरा शत्–शत् नमन।

परिशिष्ट

पंडित पन्नालाल घोष जी की जीवनशैली
एवं
सांगीतिक जीवन से सम्बन्धित छाया चित्र

Pt. Pannalal Ghosh at his early age

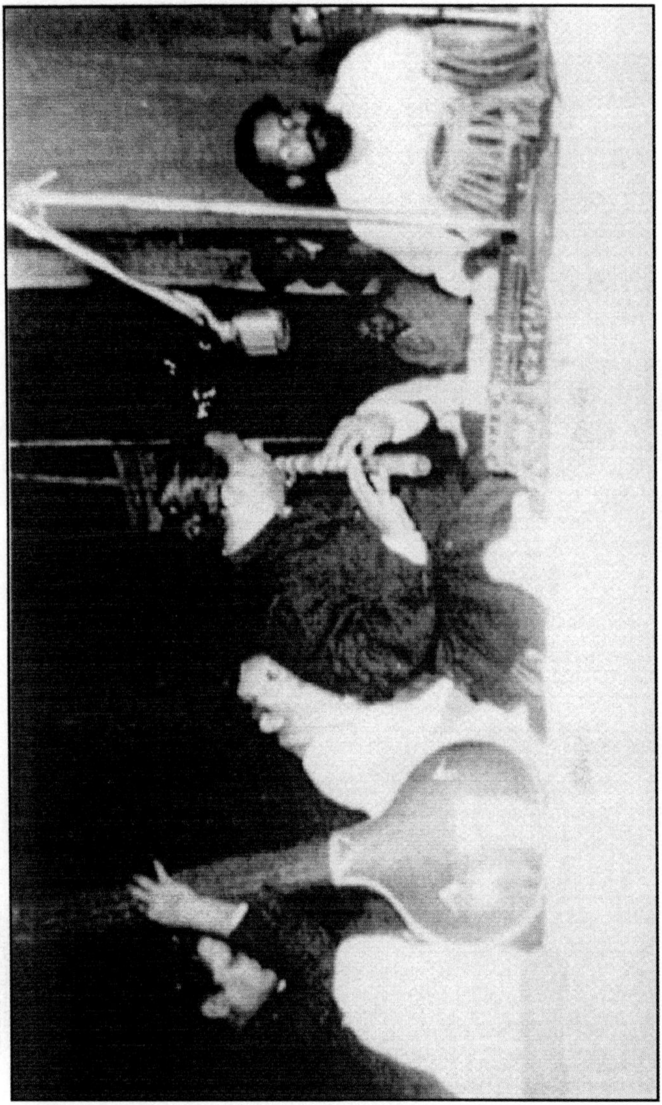

Pt. Pannalal Ghosh and Nikhil Ghosh – Concert in Kolkata

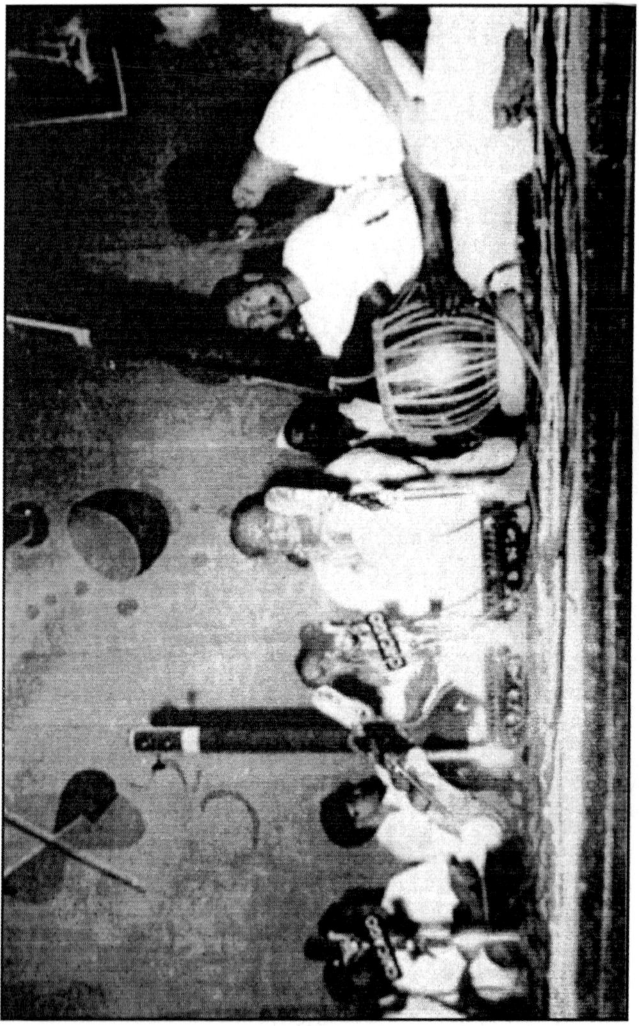

On finishing his performance, Pannalalji and Nikhilji at Sur-Singar Samsad's mega-festival in the 1950's in Mumbai

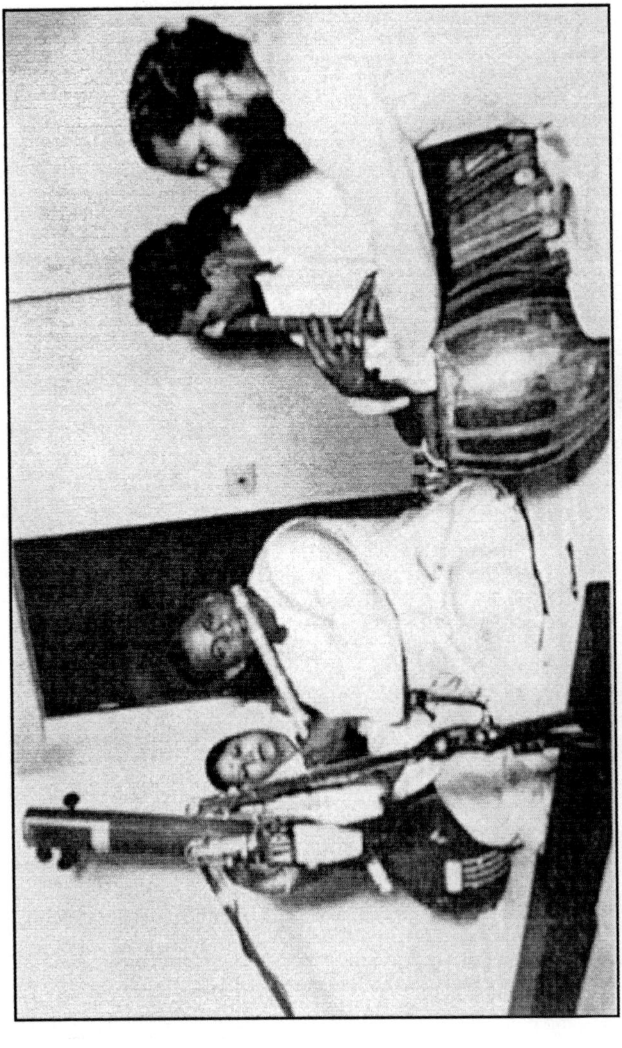

Pannalal Ghosh with brother Nikhil Ghosh on tabla, senior disciple and son-in-law Devendra Murdeshwar on second flute and wife Parul Ghosh, eminent playback singer, on tanpura

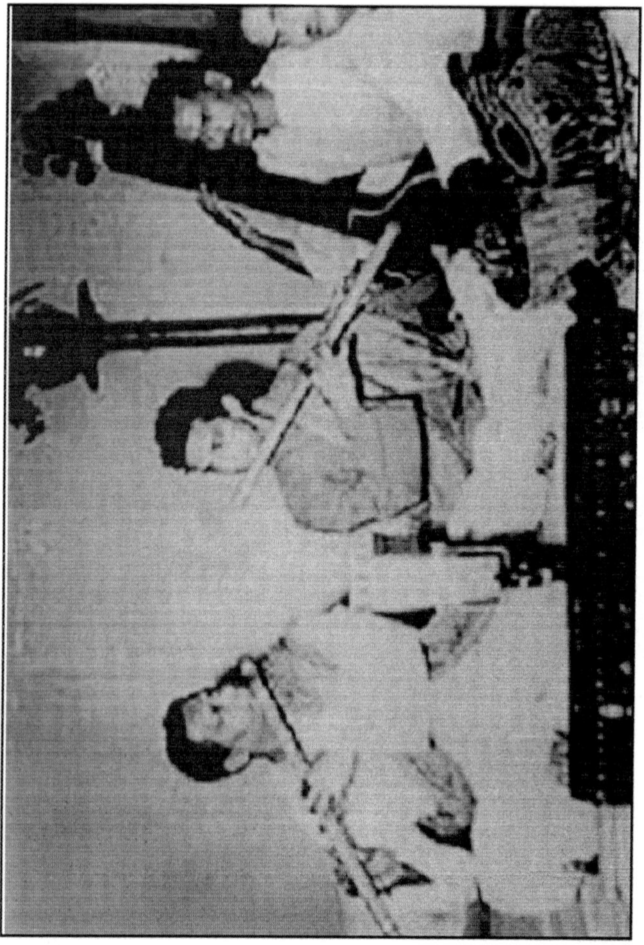

Pt. Pannalal Ghosh in a Concert, senior disciple Devendra Murdeshwar on Second flute

Pannalal Ghosh at a concert in Mumbai, with brother Nikhil Ghosh on tabla, and disciple Shri Rasbihari Desai on the second flute. Another senior disciple Shri VG Karnad is seen on the tanpura

Pt. Pannalal Ghosh

Ustad Ali Akbar Khan would always love having his tanpuras tuned by Panna Babu, his elder gurubahi

Pannalal Ghosh, Shamsuddin Khan, Anjanibai Malpekar, Brijnarainji, YB Chavan, Vikram Sarabhai and Kesarbai Kerkar

Pt. Pannalal Ghosh with other musicians & music lovers

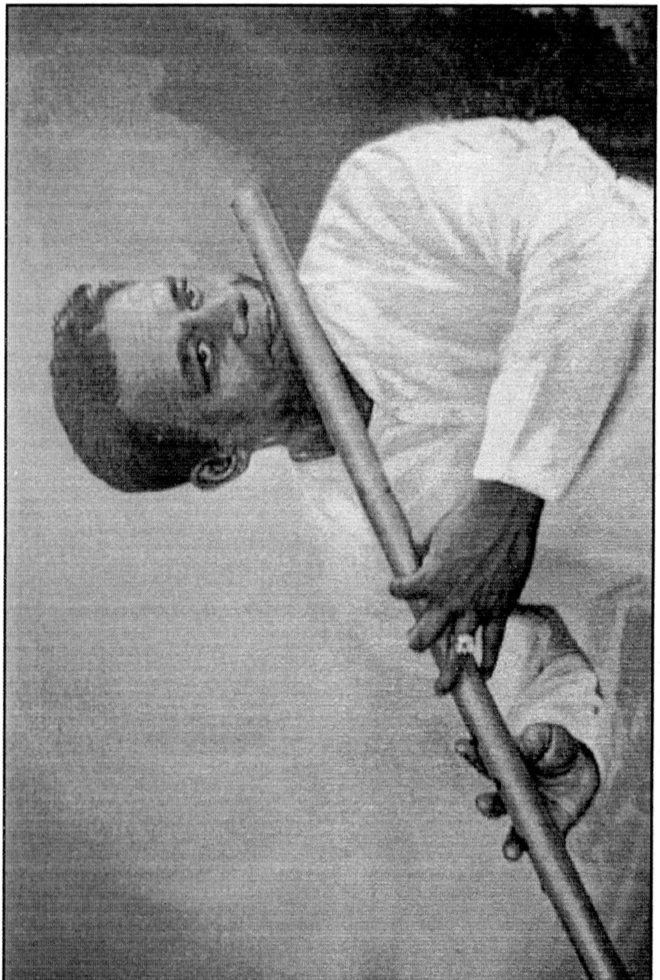

Above painting of Pt. Pannalal Ghosh by Shantaram R. Badakere

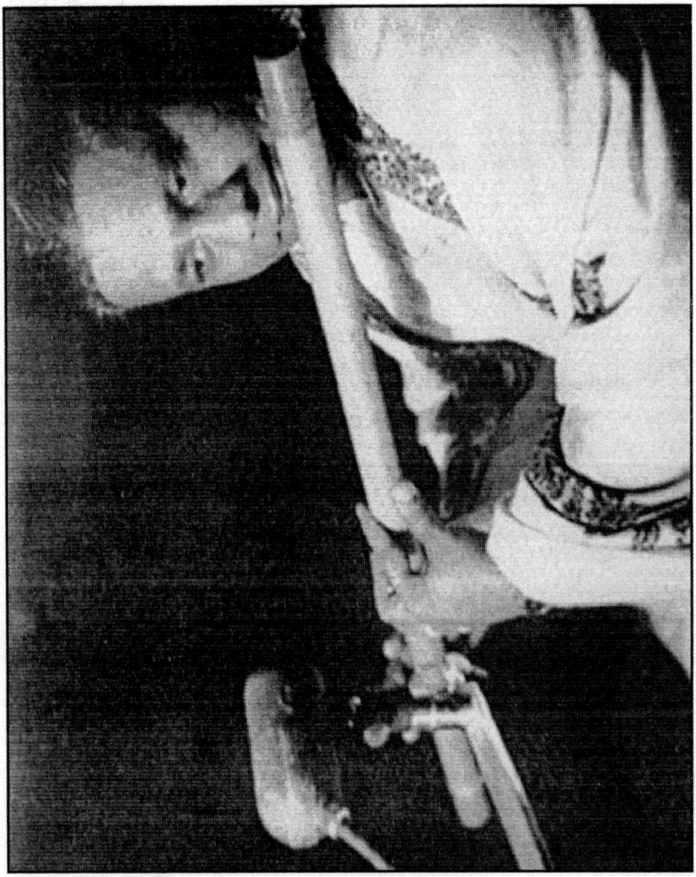

Pt. Pannalal Ghosh

Panna Babu ji

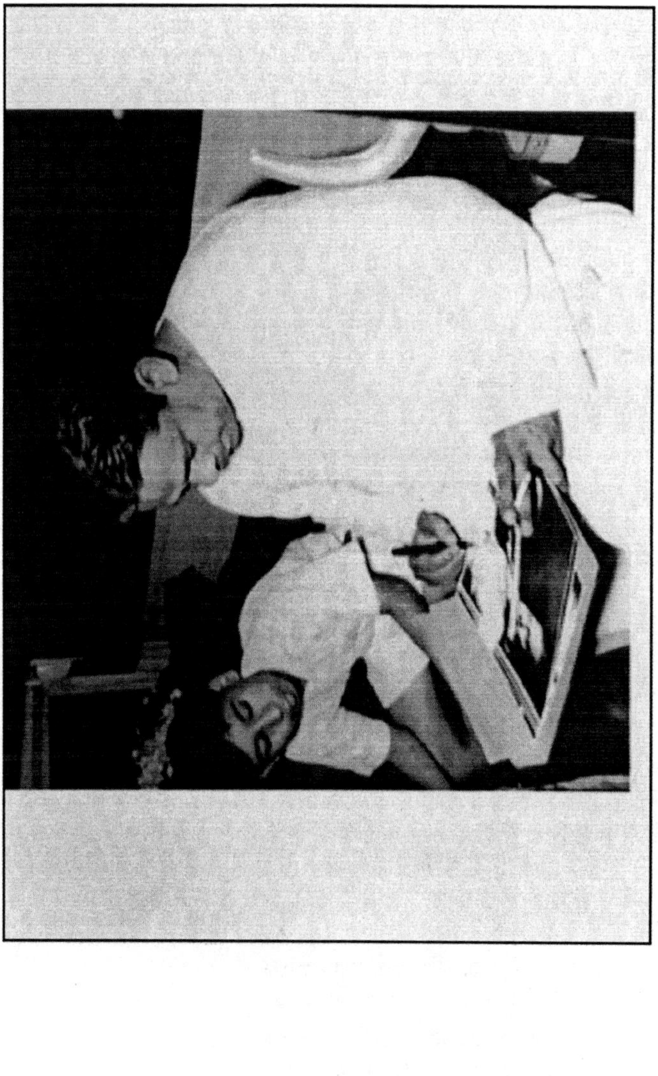

Uday Manjeshwar, Mrs. Meera Karnad's younger brother, receiving Babuji's autograph in train (1956)

संदर्भ ग्रन्थ सूची

डॉ. अरूण मिश्रा, भारतीय कंठ संगीत और वाद्य संगीत गायन–वादन सुमेल, कनिष्का पब्लिशर्स, डिस्ट्रीब्यूटर्स 4697 / 5–21 A, अन्सारी रोड, दरियागंज,नई दिल्ली, प्रथम संस्करण–2002

डॉ. अंजना भार्गव, भारतीय संगीत शास्त्रों में वाद्यों का चिन्तन, कनिष्का पब्लिशर्स डिस्ट्रीब्यूटर्स, नई दिल्ली

डॉ. उषा गुप्ता, हिन्दी के कृष्ण भक्तिकालीन साहित्य में संगीत, लखनऊ विश्वविद्यालय, 1959

श्री कांतिचन्द पाण्ड, स्वतंत्र कला शास्त्र, चौखम्बा संस्थान, वाराणसी, 1967

श्री गोविन्दचन्द्र पाण्ड, मूल्य–मीमांसा (प्रथम संस्करण), राजस्थान हिन्दी ग्रन्थ अकादमी, A–26 / 2, विद्यालय मार्ग, तिलक नगर, जयपुर 1976

डॉ. जयसिंह नीरज, राजस्थानी चित्रकला और हिन्दी कृष्ण काव्य, राजकमल प्रकाशन प्रा.लि. 8, नेताजी सुभाष मार्ग, नई दिल्ली

डॉ. धर्मावती श्रीवास्तव, प्राचीन भारत में संगीत, भारतीय विद्या प्रकाशन, पोस्ट बॉक्स 108, कचौड़ी गली, वाराणसी

डॉ. धीरेन्द्र मोहन दत्त, भारतीय दर्शन, पुस्तक भण्डार पब्लिशिंग हाउस, गोविन्द मित्र रोड, पटना

डॉ. निशि माथुर, भारतीय संगीत कलाकार (वंशानुक्रम और पर्यावरण) पब्लिकेशन स्कीम, 57, मिश्र राजाजी का रास्ता, जयपुर

डॉ. पूनम मिश्रा, प्राचीन भारत में संगीत, अर्जुन पब्लिशिंग हाउस, 4831 / 24 प्रहलाद स्ट्रीट, अंसारी रोड, दरियागंज, नई दिल्ली

श्री बंसत, संगीत विशारद, संगीत कार्यालय, हाथरस (उ.प्र.)

श्री भगवतशरण शर्मा, भारतीय संगीत का इतिहास, संगीत कार्यालय, हाथरस (उ.प्र.)

श्री आचार्य भरत, नाट्यशास्त्र, गायकवाड़ पब्लिकेशन, निर्मल सागर

डॉ. रमेश बोराणा, राजस्थान के लोक वाद्य, राजस्थान संगीत नाटक, अकादमी, जोधपुर

डॉ. राधाकुमुद मुखर्जी, हिन्दू सभ्यता, राजकमल प्रकाशन, नई दिल्ली

डॉ. लक्ष्मीनारायण गर्ग, निबन्ध संगीत, संगीत कार्यालय, हाथरस (उ.प्र.)

डॉ. लालमणि मिश्र, भारतीय संगीत के वाद्य, संगीत कार्यालय, हाथरस (उ.प्र.)

श्री वामन ह. देशपाण्डे, घरानेदार गायकी, पॉपुलर प्रकाशन, मुम्बई, 1973

डॉ. वासुदेव दीक्षित, सिद्धांत कौमुदी, वैंकटेश्वर प्रेस, बम्बई (महाराष्ट्र)

डॉ. विजयलक्ष्मी जैन, संगीत दर्शन राजस्थानी ग्रन्थागार, सोजती गेट के बाहर, जोधपुर

श्रीमती विमलाकान्त, भारतीय संगीत कोष, वाणी प्रकाशन, नई दिल्ली, रॉय चौधरी,

श्री विजयदान देथा, साहित्य और समाज, रूपायन संस्था, बोरूंदा

डॉ. शरतचन्द्र, श्रीधर परांजपै, संगीत बोध, मध्यप्रदेश हिन्दी ग्रन्थ, अकादमी, भोपाल

डॉ. शुचिस्मिता, आकाशवाणी एवं संगीत, कनिष्क पब्लिशर्स हिन्दुस्तानी शास्त्रीय डिस्ट्रीब्यूटर्स, 4697 / 5–21, अंसारी रोड, दरियागंज, नई दिल्ली

श्री सतीशचन्द्र चट्टोपाध्याय, भारतीय दर्शन, पुस्तक भण्डार पब्लिशिंग हाउस, गोविन्द मित्र रोड पटना

डॉ. सुशील कुमार चौबे, साहित्य में घरानों की चर्चा, उत्तरप्रदेश हिन्दी ग्रन्थ अकादमी, लखनउ 1977

डॉ. सुशील कुमार चौबे, हमारा आधुनिक संगीत, प्रथम संस्करण 1975, उत्तरप्रदेश हिन्दी ग्रन्थ अकादमी, लखनऊ 1977

डॉ. सुशील कुमार चौबे, हिन्दुस्तानी संगीत, उत्तरप्रदेश हिन्दी ग्रन्थ के रत्न अकादमी, लखनउ 1977

श्रीमती सुधा श्रीवास्तव, भारतीय संगीत के मूल आधार, कृष्णा ब्रदर्स, महात्मा गाँधी मार्ग, अजमे

श्री गोस्वामी तुलसीदास, विनय पत्रिका, गीता प्रेस, गोरखपुर (उ.प्र.)

संस्कृत ग्रन्थ

पाणिनी	–	गीता प्रेस, गोरखपुर
सामवेद	–	गीता प्रेस, गोरखपुर
ऋग्वेद	–	गीता प्रेस, गोरखपुर
यजुर्वेद	–	गीता प्रेस, गोरखपुर
रामचरितमानस	–	गीता प्रेस, गोरखपुर
श्रीमद्भागवत गीता	–	गीता प्रेस, गोरखपुर

संगीत पत्रिकाएं

संगीत कला विहार, अखिल भारतीय गान्धर्व महाविद्यालय मण्डल प्रकाशन, मिरज

छायानट, उत्तरप्रदेश संगीत नाटक अकादमी का प्रकाशन, पोस्ट बॉक्स नं. 30 विपिन खण्ड गोमती नगर, लखनऊ

श्रुति, 9, केथेड्रल रोड, चेन्नई

कला समय, जे–191, मगल भवन, ई–6, महावीर नगर, अरेरा कॉलोनी, भोपाल

मनांजली (2012), संगीत महाभारती, मुम्बई

ENCYCLOPEDIA

1. The Universal Encyclopedia, Volume – 8.
2. The Encyclopedia Americana, Volume 10,14 Printed in NewYork.
3. The Encyclopedia Britanica, A new survey of universal knowledge, Volume 16, Printed in Great Britain.
4. The New Standard Encyclopedia and World Atlas, The Times of India Head Office, Bombay, 1936.

ENGLISH BOOKS

H.P. Krishna Rao, The Psychology of Music, Asian Educational, Services,ew Delhi 1984

Dr. Lovely Sharma, Glimpse on Indian Musicology, Sanjay Prakashan, 4378/4-D 209 J.M.D. House, Ansari Road, Daryaganj

Dr. Prabha Atrre, Along The Path of Music, Munshiram Manoharlal Publishers Pvt. Ltd.

WEBSITES

1. www.pannalalghosh.com
2. www.pannalalghosh.info
3. www.hariprasadchaurasia.com
4. www.nityanandhaldipur.com
5. www.kamat.com
6. www.mahiarmusiclineage.com
7. www.davidphilipson.com
8. www.bansuriflute.co.uk
9. www.buckinghammusic.com
10. www.yellowbellmusic.com
11. www.nationmaster.com
12. www.thefullwiki.org
13. www.fluteaskdefine.com
14. www.chandrakantha.com

ARTICLE

An article "India's Great Flute Maestro: Pt. Pannalal Ghosh" received from Dr. Vishvas M. Kulkarni, 6 Musoorie Building, Anushaktinagar, Mumbai-400094, India.

NEWSPAPERS

1. The Times of India "Mumbai Mirror", 31 July, 2009.
2. The Times of India "The Crest Edition", 17 September 2011.
2. The Times of India, Bombay 31 August 1969.

साक्षात्कार

1. पंडित नयन घोष
2. डॉ. विश्वास मनोहर कुलकर्णी
3. पंडित नित्यानन्द हल्दीपुर
4. पंडित चेतन जोशी
5. श्री संजय बोहरा
6. श्री तुषार भाटिया

शब्दकोष

डॉ. धीरेन्द्र वर्मा, हिन्दी साहित्य कोष, ज्ञानमण्डल लिमिटेड, संत कबीर रोड, वाराणसी (उ.प्र.)

डॉ. फूलचन्द जैन, नालन्दा विशाल सागर, न्यू इम्पीरियल बुक डिपो, नई सड़क, दिल्ली

श्री विमलकान्त रॉय, भारतीय संगीत कोष, अनुवादक मदनलाल चौधरी व्यास, भारतीय ज्ञानपीठ, बी–1, 45–47, कनॉट प्लेस, नई दिल्ली